贵州大学行政管理国家一流专业建设系列教材

质性研究入门

聂 焱 著

U0964657

ZHIXING YANJIU RUMEN

知识产权出版社
全国百佳图书出版单位
—北京—

图书在版编目（CIP）数据

质性研究入门 / 聂焱著 . —北京：知识产权出版社，2024.3

ISBN 978-7-5130-9312-5

Ⅰ . ①质…　Ⅱ . ①聂…　Ⅲ . ①社会科学—研究方法　Ⅳ . ① C3

中国国家版本馆 CIP 数据核字（2024）第 016540 号

内容提要

本书主要介绍了进行质性研究之前如何阅读、梳理文献，如何运用参与观察和质性访谈搜集资料，如何运用扎根理论分析资料，如何运用质性资料撰写研究报告等。书中素材来源于作者多年研究积累和教学中的一手资料，浅显易懂，能够促发读者深入思考。

本书致力于呈现一本操作性强的说明书式的教材，目的是为社会学、公共管理、教育学等社科专业的本科生及研究生学习质性研究方法提供入门读物。

责任编辑：高　源　　　　**责任印制：**孙婷婷

质性研究入门

ZHIXING YANJIU RUMEN

聂　焱　著

出版发行：	知识产权出版社有限责任公司	网　　址：	http：//www.ipph.cn
电　　话：	010-82004826		http：//www.laichushu.com
社　　址：	北京市海淀区气象路50号院	邮　　编：	100081
责编电话：	010-82000860转8701	责编邮箱：	laichushu@cnipr.com
发行电话：	010-82000860转8101	发行传真：	010-82000893
印　　刷：	北京中献拓方科技发展有限公司	经　　销：	新华书店、各大网上书店及相关书店
开　　本：	720mm × 1000mm　1/16	印　　张：	18.75
版　　次：	2024年3月第1版	印　　次：	2024年3月第1次印刷
字　　数：	240千字	定　　价：	88.00元

ISBN 978-7-5130-9312-5

总　序

贵州大学行政管理专业具有悠久的历史底蕴，起源于1983年开办的贵州大学干部培训部。1987年，贵州大学正式获批行政管理本科专业，1988年正式招收行政管理专业本科生，与中山大学、武汉大学等985高校同步较早开展行政管理专业人才培养。贵州大学行政管理专业是全国第三批次获批也是全国最早的12个行政管理本科专业之一，2000年获硕士授权点，2005年获公共管理专业硕士学位（MPA）授权点，2010年获得公共管理一级学科硕士授权点，2015年入选省级重点学科，2018年公共管理成为贵州省区域一流学科，2019年入选首批国家级一流本科专业。经过近四十年的专业传承与持续发展，贵州大学行政管理专业建设成果丰硕，在师资队伍、人才培养、学科建设、科学研究、社会服务方面取得显著成绩。40年来，贵州大学行政管理专业和公共管理学科培养了数以千计的毕业生，他们活跃在全国各地尤其是贵州省的各条战线，为全国尤其是贵州省推进地方治理能力现代化和经济社会发展做出了重要的人才贡献。

在培养高素质人才过程中，贵州大学行政管理专业高度重视教材建设。自一流专业立项以来，先后和贵州大学出版社、知识产权出版社合作，持续推出专业教师的教材成果。此次由知识产权出版社出版的“贵州大学行政管理国家一流专业建设系列教材”是专业教材建设的最新成果。我们期冀通过高质量的教材成果反哺专业人才培养，为国家特别是贵州地方治理人才培养做出更大贡献。

贵州大学公共管理学院

公共行政系

前　言

质性研究高度关注意义和过程，充分理解、尊重研究现场中的个体，把人作为独立的鲜活的人来看待，而不是把人作为类别或对象来看待。这种以人为本的研究思路最充分地展现了研究本身的价值和魅力，一直吸引着大量的研究者，我就是其中之一。

我的第一个省级社科课题，就是运用参与观察法搜集资料。在那个位于西南山区的贫困村庄，我观察老年人的日常活动，加入他们的闲聊，分享他们的困惑与欢喜，我自己关于贫困老人的一些刻板印象开始支离破碎。他们不再是冷冰冰的数据后面隐藏的某个模糊的形象，这使我对质性研究的喜爱进一步加深。

后来，我在南京大学攻读博士学位。有一次，在和导师风笑天教授讨论毕业论文选题时，我告诉他我想做生育方面的研究。他略略有些迟疑，追问我：生育方面的什么研究？我的回答是，运用质性访谈方法，研究城市家庭内部的生育决策过程。他马上就同意了。导师的肯定进一步坚定了我选择质性研究的信心。

在撰写博士毕业论文的过程中，我访谈了许多家庭，深度理解了这些家庭在决定要不要再生一个孩子时的不同社会处境，以及在生育决策过程中呈现的家庭关系，特别是性别关系和代际关系的复杂性。我深切地感受到，我们虽然共享今天的世界，但要达成相互的理解和包容还需努力。而这正是质性研究者的使命。

除了科研，在教学中我也经常给学生讲授质性研究方法。我给研究生和本科生讲授“质性研究方法”“社会研究方法”“调研报告撰写方法”“学术规范与论文写作”等课程，无一不涉及质性研究。我指导他们阅读文献，撰写质性访谈提纲和参与观察设计方案，进行质性访谈和参与观察实践，分析质性资料。

在教学和科研的过程中，我累积了大量关于质性研究的素材。同时，我也非常了解学生及新手质性研究者做质性研究时在什么地方最容易踩坑、薄弱点在哪里等，这激发了我写一本质性研究入门教材的想法。

随着“扎根理论”的出现，质性研究方法的程序化和客观性都得到了提升，不再只是人类学、社会学独有的方法，而是被管理学、教育学、心理学、地理学、传播学、医学等学科接纳。许多学校开始开设质性研究方法课程，也涌现出一大批教材。但是，目前的教材，一方面以译著为主；另一方面由于质性研究方法本身的复杂性，有民族志方法、生活史研究、叙事研究、日常生活研究、行动研究等分支，许多教材内容繁杂，让初学者眼花缭乱，用云贵川地区的方言来说，就是“一坛子泡萝卜抓不到姜”。鉴于此，我打算为质性研究的初学者撰写一本说明书式的、操作性强的教材，以弥补这一不足。

本书是贵州大学行政管理国家一流专业建设系列教材的阶段性成果，由我根据教学科研的素材进行撰写。我的学生周光振、王伶赫、夏依容、高乾芳、谢微、杨永仙参与了书稿的校正，在此一并感谢！

聂　焱

2023 年 4 月于贵州大学西校区雅正楼

目　录

第一章　什么是质性研究

老师：选题还要和方法结合起来。选题适合什么方法，去哪里搜集资料，怎样搜集资料，搜得到搜不到，这样搜集的资料可信度如何，怎样分析资料，这一系列的问题，都是需要考虑的。

学生：老师，我统计学和高等数学学得不好，所以我的毕业论文打算做质性研究。我们那个村好多情况我都了解，也不需要深入调查，随便问问、随便看看，应该就可以了。

第一节　关于质性研究的一些误解

关于质性研究的四个误解：

第一，任何选题都可以以质性研究作为研究方法；

第二，质性研究比定量研究好做；

第三，质性研究的质量不如定量研究；

第四，质性研究不使用数据。

一、任何选题都可以以质性研究作为研究方法吗？

有的学生传递给笔者的信息是，只要愿意使用质性研究，就可以用质性研究。是否选用质性研究方法，取决于个人的兴趣和能力，而不需要考虑选题的情况。

实际的情况是，兴趣和能力只是采用质性研究方法应该考虑的一个方面，选题的情况也必须考虑到。有一些选题，既可以采用质性研究方法，也可以采用其他方法；另外一些选题，则最好不要运用质性研究作为主要研究方法；还有一些选题，则必须用质性研究方法。

一般来说，涉及两个或多个因素（或变量）之间关系的研究，就不太可能把质性研究作为主要研究方法，因果关系是正还是负、关系的强度如何，这些问题用质性研究很难回答。

例如，一篇题为《个体真实性与大学生主观幸福感的关系：正念与自我决定的链式中介作用》的研究，就需要探讨：

① 个体真实性与大学生主观幸福感的关系是正关系还是负关系，即个体真实性是促进了还是抑制了大学生的主观幸福感？

② 如果是正关系，个体真实性增加一个单位的情况下，主观幸福感增加了多少？如果是负关系，个体真实性增加一个单位的情况下，主观幸福感减少了多少？

③ 有没有影响两者关系的中介变量？如果有，效应值有多大？[1]

这些问题中，可能第一个问题勉强可以用质性研究方法解决，至于第二个问题和第三个问题，运用非结构式观察、深度访谈或者焦点小组讨论这些质性研究主要使用的资料搜集方法是无法回答的。而质性研究关注“理解”“意义”“感受”的研究导向决定了质性研究的面要窄，而内容必须更深入。只知道两个因素之间是促进作用还是抑制作用，距离“深入”还很遥远。

另外，仅仅观察或访谈了几个人或几十人，无论研究结果是什么样的，就一般性地下结论，提出“个体真实性与大学生主观幸福感的关系是正关系（或者负关系）”，显然也是不可取的。因为样本量太小，不具有推论到总体的价值。几十个人表现出“个体真实性与大学生主观幸福感的关系是正关系（或者负关系）”，就推论出总体中“个体真实性与大学生主观幸福感的关系是正关系（或者负关系）”，犯错的可能性太大。因此，这一类选题最好不要选用质性研究作为主要的研究方法。

★“严母慈祖”：儿童抚育中的代际合作与权力关系

摘要：本文通过考察城市家庭中广泛存在的代际育儿合作现象，深入分析了代际间的分工合作与权力关系。研究发现，在代际合作育儿过程中，家庭内部形成了“严母慈祖”的分工和权力格局，母亲成为育儿“总管”，以“科学育儿”为指导，对儿童发展进行总体规划，同时掌握主导孩子成长的话语权和决策权，并承担社会性抚育的教育职责；祖辈以“帮忙者”的角色进入子

[1] 李永雪，张艳红，杨阳，等．个体真实性与大学生主观幸福感的关系：正念与自我决定的链式中介作用［J］．中国临床心理学杂志，2021（6）．

女家庭，承担大量的儿童生理性抚育和家庭照料的工作，但在家庭事务决策和话语权上处于边缘位置。不同于传统制度化的家庭权力结构，“严母慈祖”是一种非制度化的弹性权力关系，受制于成员间的协调与博弈，并高度依赖于代际间特定亲密关系的建立与维系。

（肖索未:《“严母慈祖”：儿童抚育中的代际合作与权力关系》，《社会学研究》2014 年第 6 期）

思考 上面的文章讨论的是“代际合作与权力关系”，标题里面有了“关系”，运用的方法是质性研究，为什么？

由于“代际合作与权力关系”讨论的是“代际合作”与“权力关系”，而不是代际合作与权力的“关系”，因此更多探讨的是在代际合作过程中呈现的家庭权力关系，质性研究就比较适合这一主题。

另外一些选题，如果讨论的是机制、意义、过程，则最好也使用质性研究。如《非物质文化遗产旅游产品的文化再生产：以苗绣为例》[1]，论文探讨的是过程，运用质性研究方法就比较恰当。因为质性研究方法对细节的关注，可以更清晰地呈现出非物质文化遗产旅游产品的文化再生产过程。

[1] 张涵，孙九霞．非物质文化遗产旅游产品的文化再生产：以苗绣为例［J］．北方民族大学学报，2021（1）．

如果选题是《高压之下缘何坚守？中方外派人员的工作—家庭平衡机理研究》[1]，涉及机理、机制这一类问题，也应该选择质性研究方法作为主要的研究方法。

二、质性研究比定量研究好做吗？

在许多初学者的眼里，定量研究要有可操作性强的研究假设，要进行严格的抽样，要精确地测量变量，有时候还要用到指标和量表，甚至用到因子分析和主成分分析，确定变量之间关系的时候可能会用到相关分析、回归分析，所以定量研究非常难做。而质性研究，则只要“随便看一看，随便问一问”就可以了，因此，许多人认为质性研究比定量研究好做（这是许多学生选用质性研究方法来写作毕业论文的原因）。

真实的情况是，质性研究一定不比定量研究好做。以选取样本为例，定量研究的抽样需要严格遵循科学的原则和程序，不能随便乱选，所以“难做”。质性研究的抽样同样不是随便乱选的，也要遵循一定的原则和程序。

定量研究对样本的最基本要求是代表性，因此尽可能运用概率抽样法。而质性研究则要求资料达到饱和。所谓饱和，就是即使增加了新的调查对象，也不能获得新的信息。但是，能不能获得新的信息，除了资料已经“饱和”以外，还取决于研究者使用了什么样的视角来观察；采用什么样的询问方式及具体问题来进行访谈；在受访者给出答案以后，研究者能不能敏锐地根据受访者的答案提出更深入的问题。也就是说，如果研究者的研究能力不强，可能就无法准确地判断资料是否已经饱和，或者在资料

[1] 何蓓婷，安然．高压之下缘何坚守？中方外派人员的工作—家庭平衡机理研究［J］．南开管理评论，2020（3）．

不饱和的情况下能否作出饱和的判断。质性研究者的研究能力在选取样本及其他研究过程中非常重要，这最终决定了研究的质量。随便选显然是不行的。

无结构访谈也对质性研究者的能力提出了很高的要求。无结构访谈中存在着三种声音：第一种声音是录音或文本呈现的受访者的声音；第二种声音是为第一种声音提供诠释的概念和理论工具等解释框架；第三种声音是对阅读和诠释的反思性监控，也就是对分析资料和获取结论过程的自我意识。❶

例如，在笔者做的一次关于“二孩”生育决策的访谈中，受访者是一个年轻妈妈，在医院当护士，非常忙，没有时间带孩子，用她的话来说，“我上班比较忙，三个白班一个夜班，一直轮，没有什么周末不周末”。当笔者问她“为了方便照顾孩子，愿不愿意回家做全职妈妈”时，她的回答是：

> 不愿意做一个全职妈妈。女人要有独立的经济，才有独立的思想，才能保护孩子。没有钱的陪伴是没有支撑。

她的回答是访谈中的第一种声音，笔者需要用相应的概念和理论工具理解和解释她的谈话内容，即笔者需要发出第二种声音。笔者选择用来解释受访者话语的理论工具是“家庭主义—个人主义”框架，“家庭主义—个人主义”框架是新文化运动以来探讨个体对家庭的反抗而形成的一对理论概念。不愿意留在家中照顾孩子，而是选择去上班实现经济独立，正是个人主义战胜家庭主义的一个完美例证。

---

❶ 利布里奇，图沃－玛沙奇，奇尔波．叙事研究：阅读、分析和诠释［M］．王红艳，译．重庆：重庆大学出版社，2008：9．

作为研究者，在检查和审核这些对话时，还需要发出第三种声音，即对这些材料的反思：她的“独立”是什么意思？是离开、抛掉家庭追求自我的实现吗？显然不是。那么，“独立”作为一个理论概念，还可能有哪些含义？她的谈话真的呈现个人主义战胜家庭主义了吗？似乎也不是，因为她独立的目的是更好地“保护孩子”，仍然把家庭放在很重要的位置。那么，家庭主义与个人主义相对立的理论框架还成立吗？如果成立，需要哪些条件才能够成立？有没有更好的理论框架可以用来替代？

正因为要在访谈中呈现三种声音，访谈绝对不是“随便问一问”，而是充满了各种冲突及各种信息的资源挖掘活动。质性研究者也绝对不可能轻轻松松就可以完成一次信息量充裕的访谈。因此，“质性研究比定量研究好做”是一个伪命题。

不仅仅是研究的过程，甚至质性研究成果的呈现，也是一个艰难的任务。风笑天教授就对质性研究和定量研究在结果呈现上的难度作了如下评价：

定性研究的结果表达没有固定的、统一的模式。因而，相对于定量研究报告的写作来说，**定性研究报告的写作往往更加困难**。这种困难并不是因为其规则和规范太多，恰恰相反，是因为它的规则和规范太少。正是因为没有什么规则和规范，初学者学习起来往往就“无章可循”“无法可依”，要掌握合适的表达方式自然就更加困难一些。

（风笑天：《社会研究方法》（第五版），北京：中国人民大学出版社，2018年，第384页）

三、质性研究的质量不如定量研究吗？

许多初学者认为，定量研究是科学的研究方法，有一套严格的规范和程序，能够保证其研究质量。质性研究没有标准化的规范和程序，甚至可以算“无章可循”“无法可依”，所以质量上质性研究比不上定量研究。这种看法只对了一半。在研究程序上，定量研究的确有很强的系统性、固定性、结构性，而质性研究则具有灵活性、开放性、变动性，但这只能说明，质性研究对研究者的应变能力提出了更高的要求，质性研究者必须对所接触的材料保持高度的敏感性，并根据每一个细节来决定下一步的走向，而不是表明质性研究质量更差。

我认识了哈佛大学的一位年轻的经济学讲师。他的自信和对东城的了解使我十分钦佩。他曾一度被派到一个街坊文教馆工作，并滔滔不绝地讲起他与这一地区粗野的少男少女们的友谊。他还描述了他如何会偶尔到这个地区的某个酒馆去，结交一个姑娘，请她喝酒，然后鼓励她向他道出自己的生活经历。他声称这样遇上的女人都很感谢这样的机会，但这不包含更多的义务。

这个办法至少看上去和我原来想到的任何办法一样有道理。于是我决定试一试。我选中了位于科纳维尔边缘地带的雷加尔旅馆。怀着几分惶恐，我来到楼上的酒吧和娱乐厅，并四处观看。在那里，我看到了我的导师从未给我讲过的情况。那里确实有女人，但都不是独自一人。有些是与男人成双成对，也有两三对都是女人。我匆匆估计了一下这里的形势。对于自己结识一个女人的本领，我没有什么信心，而同时与两个女人打交道似乎又不可取。但我仍然认定，不能未经争取就承认失败。我又环顾四周，这时注意到有三个人在一起：一男两女。我当时想，这里的女人分配不当，我也许能够加以矫正。于是我走近这伙人，开口说:“对不起，要是我和你们在一起，你们介意吗?”一时无人应声。那男人把我上下打量了一番，然后表示他要把我扔下楼去。我向他保证绝不用让他费事，并证实了我的话，没用任何人帮忙就自己径直走下楼去了。

后来我听说，科纳维尔人几乎从来不去雷加尔旅馆。假如我在这家旅馆所作的努力取得了成功，它们无疑会导致我到某个地方去，但那绝不是科纳维尔。

（怀特:《街角社会：一个意大利人贫民区的社会结构》，黄育馥译，北京:商务印书馆，1994 年，第 375–376 页）

怀特在波士顿边上一个意大利移民区做田野调查时，就不断地调整各种方法以获得更加深入社区的机会。怀特先是挨家挨户地拜访，然后去酒馆试图结交新朋友，效果都不理想，直到最后去街坊文教馆，通过街坊文教馆的一名社会工作者接触到社区的灵魂人物多克，才打开了社区的大门。后来怀特对这些进入社区的方法进行反思，坦言运用街坊文教馆的方法并不一定奏效，因为能否遇到一位了解当地灵魂人物的工作人员具有很大的不确定性。这就意味着，质性研究者必须能够敏锐地判断是否进入了社区的核心，是否看到了重要的内容，而且质性研究者需要更多的努力和耐心。

如果缺少了这种判断能力，缺少了不断尝试的努力及耐心，在怀特的案例里，可能挨家挨户拜访就被认为已经足够了。运用那些拜访时获得的只言片语来进行成果的报告，最终得出的结果就是“质性研究的质量比定量研究差”。

所以，不是“质性研究的质量比定量研究差”，而是质量好的质性研究更难做，对研究者的要求更高。

四、质性研究不使用数据吗?

质性研究从来没有禁止运用数据作为资料。因为“不喜欢数据”“统计学没有学好”这一两点理由而选择质性研究，是个彻头彻尾的错误。

在质性研究中，充斥着各种以数据的形式呈现的资料。质性研究从来不拒绝使用数据。马林诺夫斯基称费孝通教授撰写的《江村经济——中国农民的生活》一书是“人类学实地调查和理论工作发展中的一个里程碑”[1]。显然，该书运用的研究方法是人类学中的民族志方法，是典型的质性研究。在《江村经济——中国农民的生活》一书中，不仅有各种各样的数据，甚至还包括一些统计。

最常见的类型是，以一对已婚配偶为核心，再包括几个依赖于此家的父系亲属。事实上，超过一半的家，准确地说，占总数58%的家都属于此类。但并不是每一个家都有一对已婚配偶。有时候，在一个妇女丧夫之后，她就和她的子女在一起生活，而不去加入另一个单位。……鳏夫会再结婚，孩子也会在不久的将来，一有可能就结婚。任何一种情况都能使一个不正常的家庭得到恢复。这一类不稳定的家占总数的27%。

（费孝通:《江村经济——中国农民的生活》，北京：商务印书馆，2001年，第42-43页。）

除了统计数据资料，在《江村经济——中国农民的生活》一书中，还有各种基于数据统计的表格（表1.1）。

---

[1] 费孝通.江村经济——中国农民的生活［M］.北京：商务印书馆，2001：13.

表 1.1　同姓的家分布情况表　　单位：产[1]

姓	圩Ⅰ	圩Ⅱ	圩Ⅲ	圩Ⅳ	总计
周	49	23	24	2	98
谈	7	4	17	28	56
姚	30	4	10	—	44
徐	13	4	9	4	30
……	……	……	……	……	……
殷			1		1
郭				1	1
总计	133	85	81	60	359

资料来源：费孝通．江村经济——中国农民的生活［M］．北京：商务印书馆，2001：91.

可见，质性研究并不排斥数据，特别是一些传统的民族志研究，研究现场往往是一个相对封闭的村庄、部落，或者其他机构。对于这些机构中的一些基本的人口、经济、财产等要素的统计，就成为了解研究现场的社会背景的一个部分。

不过，需要明确的是，虽然质性研究中也有数据，但基本上都是一些简单的描述性统计，很少会出现相关分析、回归分析、方差分析这一类比较复杂的统计分析模型。如果一项研究出现了复杂的统计分析模型，这种研究就更可能是质性研究与定量研究并存的混合研究。

[1] 单位为笔者所加。

第二节 社会研究的方法论基础

选择质性研究或者不选择质性研究，与社会研究的方法论相关。方法论（Methodology）是理解世界和观察现实的框架。[1]方法论立场由一组本体论、认识论和价值论假设构成。[2]也就是说，有什么样的方法论，就会运用什么样的视角去看待世界并进行探索、研究。

在库恩发表《科学革命的结构》之前，科学家们更多地认为研究结果依赖于研究对象。有什么样的研究对象，研究对象有什么样的特征，就可能会得出什么样的研究结论，忽略了观察者的视角也会影响到观察结论这一事实。有时候，观察者的态度、观点、对研究对象的分类方法甚至可能建构出一个新的世界。例如，汉语的“药”这一词汇，在英语中可能对应的是毒药（Poison）、治疗用药品（Medicine）等单词，也就是说，汉语把可以治疗、致人受伤或死亡的这种东西归为一类，而英语中指代的则是不同的东西。因此，用汉语交流的人和用英语交流的人看到的世界是不一样的。而这种不一样，不是因为世界本身不同，而是因为观察者的思维不同。观察者，而不只是观察对象，也可以决定观察到的内容，这就是方法论的作用。

社会研究的方法论则主要有两类，一类是实证主义（Positivism），另

[1] KVALE S. Doing Interviews［M］.London：Sage，2007.

[2] GUBA E G，LINCOLN Y S. Paradigmatic Controversies，Contradictions，and Emerging Confluences［M］// DENZIN N K ，LINCOLN Y S. The Sage Handbook of Qualitative Research. 3rd ed.Thousand Oaks：Sage，2005：191-215.

一类是人文主义（Humanism）。其中，质性研究既可能运用实证主义方法论予以指导，也可能运用人文主义方法论予以指导，但以后者为主。

一、孔德与涂尔干的实证主义

实证主义是由社会学创始人孔德提出的。孔德的初衷是运用自然科学严谨的方法来研究社会，减少过去运用思辨法、洞察法来研究社会而使研究结果没有办法验证的弊端。孔德认为，“观察优于想象”，“观察”是首要的，因为通过观察我们可以看到事实，而“知识起源于观察和归纳”。因此，通过观察、归纳获得的知识，就是重要的、实证的。除了引入经验主义以外，孔德的“实证”范畴，在当时还有其特定的含义：

现实的而不是幻想的；有用的而不是无用的；可靠的而不是可疑的；确切的而不是含糊的；肯定的而不是否定的。❶

孔德将实证精神引入社会研究领域，使社会科学从哲学中分化出来，是社会研究发展史上的一次飞跃。不过，孔德虽然提出并辨析了“实证”这个词的确切含义，构想了运用科学的、实证的方法（而不是哲学的、思辨的方法）来研究社会的理论体系、具体方法和目标，但他本人在研究中似乎并没有真正贯彻他提出的实证原则。他的学说更接近于社会哲学，而不是实证科学。他对实证的分析出现在《实证哲学教程》一书中，从书名就可以看出，他实际上没有真正运用实证的方法来进行研究，而是提出了实证这一方法论方向。当然，这已经是很了不起的成就了。

---

❶ 欧阳康．哲学研究方法论［M］．武汉：武汉大学出版社，1998：307.

孔德的实证主义思想后来由法国社会学家涂尔干加以发展壮大和具体化。可以说，第一次系统地运用和发展实证主义方法的学者是涂尔干。在《自杀论》《社会分工论》等社会学的早期经典名著中，涂尔干运用大量的数据和事实来分析研究对象，具体化了实证主义研究的方法体系。因此，涂尔干也被台湾政治大学教授陈秉璋称为“实证社会学先锋”❶。涂尔干的实证主义方法论观点集中体现在《社会学方法的规则》一书中，这本书作为社会研究的方法论名著，长期以来被视为实证主义思想及研究策略的纲领性著作。

简单来说，作为实证主义思想的提出者和贯彻者，孔德和涂尔干的观点可概括为：

第一，社会科学在学科性质上与自然科学是一致的，社会科学即是“社会的自然科学”。实证主义的社会科学应该与形而上学之间有严格的界限。

第二，社会科学的研究目的和自然科学一样，都是寻找和建立“规律”。

第三，主张整体主义的方法论。与个体主义方法论观点强调对个体行动的研究不同，整体主义方法论强调对社会整体结构的研究，认为只有社会结构层次的事物才是重要的，个体行动只是社会结构的产物。涂尔干提出“反对还原论”，社会虽然是由个体构成的，但社会事实是纯社会性的，它们不能还原为个体的总和。因此，不能用对个体行为的解释取代对社会的解释。他主张必须从社会自身对社会生活进行解释。❷

孔德及涂尔干等研究者倡导的实证主义方法论，可以简略地理解为客观地剥离掉个人因素去看待社会，或者理解为运用自然科学的方法来研究社会，从而克服了单独运用思辨等方法来观察社会而可能脱离社会现实的弊端。

---

❶ 陈秉璋．实证社会学先锋［M］．台北：允晨文化实业股份有限公司，1982.

❷ 林聚任，刘玉安．社会科学研究方法［M］．济南：山东人民出版社，2004：25.

在社会科学研究中，利用问卷等手段搜集资料，就是想要尽可能客观地看待研究对象，体现的正是实证主义思想。例如，下面的问题是“关于大学生上网情况的调查问卷”的一个部分，这些问题通过限定答案等手段来尽可能客观地看待研究对象。

关于大学生上网情况的调查问卷

Q1：您的年龄多大？____周岁

Q2：您目前所读的年级？（单选）

□大一　□大二　□大三　□大四　□研究生及以上

Q3：您的性别？（单选）

□男　□女

Q4：您通常在什么地方上网？（可多选）

□家中　□网吧　□宿舍　□其他地方

Q5：您通常通过什么上网？（可多选）

□手机　□电脑　□平板电脑

Q6：您接触网络多久了？（单选）

□1年以下　□1～3年　□3～5年　□5年以上

Q7：您的上网目的一般为？（多选）

□聊天　□玩游戏　□听音乐　□看电影　□新闻　□学习

□网购　□逛论坛　□其他

Q8：您每天上网时间一般为？（单选）

□1个小时以下　□1～3个小时　□3～5个小时　□5个小时以上

Q9：您每周的上网花费大约是多少？（网费加手机流量费）（单选）

□50元以下　□50～100元　□100～200元　□200元以上

Q10：您的家人对您上网持何种态度？（单选）

□禁止上网　□周末假期可以上网　□课余适量上网　□任其自然

□无条件支持上网

（问卷设计者：陈翠萍，贵州大学2020级MPA研究生）

二、人文主义及解释主义方法论

实证研究的两个核心理念是：第一，运用自然科学的方法来研究社会；第二，研究者与研究对象之间是独立的，所以研究者能够客观地观察研究对象。

针对第一个理念，许多人文主义者认为，实证主义模型可能适用于自然科学，但非常不适用于社会科学。"社会"与"自然"具有核心的区别，不能僵化地运用自然科学的方法来研究社会。与自然现象相比，引起某一种社会现象的不确定因素更多，社会现象具有更大的偶然性和独特性。在对社会现象进行研究时，个人因素的影响也很大。一方面，研究者的价值观和立场、地位会影响研究的过程和结论；另一方面，研究对象会有意或无意地隐瞒或改变自己的真实行为和态度。这些情况在自然科学的研究中则很少出现。

此外，社会科学的主题与自然科学的主题完全不同。社会科学研究"有意义的人类行为"，这是使用自然科学技术无法理解的主题。

针对第二个理念，人文主义者则认为，与"自然"的研究者不同，"社会"的研究者每时每刻都有可能陷入一种"感情纠葛"（对研究对象的同情、厌恶、喜欢、钦佩等）之中。作为研究者的同类，研究对象的处境、经历，以及具体的行为、态度、价值取向，常常会在研究者的心中产生某种"共鸣"或"印象"，这往往又会在不知不觉中影响研究者对资料的反应，以及对研究结果的解释。也就是说，自然科学的研究对象与研究者完全分开，容易做到客观；社会科学的研究者与研究对象多有重合，很难保证其客观性。在这些对实证主义路径批判的基础上，产生了反实证主义的思想。

由于反实证主义者更倾向于把人放在人的位置上来看待，而不像实证主义那样把人作为物来看待（实证主义所谓的客观地观察研究对象，就是把研究对象当作冷冰冰的物来看待），一些研究者，把反实证主义的不同流派放置在“人文主义”的标签之下（有时候也被称为“人本主义”，即把以人为本作为基本的预设和原则）。反实证主义基本上就等同于人文主义。[1]

人文主义有着丰满的内容，它肯定人性和人的价值，承认个体有享受俗世欢乐的权利，主张自由平等，解放人的天性，推崇人的感性经验和理性思维。与质性研究相关联的，主要有人文主义中的三种研究范式：解释主义（Interpretivism）、批判理论（Critical Theory）、后结构主义（Post-structuralism）。每一种范式，包括之前的实证主义，都是由一些假设、哲学、理论和其所包含的多种思想学派等组成的集合。

在人文主义方法论的诸多分支中，解释主义与质性研究的渊源最深。因此，解释性研究，成为与实证研究相竞争的一种有力的研究路径。作为一种社会科学研究方法，解释主义最初来源于康德的思想，之后，经由韦伯、胡塞尔等学者的发展，成了系统的研究方法论。

解释主义者通常不相信人们可以客观地认识世界，恰恰相反，他们认为任何真相都只能通过理解、解释来主观把握。因此，他们认为真相是相对的，是站在某种立场上所看到的真相。这个世界不可能独立于我们的意识或观念而被认识。

在某种意义上，解释主义与唯心主义有某种相似性。施万特提出，唯心主义者并不武断地假定自然和社会这两个世界是不真实的，或者是不存在的，他们只是认为，人类不能够直接去理解自然的世界和社会的世界，

[1] HEKMAN S. Beyond Humanism：Gadamer，Althusser，and the Methodology of the Social Sciences［J］. The Western Political Quarterly，1983，36（1）：98-115.

只有通过人类的意识去分析、去解释，世界才可能被人类理解。[1]解释主义者也有类似看法，因此，实证主义所谓的客观地看待世界的观点对解释主义者而言，既是不可能的，也是没有必要的。相反，对世界的认识包含在个体对世界的主观理解中。通过把握研究对象如何解释、如何看待、如何理解世界，是认识研究对象和认识世界的重要方式。

在我的故事开始时，洛德斯十六岁，她后来又怀孕了十一次，有几次怀的是无赖米尔顿的孩子，之后她离开米尔顿嫁给了一个年迈的鳏夫。洛德斯的孩子中只有五个活到成年，其中一个小男孩名叫泽津霍，最初被父母排斥和忽视，长大后却成了洛德斯的最爱，她的“被选定的”儿子，但后来这个孩子却遭遇了悲惨的结局。

温文尔雅的瓦尔迪玛建立了自己的家庭，不是与洛德斯，而是与洛德斯不幸的姐姐塞韦丽娜（也叫比乌）。在她一生的大部分时间里，塞韦丽娜都是甘蔗种植园的一名女工。她和瓦尔迪玛有五个孩子，其中两个在父亲瓦尔迪玛去世之前就去世了。遭遇了失业、酗酒、情绪低落，瓦尔迪玛最终用一条经常把到处乱跑的山羊拴在自家后院的短绳子吊死了自己。

比乌在她的丈夫瓦尔迪玛去世后陷入困顿，带着他们剩下的三个孩子离开了棚户区，前往约六十公里的州首府累西腓。在累西腓，他们在市中心的桥附近乞讨了一段时间。不到一个月，比乌失去了这三个孩子中的两个。据比乌说，一个是因为街头生活的压力而“崩溃”的婴儿，另一个是大一点的女孩，她与一群街头的“野孩子”跑了。后来，比乌回到了邦吉苏镇的阿尔托多克鲁塞罗棚户区，在一个小种植园工作。在那里比乌遇到了奥斯卡，她和奥斯卡又生了十个孩子，其中有六个活了下来。在 1987

[1] SCHWANDT T. The SAGE Dictionary of Qualitative Inquiry［M］. 3rd ed. Thousand Oaks: Sage，2007: 143.

年6月的圣若昂节期间，奥斯卡抛弃了比乌，带走了他们的床和火炉，和一个年轻的女人在镇上的另一头安了新家。这个女人，奥斯卡向比乌解释说，至少还有牙。在那个时候比乌四十三岁。

（Scheper-Hughes，N. Death Without Weeping：The Violence of Everyday Life in Brazil. Berkeley：University of California Press，1992，pp.3−4.）

上面摘录的是谢帕－修斯所著的《没有哭泣的死亡：巴西的日常生活暴力》的片段，内容充斥着评判、理解和作者的主观看法，充斥着对象的各种主观感受和体验，体现的正是解释主义的方法论思想。

三、实证主义、解释主义与经验主义

与前实证主义时期把思辨、洞察、想象作为主要研究路径的方法论相比，实证主义更看重经验在研究中的作用，孔德所说的“观察优于想象”，也正是这个意思。伦斯基对实证主义看重经验的传统进行了总结。他认为，实证主义是这样一种信念，即科学知识必须直接或间接地建立在感官体验的基础上，以感官体验为基础（如使用电子显微镜或望远镜在太空中传输的图像），并且直觉、逻辑推理、口头命令或神圣启示都不能替代这一点。这是整个现代科学所依赖的主要信条。❶

就因为实证主义与经验主义的关联非常紧密，许多人误认为实证主义就等同于经验主义。在英文中，实证主义是Positivism，经验主义则是Empiricism，但翻译成中文，则往往发现后者既可能被翻译成经验主义，也可能被翻译成实证主义，两者被混为一谈。

❶ LENSKI G. Positivism’s Future：And Sociology’s［J］. The Canadian Journal of Sociology / Cahiers canadiens de Sociologie，1991，16（2）：187−195.

在知网中搜索“实证研究”，就会发现大量的研究都充斥着这种误解。例如，《“组强村弱”治理结构与村民小组的村治定位——基于广西 H 县农村的实证分析》，运用的就是典型的民族志观察来理解村民小组的村治定位，所谓的实证分析其实更偏向于解释性分析。[1]还有《小学生数学核心素养的本土理解——基于扎根理论的实证研究》，在其摘要中这样介绍具体的研究方法：“通过对五类群体 21 位专家的访谈和问卷调研，借助 NVivo12.0 质性研究工具，探讨小学生应具备的数学核心素养要素与内涵。”[2]很明显，由于样本太小，21 位专家的意见没有代表性，论文关注的就不可能是一般性的、客观的状态，而是研究对象的主观“理解”。因此，虽然这些研究的标题中有“实证”的字样，但都不是典型的实证研究，而是经验研究。

可以通过阅读后面对实证主义与经验主义的比较，再回过头来思考一下，为什么上面这两篇文章用“实证”的字样不合适。

斯泰斯提出，实证主义不是经验主义的发展，经验主义和实证主义是具有本质区别的两种立场。经验主义意味着所有知识都基于经验，或者只承认来源于经验的那些知识。经验主义涉及的是可以知道为真的陈述与那些我们永远无法确定其真假的陈述之间的区别。但是实证主义关注的是陈述重要性的标准。因此，经验主义关注知识，实证主义关注重要性（实证主义认为那些能够客观地、积极地看待的知识才是重要的）。两者具有本质上的不同，并且无法从一个中推导出另一个。[3]

如果要证明“这个世界有没有鬼”这一论断，这个过程就不是经验主义的，因为不太可能有人会明确地经验到“鬼”这样一种事物。经验主义

---

[1] 冯川．“组强村弱”治理结构与村民小组的村治定位——基于广西 H 县农村的实证分析［J］．求实，2021（6）．

[2] 何璇，孙海燕，马云鹏．小学生数学核心素养的本土理解——基于扎根理论的实证研究［J］．教育理论与实践，2021（29）．

[3] STACE W T. Positivism [J]. Mind，1944，53（211）：215–237.

不承认“这个世界有鬼”或“这个世界没有鬼”的陈述是知识的一个部分。因为我们既无法运用经验来证实它，也无法运用经验来证伪它。这个过程同样不是实证主义的，无法经验到的东西，就不可能具有客观性，也谈不上明确、重要。威兹德姆因此提出，实证主义只是一种态度的断言——“我不相信超验”[1]。

简言之，经验主义是实证主义的必要条件：一种陈述必须是经验主义的，才可能是实证主义的。

但反过来并不成立，如果一种陈述是经验主义的，该陈述就既可能是实证主义的，也可能不是实证主义的。一句话，经验主义不等于实证主义。

例如，贾内尔·S. 泰勒撰写的《承认、关怀与痴呆症》，就是典型的经验研究，但却不是实证研究。泰勒有一个患了痴呆症的妈妈，朋友们经常会询问泰勒的妈妈是否还认识她。以此为契机，泰勒开始思考“承认”一词的真正含义。通过一个痴呆症患者女儿这一身份的体验，泰勒运用自我民族志的研究策略，试图理解一个痴呆症患者的处境。泰勒的研究是“经验的”（Empirical），因为她就在研究现场，运用自己看到的、听到的素材来形成观点和结论。但泰勒的研究却不是“实证的”（Positive），因为她没有办法剥离出研究者与研究对象的身份，成为一个独立的研究者，客观地看待研究对象。泰勒明确地表达了这种研究者与研究对象相互联系、相互纠缠，从而使研究者无法“实证地”观察研究对象的状况。所以，泰勒的研究实际上是解释性的。

我没法选择我在此研究的内容，那是在人生的转折中强加给我的挫折。假如有可能的话，我会尽力去避免。不过我还是从中学到了很多东

[1] WISDOM J O. Positivism［J］.Mind，1945，54（213）：65-70.

西。作为一名医学人类学家，我的学术训练让我对已发生的事情产生触动。我记录下我观察到的那些重要的对话、事件和经验，收集相关的材料和文件，搜寻和阅读学术成果及痴呆症患者的个人信息。因此，下面的叙述是运用自我民族志方法来进行的，因为我作为一个可爱而亲切的老年痴呆症母亲的女儿所具有的特殊地位，使得社会世界的某些方面变得可视而且有趣。从我现在所处的位置来看，这是一种试图说出真相的尝试。

（Janelle S. Taylor. On Recognition，Caring，and Dementia. Medical Anthropology Quarterly，2008，Vol. 22，Issue 4）

也就是说，经验主义其实有两个主要的研究路径。一个是实证主义的，研究者下到研究现场，通过问卷调查等方法，获得客观的定量数据，据此来描绘世界，这是一种经验。基于这种经验获得的知识就既是经验主义的，也是实证主义的。另一个是解释主义的，研究者下到现场，运用深度访谈、参与观察等方法，获得主观的质性数据，据此来描绘世界，这也是一种经验。基于这种经验获得的知识就是经验主义的，但不见得是实证主义的，更可能是解释主义的。

在中国台湾地区，“经验的”（Empirical）也被译成“实征的”（有实际表征的，可观察到的）。陈向明教授采用了“实征的”这个译名，以避免中文语义差异所导致的对“经验的”的其他理解，如“经历过某事”或“对某事有看法和办法”。

他提出，“实征的”和“实证的”并不是一回事。前者表达的是一种研究者深入实地进行调查、研究结果可以被肉眼所观察到的研究形态，而后者表达的是一种主客二元分离的、科学主义的哲学思潮。因此，量化研究既是“实征的”（在研究的形态上），也是“实证的”（在哲学基础上）；而质性研究在形态上是“实征的”，但在哲学基础上更可能不是“实证的”。质性研究主要遵循的是“解释主义”的传统，反对完全按照自然科学的方式研究纷繁复杂、千变万化的人文社会现象。❶遗憾的是，陈向明教授的意见没有得到很好的关注，经验研究与实证研究仍然在许多研究领域被研究者们混为一谈。

四、方法论与研究方法的分类

简单来说，社会科学的研究可以分为运用思辨、逻辑推导等方法的理论研究（或者规范研究）和运用研究者自己的经验或其他人的经验获得的资料来进行的经验研究（或者实证研究）。从研究的哲学基础和方法论基础来看，经验研究又可以分为研究者客观地观察、分析研究对象的实证研究和研究者通过移情等手段来主观理解研究对象的解释性研究。从资料搜集及分析的具体方法来看，实证研究主要是量化研究，而解释性研究则主要是质性研究（图 1.1）。

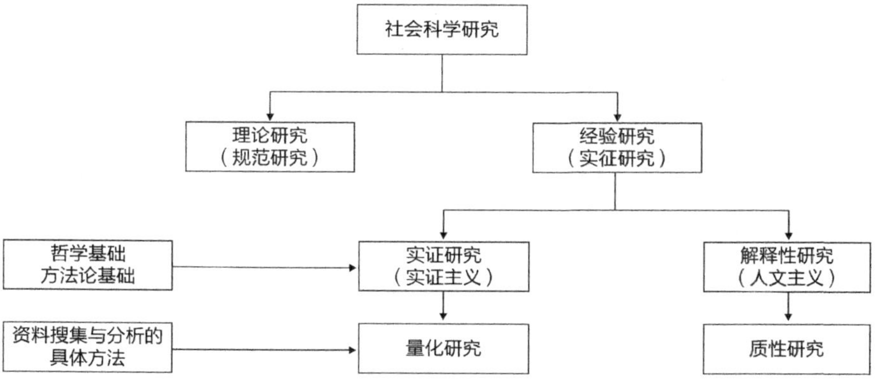

图 1.1　社会科学研究的分类

❶ 陈向明．质性研究：反思与评论［M］．重庆：重庆大学出版社，2008：2，7.

需要进一步说明的是，实证研究与解释性研究并不存在非此即彼的明显边界，而是从最典型的实证研究到最典型的质性研究的一个连续统。实证研究注重客观的观察（或尽可能客观地搜集资料），解释性研究则注重主观的理解和诠释。早期的一些解释性研究，竭力“如实地反映生活的一个侧面”，就具有浓厚的实证主义取向。邓津和林肯把以解释性研究作为哲学基础的质性研究在北美发展的历史分为七个阶段，第一个阶段被界定为传统时期。而传统时期，就是“与实证主义、基础主义的范式相伴随”[1]。一些质性研究，比如格拉泽和施特劳斯提出的经典扎根理论，就被视为运用了实证主义方法论。他们的经典名著《扎根理论的发现：质性研究策略》认为理论是被发现的，就意味着理论本身是客观存在的，研究者只是去发现它而已，因此他们的视角是实证主义的。

另外，实证研究与量化研究在分类上有重合，但两者并不是完全相同的东西。实证研究是一种相信研究主体与研究客体可以完全分开和相互独立的哲学观念，而量化研究则是指侧重于运用数量来对现象进行描述和分析的研究策略。实证研究是方法论，而量化研究是在实证研究指导下的具体的研究方法。

还需要注意的是，正如阿特金森所指出的，哲学基础并不等同于定量和定性方法。例如，后实证主义学者不完全使用定量方法，解释学学者也不只使用定性方法。实证主义者和后实证主义者经常使用访谈法和焦点小组法进行他们的研究，许多解释学或现象学学者也经常使用定量方法和统计分析来实现他们的研究目标。然而，我们也必须承认，这些不同立场的哲学基础极大地影响了学者如何使用他们的方法。[2]

---

[1] 邓津，林肯．导论：定性研究的学科与实践［M］// 邓津，林肯．定性研究：方法论基础（第一卷）．风笑天，等译．重庆：重庆大学出版社，2007：3，15，16.

[2] ATKINSON J D. Journey Into Social Activism：Qualitative Approaches［M］. New York：Fordham University Press，2017：28.

第三节　质性研究概述

一、从他者到自我：质性研究的发展与转向

贝尔·胡克斯正是把阅读《书写文化》（图 1.2）一书封面上的著名照片作为这种精神（把对象视为他者）的一个例子。该照片描述了斯蒂芬·泰勒在印度做田野工作的情景。泰勒坐在离三个黑色皮肤的人不远处。一个孩子从篮子里伸出头，一个妇女处在棚屋的阴影处。一个男人，肩上披着黑白相间的披肩，肘部支撑在膝盖上，手停在面孔的一边，凝视着泰勒。泰勒正在记田野日志，或许是为了遮阳，一块白布搭在他的眼镜上。这块白色的点缀，标志出泰勒作为白皮肤男性作者正在研究这些被动的棕色和黑色皮肤的人们。的确，棕色皮肤男人的凝视显示出某种期望，或者对泰勒的某种依附。和他形成对照的是，妇女的凝视被完全隐藏在阴影中，用该书中标题的话来说，阴影覆盖了她的面孔。所以，这一张在 20 世纪后半叶民族

图 1.2 《书写文化》

JAMES CLIFFORD，GEORGE MARCUS. Writing Culture：The Poetics and Politics of Ethnography［M］. Berkeley: University of California Press，1986.

志方面或许是最有影响的著作的封面照片，复制了“两种在种族主义者想象中十分鲜明的观念：白人男性作为作者 / 权威的观念……和被动的、什么也不做、只会盯着看的棕色 / 黑色男人（以及妇女和儿童）的观念”。

（诺曼·K. 邓津、伊冯娜·S. 林肯编：《定性研究：方法论基础》（第一卷），风笑天等译，重庆：重庆大学出版社，2007 年，第 1–2 页）

专业化的质性研究起源于人类学对理解“他者”的关注。19 世纪中叶，英国的人类学家爱德华·伯内特·泰勒踏进墨西哥的土地，在差不多相同的时间，美国的人类学家路易斯·亨利·摩尔根深入北美印第安人的腹地，质性研究的这一旅程就开始了。

在早期的质性研究中，研究的对象和当时的政治经济发展背景分不开。由于基督教文化及欧洲势力在全球的扩张，欧洲中心主义成为一种在欧洲普遍存在的意识形态。许多人想当然地认为，欧洲文化是文明的，其他文化是野蛮的。白人与其他种族、西方与东方、宗主国与殖民地，不仅是一种客观描述，更是通过比较来形成一种道德话语体系。美国的政治哲学家哈特和意大利的政治哲学家奈格里曾对这一时期的欧洲中心主义进行了耐人寻味的描述：

东方、非洲、美洲都是构成欧洲同一性（认同）和现代主权的反面基础的不可或缺的部分。黑色的他者构成启蒙的欧洲的基础，正如“黑色大陆”的生产关系构成欧洲民族国家的经济基础。殖民地辩证地站在欧洲现代性的对立面，既是欧洲必不可少的复制，又是欧洲难以压制的对抗者。

（麦克尔·哈特、安东尼奥·奈格里：《帝国——全球化的政治秩序》，杨建国等译，南京：江苏人民出版社，2003 年，第 121 页）

殖民者需要对其殖民行为进行合法性辩护，也想要从殖民地攫取更多的资源和财富。在这一背景下，质性研究早期的实践主要是由如下需求所驱动：殖民者需要了解被殖民的人民，从而为其更便利地统治、压榨被殖民的人民提供建议。因此，研究者与研究对象的关系模式，基本上都是来自殖民国的高高在上的研究者与来自殖民地的“未开化的愚昧无知的”研究对象这一模式。这一时期的质性研究文本明显地展示了白人、男性、殖民者的优越性及傲慢，以及对研究对象的藐视和轻慢。

在氏族组织的要素中存在着一种不断分化的倾向，这种倾向显然有碍于蒙昧人和野蛮人部落的进步。加之，他们的社会状态及他们所占地域之辽阔，使得他们的语言也不可避免地产生歧异的倾向，这就更妨碍他们的进步了。

（路易斯·亨利·摩尔根：《古代社会》，杨东莼、马雍、马巨译，北京：中央编译出版社，2007 年，第 74 页）

不仅仅研究文本，甚至连研究成果的标题也直白地表达了这种对研究对象的歧视和污名。马林诺夫斯基在美拉尼西亚岛的人类学研究成果，直接命名为《野蛮人的性生活》[1]，而他在新几内亚和特罗布里安德群岛的人类学研究成果，则直接命名为《未开化人的恋爱与婚姻》[2]，还有1926年发表的《蛮族社会之犯罪与风俗》[3]，无不体现了把研究对象视为“他者”的意识形态。

---

❶ 马林诺夫斯基．野蛮人的性生活［M］．高鹏，金爽，编译．北京：团结出版社，2005.

❷ 马林诺夫斯基．未开化人的恋爱与婚姻［M］．孙云利，译．上海：上海文艺出版社，1990.

❸ 马林诺夫斯基．蛮族社会之犯罪与风俗［M］．林振镛，译．上海：上海华通书局，1989.

这种以高姿态俯视“落后的、异域情调的”民族的质性研究取向展示的是赤裸裸的白人至上主义和欧洲中心主义。萨义德的东方学研究对这种状况进行了解构。萨义德认为，所谓“东方学”，不过是一种被人为创造出来的理论和实践体系，存在于欧洲中心主义者的想象中。在萨义德看来，正是文化霸权建构并赋予了东方学的持久性。这种霸权不断地重申欧洲文化的霸主地位，不断地灌输欧洲比东方优越、比东方先进的虚假理念，将西方置于与东方相对立的关系体系之中，使西方永远不会失去其优势地位。

之所以说东方被“东方化”（Orientalized）了，不仅因为它是被19世纪的欧洲大众以那些人们耳熟能详的方式下意识地认定为“东方的”，而且因为它可以被制作成——也就说，被驯化为——“东方的”。

（爱德华·沃第尔·萨义德:《东方学》，王宇根译，上海：上海三联书店，1999年，第4页）

当质性研究者们不断深入到研究现场时，许多研究者重新认识了“地方性知识”，开始反思自我与他者对立的二元论关系模式，对异文化民族的污名化、歧视，以及偏见都在减弱。质性研究的目的除了通过增加人们对殖民地的理解来更好地实现对殖民地的统治以外，把殖民地人们的文化适应，以及如何保护殖民地文化，也纳入了研究者的视野中。“他者”被重新发现和尊重。他者不再是异类，只是和“我”不同的一群人而已。

另外，文化的交流及全球化进程也使这种研究“他者”的质性研究难以为继。在世界范围内的共同价值体系不断瓦解的背景下，多元的、接纳的、相对的文化成为文化现实，把观察者作为主体、观察对象作为他者的研究取向遇到了难题。

在“他者”的视角下，人类学与其他学科——社会学、管理学、教育学——的分野在于研究对象的时间维度。人类学研究的是过去的社会在现实时间点上的留存，存在这样一种假定：那些在偏远的异域的研究现场呈现的“原始的”“野蛮的”社会形态，研究者所处的社会在过去也经历过，所以研究者所处的社会是先进的、文明的。

多元文化体系使上述假定不再成立。在相同时间、相同空间的人们由于不再共享同一套文化体系，或者只共享文化体系中的某一个部分，相互的理解变得困难。研究者需要通过研究来理解身边的那些个体，研究者与研究对象互为他者和互为主体，出现了都市人类学这一分支，人类学开始研究现实社会中的其他人，人类学基于时间维度和其他学科中的质性研究的差异被消融了。

在质性研究对象的选择上，城市（作为先进、文明的指示器）与乡村（作为落后、野蛮的象征）的分野消失，大城市成为一个他者的聚集地，[1]他者转变为自我。他者，可能只是我们中的一分子。当然，所谓“我们”，只不过是一个多元的文化载体：“我们”不是“他者”被“我们”所同化而形成的高度同质化的统一体，而是各种“他者”共存、相互尊重而呈现高度异质性的某种“统一体”。

在这种背景下，质性研究所研究的不再是“他们”，而是“我们”，因为“我们”就是“他们”，“他们”也是“我们”，质性研究的应用范围大大地拓宽了。

---

[1] REDFIELD R，SINGER M B. The Cultural Role of the Cities：Orthogenetic and Heterogenetic Change［M］// GERMANI G.Modernization，Urbanization，and the Urban Crisis. Boston：Little Brown，1973：61–71.

二、质性研究的定义

质性研究的英文是 Qualitative Research，与之相对应的中文翻译则有定性研究、质性研究、质的研究、质化研究。截至 2021 年 12 月 2 日，在中国知网的核心期刊和 CSSCI 期刊搜索篇名中有这四个名词的论文，结果发现，有“质性研究”字样的是 1695 条，有“定性研究”字样的是 551 条，有“质的研究”字样的是 148 条，有“质化研究”字样的是 78 条。可见，绝大多数的研究者运用了“质性研究”作为 Qualitative Research 的翻译，因此我们也采用了这一翻译形式。

不过，在引用中，我们沿用了原作者所使用的概念。比如，原作者使用的名词是“定性研究”，我们就用“定性研究”；原作者使用的名词是“质的研究”，我们就用“质的研究”，而不是都用“质性研究”来替代。

关于质性研究的定义，不同的学者有不同的看法。尽管学界近几年来涌现出大量运用质性研究方法完成的研究成果，同时也涌现出许多介绍各种质性研究方法的书籍，但仍然没有一个获得大家公认的明确的定义。下面是不同的学者对质性研究所给出的不同定义。

本文为“质性研究”提供的操作性定义如下：以研究者本人作为研究工具，在自然情境下采用多种资料收集方法，对社会现象进行整体性探究，主要使用归纳法分析资料和形成理论，通过与研究对象互动对其行为和意义建构获得解释性理解的一种活动。

（陈向明编著:《质性研究：反思与评论》，重庆：重庆大学出版社，2008 年，第 1 页）

定性研究是一种将观察者置于现实世界之中的情景性活动。它由一系列解释性的、使世界可感知的身体实践活动所构成。这些实践活动转换着世界。它们将世界转变成一系列的陈述，包括实地笔记、访问、谈话、照片、记录和自我的备忘录。在这种程度上，定性研究包含着一种对世界的解释性的、自然主义的方式。这意味着定性研究者是在事物的自然背景中来研究它们，并试图根据人们对现象所赋予的意义来理解或来解释现象。

（诺曼·K. 邓津、伊冯娜·S. 林肯编:《定性研究：方法论基础》（第一卷），风笑天等译，重庆：重庆大学出版社，2007 年，第 4 页）

质性研究是多样化、广泛且不断发展的一系列研究解释范式、方法、评估实践和产品的总称。

（Brett Smith，Andrew C. Sparkes, Qualitative Research, in Handbook of Sport Psychology.Fourth Edition, Hoboken, NJ: Wiley, 2020, p.1002）

采用自然探究的方式，从自然观察的行为中收集所需的资料，并由观察与深入分析的过程来探究现象的发生及特定现象所蕴含的社会意义。

（凌建勋、凌文辁、方俐洛:《深入理解质性研究》,《社会科学研究》2003 年第 1 期）

基于我们的工作取向（编制一本说明书式的可操作性强的质性研究指导手册），我们简化了质性研究的内涵，把质性研究定义为：一种研究者在自然情境中，主要运用质性访谈和参与式观察作为资料的搜集方法，并从研究对象的角度来理解、解释其文化或行为的研究策略。

三、质性研究的类型

质性研究是一个非常复杂的研究领域，囊括了人类学、社会学、管理学、政治学、教育学、传播学等几乎全部的社会科学学科，在社会科学与自然科学的交叉学科心理学、医学中也有应用。质性研究处理着不同的主题，融合了多种研究策略。因此，风笑天及许多研究者称其为“一把大伞”或“一棵大树”。

用马修·迈尔斯和迈克尔·胡贝曼的话来说，定性研究“可以用几十种方式来进行”。他们在书中既列举了 Wolcott 所画的一棵包含二十几种定性研究策略的大树，也列举了 Tesch 用计算机画出的包含 27 种定性研究类型的总图。此外，还有一种虽不那么形象、直观，但也许更加概括、更加准确的说法：定性研究的方法“确实多到了难以选择的地步”。

（风笑天：《定性研究概念与类型的探讨》，《社会科学辑刊》2017 年第 3 期）

就是因为质性研究的范围非常广泛，对质性研究的分类也是困难重重。不仅存在的类别本身非常庞杂，而且分类的标准也繁多到令人无所适从的地步。泰斯克就列举了四十余种质性研究的类型。[1] 邓津、林肯把质性研究的研究策略一共分为八类，分别是：

① 个案研究；

② 民族志、参与观察、表演民族志；

③ 现象学、常人方法学；

[1] 转引自麦瑞尔姆．质化方法在教育研究中的应用：个案研究的扩展［M］．于泽元，译．重庆：重庆大学出版社，2008：5.

④ 扎根理论；

⑤ 生活史、证据学；

⑥ 历史方法；

⑦ 行动研究与应用研究；

⑧ 临床研究。[1]

高尔、伯格和高尔根据研究对象及研究内容，归纳出三种类型的质性研究，具体包括：

① 聚焦个人生命经验的研究，其主要包括现象学研究法、女性主义探究、叙事分析等；

② 聚焦社会与文化的研究，如民族志学和质性社会学；

③ 聚焦语言与交流的研究，如社会语言学和符号学方法。[2]

风笑天按照研究方式把质性研究分为五类，分别是：

① 以“深入实地”为特征的实地研究；

② 以“专注于文本”为特征的各种文本研究；

③ 以“研究对象数目”为特征的个案研究；

④ 以“建立理论为目标”的扎根理论研究；

⑤ 以“影响和干预社会实践”为特征的行动研究。[3]

---

❶ 邓津，林肯．导论：定性研究的学科与实践［M］// 邓津，林肯．定性研究：方法论基础（第一卷）．风笑天，等译．重庆：重庆大学出版社，2007：25.

❷ 巴歇尔，罗斯曼．设计质性研究［M］．王慧芳，译．长沙：湖南美术出版社，2008：4.

❸ 风笑天．定性研究概念与类型的探讨［J］．社会科学辑刊，2017（3）.

阿特肯森、德拉门特和汉默斯里则根据方法论，近似地将质性研究分为七类，分别是：

① 符号互动论；

② 人类学；

③ 社会语言学；

④ 民俗学方法论；

⑤ 民主评估；

⑥ 新马克思主义民族志学；

⑦ 女性主义。

除了这几种比较清晰的分类以外，有的学者按研究问题的类型进行分类，把研究问题分为意义类问题、描述性问题、过程性问题、有关口语互动和对话的问题、行为的问题，再根据问题分类将研究策略分成六种类型：现象学、民族志、扎根理论、常人方法学 / 言语分析法、参与性观察、质的生态学。

有的按研究者的立场分类，如女权主义民族志、批判民族志、后现代主义民族志、历史民族志。有的按“研究范式”来分类，如实证主义的质性研究、后实证主义的质性研究、批判主义的质性研究、建构主义的质性研究。

马克斯威尔则放弃了对质性研究进行明确分类的尝试，而是抽象出几个维度，把质性研究看作一个连续体，以避免各种内容的遗漏（表 1.2）。

表 1.2　作为连续体的质的研究

完全自然主义的研究	半自然主义的研究
完全自然情境	半自然情境
完全开放型	半开放型
完全悬置假设	主动利用假设
描述为主	建构理论为主

资料来源：马克斯威尔．质的研究设计：一种互动的取向［M］．2 版．朱光明，译．重庆：重庆大学出版社，2007：7.

总的来说，质性研究是一个多元、综合、复杂的领域，分类是一个困难的任务。鉴于我们的目的是提供一本说明书式的可操作性强的研究手册，因此，一方面，分类是有必要的，有利于让初学者了解质性研究这把“大伞”；另一方面，应该采取一种更加务实的态度，不必穷尽所有的类别，不企图建构一个囊括了所有分类的关于质性研究的综合性大厦，而是有针对性地选择初学者更可能使用的方法，以及初学者更容易遇到困难和困惑的内容来进行分类和介绍。

基于这一原则，我们考虑到质性研究的方法论、搜集资料及分析资料的方法，把质性研究的研究策略分为以下两大类。

按照研究方式主要有：扎根理论。

按照资料搜集的具体方法主要有：质性访谈、参与式观察。

第四节 量的研究还是质性研究

一、方法论角度的比较

（一）研究范式

定量研究的研究范式是实证主义的科学范式，质性研究的研究范式则是人文主义的自然范式。

实证主义的科学范式认为，现实可以被分割成独立的变量和过程，因此能够进行独立的研究。社会科学研究应借鉴自然科学的研究方法，通过具体客观的观察及经验概括得出结论。

另外，实证主义的科学范式认为研究者与研究对象之间是独立的关系，研究者可以客观地观察研究对象。因此，客观地呈现真相，是定量研究的重要目标。

而人文主义的自然范式认为，现实是一个有机整体，这个有机整体具有多元的、构建的、分散的特性，不可分割开来，而只能以整体的方式对待，并最终达到对现实意义的理解。在研究中要考虑人的特殊性，要发挥研究者在研究中的主观能动性。

人文主义的自然范式还认为研究者与研究对象之间是互为主体的、相互渗透的关系。例如，传统民族志的研究方法就是“研究者与研究对象相互合作以揭示后者的生活世界”，所以研究者不能也不需要客观地观察研究对象。

图 1.3 呈现的是定量研究中用得比较多的概率抽样中的分层抽样的逻辑，背后隐藏的就是实证主义的科学范式。图中不同色块代表不同的变量。以年龄变量为例，假定○代表的是老年人，◎代表的是中青年人，●代表的是儿童。在抽样的时候，抽取了●组中的 5 号，意味着 5 号可以代表同一色块组的 3 号与 9 号，5 号可以和同一色块组的 3 号与 9 号互换。运用独立的可分割的年龄变量去看待对象，即认为现实可以被分割成独立的变量和过程，表达的是实证主义思想。

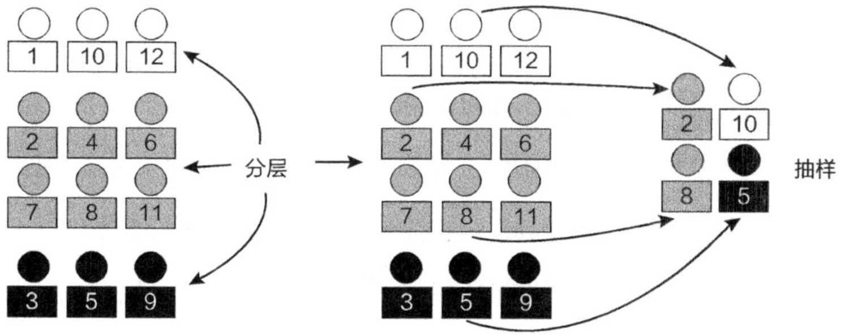

图 1.3 分层抽样的逻辑

资料来源：丹·凯伦教授在埃尔金社区学院所授的统计学课程，略有修改，网址：https://faculty.elgin.edu/dkernler/statistics/ch01/1-4.html.

在人文主义的自然范式看来，现实——包括个体——是一个具有多元的、构建的、分散的特性且不可分割的有机整体，每个个体都是独特的、唯一的，不可能互换，图 1.3 的 5 号和同一色块组的 3 号与 9 号之间绝对存在许多不同，都是独一无二的存在，相互之间没有互换的可能，5 号就不可以代表 3 号与 9 号。所以从人文主义的自然范式出发，质性研究不可能使用概率抽样，也从不考虑样本的代表性问题。

（二）具体的研究方式

定量研究运用标准化、系统化和操作化的方式来进行研究。质性研究则运用灵活的、特殊的方式来进行研究。

定量研究关注的是结果，而质性研究关注的是过程、意义及当事人的理解。也就是说，后者侧重于理解对象对意义的建构、对象是如何理解他们所处的世界，以及他们在他们所处的世界中的体验和感受。

定量研究采用的是演绎的研究策略，倾向于检验某种理论。质性研究采用归纳的研究策略，研究的目的是建构假设及理论，而不是检验假设或现有理论。

定量研究倾向于确定变量之间的关系，所以会有研究假设。而质性研究倾向于更深入地理解社会现象，如发现现象与背景的关系、现象的发展过程及其对行动者的意义，因此，质性研究不可能有研究假设。

在资料的搜集上，定量研究通常会使用结构式的工具，如问卷、结构式访问及结构式观察等，所有调查对象面对的调查工具是一致的。而质性研究则使用非结构式工具，如深度访谈、参与观察等，针对不同的调查对象可能会采取不同的策略。定量研究与质性研究在方法论方面的区别见表 1.3。

表 1.3　定量研究与质性研究在方法论方面的区别

类目	定量研究	质性研究
哲学基础	实证主义	人文主义
研究范式	科学范式	自然范式
逻辑过程	演绎推理	归纳推理
理论模式	理论检验	理论建构
主要目标	确定相关和因果关系	深入理解社会现象
分析方法	统计分析	文字描述与阐释

续表

类目	定量研究	质性研究
主要方式	实验、调查	实地研究、个案研究
资料收集	问卷、结构观察等	参与观察、深度访问
研究特征	客观	主观

资料来源：风笑天．社会研究方法［M］.5 版．北京：中国人民大学出版社，2018：14-15.

二、应用视角的比较

表 1.4 大致让我们了解了在应用方面定量研究和质性研究的差异。由于方法论不同，在应用上两者也有着核心的区别，即回答问题的侧重点、运用的研究程序、研究策略和研究工具不同。

表 1.4　定量研究与质性研究在应用方面的区别

类目	内容
回答问题的侧重点	定量研究侧重于回答总体的、普遍的、客观的问题；而质性研究侧重于回答个体的、特殊的、主观的问题
研究程序	定量研究有相对固定的研究程序，通常根据文献综述来确定研究假设，基于研究假设设计问卷，将获得的数据运用统计软件进行分析，最后通过结果说明研究假设是被证实了还是证伪了，并进行讨论，研究就基本上结束了；而质性研究的研究程序则需要研究者根据具体情况不断调整，研究者很难在开始就确定全部的过程，而是一步步根据面临的具体情境来进行调整，具有高度的灵活性
研究策略	定量研究的研究策略是化繁为简，省略细节，以把握一般性的、普遍性的情况；质性研究的研究策略则是扩简为繁，运用大量的细节来还原现实的复杂性
研究工具	定量研究运用科学的抽样、测量等手段作为工具，研究工具具有标准化、信度高等特征；而质性研究则以研究者自身作为研究工具，研究者总是根据具体的情况来进行判断，研究者本人就是研究现场的测量工具

资料来源：风笑天．社会研究方法［M］.5 版．北京：中国人民大学出版社，2018：322-325.

（一）回答的问题

如果要回答“有多少职场妈妈打算生育二孩”“大学生的就业去向”

等问题，由于要了解的是总体的、普遍的问题，那么就应该用定量研究。而回答“生育二孩对职场妈妈来说意味着什么”的问题，由于要了解的是主观意义，是个体的、微观的知识，则应该用质性研究。

（二）研究程序

定量研究的一般程序往往是选择要研究的问题、制定问卷、确定调查对象、确定资料的搜集方法、搜集资料、分析资料、得出结论。而质性研究的程序则需要“一切视情况而定”[1]。例如，安妮特·拉鲁在对儿童生活进行研究时，就不断根据具体情况来对研究程序进行调整。

在我和研究助理最初拟定的名单中，十二个家庭里有九个家庭愿意参加：两个白人中产阶层家庭和四个工人阶级家庭全部都愿意参加，四个贫困家庭中只有三个家庭愿意参加。黑人中产阶级家庭这个类别没有任何家庭参加。我在斯旺小学邀请的母亲拒绝了我们的请求，理由是隐私问题。尽管我不愿在斯旺和下里士满之外招募其他家庭，但我其实也没有别的选择。我转向了一个种族多元化的私立学校，有一个熟人的孩子在那里上学。

（Lareau，A. Unequal Childhoods：Class，Race，and Family Life. Berkeley and Los Angeles，California：University of California Press，2003，p.265）

（三）研究策略

定量研究是掌握整体的、一般性的情况，为了达到这个目的，就必须省略掉许多细节。例如，要运用定量研究来了解大学生的学习态度，以及

[1] 格莱斯．质性研究方法导论［M］.4版．王中会，李芳英，译．北京：中国人民大学出版社，2013：3.

哪些变量影响到大学生的学习态度，就只能关注学习态度的某个方面（如是否逃课、是否上自习），或者关注影响学习态度的几个主要的变量。所以，定量研究的研究策略是“化繁为简”。

质性研究则要深入地了解大学生学习态度的详细内容，不只是把学习态度界定为好或坏，也不是制定几个指标来测量学习态度，而是要了解学习态度的各种具体表现，了解形成某种学习态度的过程和逻辑，了解学习态度背后更深层次的意义。所以，质性研究的研究策略是“扩简为繁”。

（四）研究工具

质性研究中的研究者就是搜集资料、分析资料最基本的研究工具。研究者必须根据具体的情境不断调整自己的研究策略。而定量研究中的工具则主要是标准化的问卷和量表等。因此，定量研究的研究者不需要进入研究现场，可以委托他人搜集资料，然后自己进行分析。

由于质性研究的研究工具就是研究者本人，质性研究的研究者一般需要深入研究现场。如果研究者本人不能深入现场，就需要对替代自己进入研究现场的访谈员或观察者进行大量的培训，使这些调查员变成另一个自己，才能获得有价值的资料。这样的培训力度是定量研究不能比的。或者，借助于今天高度发达的网络技术，质性研究中调查员的每一步都在线上平台与不在现场的研究者进行讨论，从而使得研究者参与到资料搜集中。例如，田丰等研究者根据三和人力市场做的参与观察研究，田丰没有到研究现场，而是他的学生林凯玄到了现场。林凯玄在调查中的每一步几乎都要与田丰汇报、讨论，使不在现场的田丰能更大程度地置身于现场。此时的林凯玄不是一个简单的调查员，而是田丰的合作者。根据参与观察来完成的学术专著，署名是田丰与林凯玄两人，而不像定量研究那样，定量研究的调查员是没有资格获得研究成果的署名的。[1]

三、适用议题

一个社会研究到底是运用定量的方法还是质性的方法，一方面取决于研究者的旨趣，另一方面取决于该议题是否适用于某一种类的研究。

注意，不要询问“定量研究和质性研究相比，哪一种研究方法更好”，这是一个愚蠢的问题。定量研究和质性研究是不同的方法，它们只是适用性不同，关注不同的知识，本身并没有优劣之分。无论是定量研究还是质性研究，都能够做出高质量的研究成果。

有些研究议题可能两种方法都适用，但研究者探究的是不同的内容。例如，想要了解父母外出务工对孩子学习成绩的影响，既可以用大规模的定量调查来比较父母外出务工的孩子与父母没有外出务工的孩子的学习成绩；也可以深度挖掘一个个案，观察父母外出务工以后，孩子在学习方面可能遭受哪些影响，以及这个影响的过程和孩子自身的感受、体验，等等。

就同一个议题来说，定量研究是在高空观察一片森林，描绘森林的面积、树的种类等总体性的信息，而质性研究则是走进森林，观察某一棵树的纹理和材质。

但是，有些议题却更适合使用某种方法来进行研究。例如，质性研究就更适合在自然情境下研究人的态度和行为，以及研究某一事件在长时间内的发展变化过程。而定量研究则更适合探讨变量之间的因果关系，或者某些变量之间的相互影响，以及某一现象的影响因素，等等。

[1] 田丰，林凯玄．岂不怀归：三和青年调查［M］．北京：海豚出版社，2020.

一个议题到底使用定量研究还是质性研究，可以用以下程序来进行判别。

我的议题应该采用定量研究还是采用质性研究[1]

① 我到底想发现什么东西？不同的问题需要使用不同的方法来回答。

② 就我所研究问题的重心而言，我想达到什么目标？是要详尽地研究这一现象或情形吗？还是对标准化和系统比较感兴趣，并试图解释差异？

③ 别的研究者是怎样处理这个问题的？我在多大程度上愿意与他们保持一致？

④ 哪些实际性的考虑会动摇我的选择？例如，我的研究将持续多久，我是否有资源用这种方式进行研究？我是否能够进入到那个打算深入研究的个案中去？是否可以获得定量的样本和资料？

⑤ 究竟是量化方法还是定性方法能使我们更多地了解这个问题？每种方法各能带来什么知识回报？

⑥ 对我来说，哪种方法更为得心应手？我是否忠于某个特定的研究模型，而这一模型又体现了特定的方法论？我是否有直觉，知道一项好的研究是什么样的？

四、质性研究与定量研究的融合

由于社会是多面的、多层次的、多视角的，运用单一的方法来进行研究就可能存在偏差，因此，有些研究运用了既有质性研究也有定量研究的混合研究方法。布莱曼通过对运用混合研究方法的期刊论文进行分析，发

[1] 希尔弗曼．如何做质性研究［M］．李雪，等译．重庆：重庆大学出版社，2009：6.

现大多数既使用定量方法也使用质性方法的研究有三个目的：

一是为了强化研究发现：使用定量方法或质性方法收集更多数据，来增强定量或质性方法的研究发现。

二是为了研究发现更为全面和完整：既使用定量方法也使用质性方法，会使得研究的解释更为全面。

三是为了相互印证以增加信度：既使用定量方法也使用质性方法，对研究发现进行三角测量，运用不同方法得到的不同的研究发现之间可以相互确证。❶

然而，正如上面所讨论的，两种研究的视角、立场不同，在方法论、本体论上基本上互不相容，如何将两种方法融合在一起，就是需要考虑的问题。

按照时间顺序，混合研究主要有两种情况。第一种情况是先做定量研究再做质性研究。在这种混合研究中，一般是先运用问卷或量表来搜集资料，获得数据后进行分析，再通过质性研究来进一步解释、分析定量研究的结果。

例如，一项关于消费模式的研究，作者运用中国综合社会调查（CGSS2003）的定量数据来描述中产阶级的人口特征和消费模式，考虑到对定量数据的分析“难以获得主观的解释、个体之间微妙的区别及消费行为如何被具体的文本所塑造等信息”，因此作者又运用了半结构访谈来搜集质性资料，以更全面、更深刻地解释定量研究所获得的关于消费模式的

❶ BRYMAN A. Why Do Researchers Integrate/Combine/Mesh/Blend/Mix/Merge/Fuse Quantitative and Qualitative Research？［M］// BERGMAN M M. Advances in Mixed Methods Research：Theories and Applications．Los Angeles，London，New Delhi，Singapore：Sage，2008：91−92.

研究发现。对于该方法，作者是如此介绍的：

本研究始于定量数据的分析，然后进行访谈和分析。本研究使用混合研究方法的主要目的，是强化和深化研究发现并使用定性数据进一步探索相关结论。定量分析能够产生初步的结论和一些分析的结构，而定性数据是丰富的和深度信息的主要来源，将产生研究的主要结论。这是一种以定性数据为主的策略。

（朱迪：《混合研究方法的方法论、研究策略及应用——以消费模式研究为例》，《社会学研究》2012 年第 4 期）

第二种情况是先做质性研究再做定量研究，质性研究主要是用来讨论研究问题，确定重要的概念和变量，以设计出更有针对性和操作性的问卷，提升定量研究的质量。

一项探讨表情符号的使用动机及使用行为的研究就使用了先质性研究后定量研究的混合研究方法。[1] 作者先运用半结构访谈法提取出使用表情符号的具体动机。一共根据质性访谈资料获得十个预设主题，并通过这些预设主题归纳出使用表情符号的四种主要动机：传递信息、谈话策略、实现娱乐和追求效率。

例如，“希望跟对方聊天的时候，让对方能够知道我当时所处的情绪”，就抽象出“表达情感”的预设主题。“有些表情符号在一些严肃、工作场合不适合，会显得自己过于轻浮”，就抽象出“形象塑造”的预设主题。“加上哭、笑的表情符号，就感觉是看到我在笑着说或者哭着说一样”，就抽象出“强化信息”的预设主题。“调节气氛，缓解尴尬，让对话

[1] 刘丽群，刘玺辰．表情符号使用动机及其在不同人际关系中对使用行为的影响——基于混合研究方法［J］．现代传播（中国传媒大学学报），2020（8）．

能够更好地继续下去”，就抽象出“调节气氛”的预设主题。“表情符号可以辅助文字交流，有些表情符号能够精准表意，是一种增进沟通的方式，但不能取代文字”，就抽象出“辅助文字表意”的预设主题。然后又从这些预设主题中归纳出“传递信息”的大主题作为表情符号使用动机。其他的表情符号使用动机也运用类似的方法来归纳，在获得使用表情符号的四个动机后，再根据这些动机来设计问卷，确定问卷中的具体题项的问法（表 1.5）。

表 1.5　表情符号使用动机问项

动机因素	问项
传递信息	① 我认为表情符号有助于我的情绪、情感表达
	② 当我收到表情符号时能帮助我想象对方的情绪情感
	③ 我认为表情符号有助于我在沟通时的意图与形象传达
	④ 当我收到表情符号时能帮助我了解对方想传达的意图
谈话策略	⑤ 我认为表情符号可以调节语境，缓解气氛
	⑥ 我认为表情符号有助于幽默、讽刺等修辞的传达
实现娱乐	⑦ 我认为发送表情符号很有趣
	⑧ 我认为收到表情符号很有趣
追求效率	⑨ 我认为使用表情符号会使沟通效率更高
	⑩ 我认为使用表情符号可以降低歧义，减少误会

资料来源：刘丽群，刘玺辰．表情符号使用动机及其在不同人际关系中对使用行为的影响——基于混合研究方法［J］．现代传播（中国传媒大学学报），2020（8）．

这项研究根据质性研究的结果来设计好问卷以后，就运用定量研究规范的、标准化的路径来进行研究，最终将两种研究方法融合在一起。

本章要点

★ 不是什么样的选题都可以使用质性研究来作为研究方法。

★ 认为质性研究比定量研究好做，或者质性研究的质量不如定量研究，都是错误的看法。

★ 质性研究也会使用数据。

★ 社会研究的方法论主要有两类，一类是实证主义（Positivism），另一类是人文主义（Humanism）。

★ 人文主义中的解释主义是质性研究的主要方法论来源。

★ 质性研究是一种研究者在自然情境中，主要运用质性访谈和参与式观察作为资料的搜集方法，并从研究对象的角度来理解、解释其文化或行为的研究策略。

★ 定量研究的研究范式是实证主义的科学范式，质性研究的研究范式则是人文主义的自然范式。

★ 质性研究与定量研究可以融合起来进行混合研究。

练习

练习一

查找几篇学术文献，其中一些运用质性研究方法，另外一些运用定量研究方法，体会两者的差异并进行比较。

推荐：

（1）比较以下两篇学术论文

《母职的想象：城市女性的产前检查、身体经验与主体性》（林晓珊，

《社会》2011年第5期）

《家庭庇护、体制庇护与工作家庭冲突——中国城镇女性的就业状态与主观幸福感》（吴愈晓、王鹏、黄超，《社会学研究》2015年第6期）

（2）比较以下两部学术专著

《泰利的街角——一项街角黑人的研究》（艾略特、列堡著，李文茂、邹小艳译，重庆：重庆大学出版社，2010年）

《从传统人到现代人：六个发展中国家中的个人变化》（阿列克斯·英克尔斯、戴维·H.史密斯著，顾昕译，北京：中国人民大学出版社，1992年）

练习二

确定一个研究选题，思考一下，是应该用质性研究还是定量研究，或者混合研究，或者两种方法都可以，为什么？

第二章　质性研究的准备：文献阅读、梳理与评述

学生一：老师，我直接去调查，把看到的和听到的结果写出来，不就可以了吗？为什么要浪费时间去读文献？

学生二：老师，我做的是质性研究，打算去调查了，马上就要去搜集资料了，没有必要再看文献了。搜集的资料不比文献中的资料好吗？

学生三：老师，我不打算做文献研究，也要看文献吗？

第一节　质性研究中的文献

几乎每一次，在研究之前布置阅读文献的学习任务，都会听到类似于上面的疑问。许多同学想当然地认为，无论是质性研究还是定量研究，只

要不是特意分析文献的研究，尤其是经验研究，就是要下到研究现场，运用问卷法、参与观察法或者质性访谈方法，去看、去问、去听，而不需要躲在书斋里看文献。他们认为，阅读文献是因为研究者懒惰，不愿意去研究现场，所以采取看文献的替代方法。如果去了研究现场，搜集了一手资料，就不必再阅读文献了。特别是质性研究，就是要到研究现场，才能找到问题、找到答案，阅读文献是浪费时间。

一、质性研究者需要在研究前阅读文献吗？

实际上，对于质性研究要不要事先阅读文献，在研究者之间也存在分歧和争论。经典扎根理论的创始人格拉泽和施特劳斯就提出不能在研究之前阅读文献，因为这样做会改变研究者看待研究现场及研究对象的方式和视角，从而影响资料的搜集，资料就被“污染”了。在他们看来，研究者因阅读文献而持有的立场、视角会成为一种有色眼镜，研究者所观察到的内容被这一有色眼镜改变了，所以不再能够看到真相。因此，他们提出，应该在独立的分析基本上完成之后，才能进行文献的阅读和评述。[1]

许多后来的研究者对于经典扎根理论排斥研究之前阅读文献的做法进行了驳斥，如有学者提出，“开放的大脑不等于空洞的大脑”[2]。最普遍的情况是，如果研究者没有事先阅读文献，完全不带任何预设、任何问题进入现场，就不知道从哪里入手，不知道该问什么、该观察什么，面对复杂的情境和庞杂的资料不知所措。因此，研究者应该在进入现场之前做充分的准备，只不过要保持开放的态度，也就是不固执地只搜集回应文献中提出

[1] 卡麦兹.建构扎根理论：质性研究实践指南［M］.边国英，译；陈向明，校.重庆：重庆大学出版社，2009：7.

[2] DEY I. Grounding Grounded Theory［M］. San Diego：Academic Press，1999：251.

的问题的资料，对其他的新资料也要关注，寻找更多的关联。

下面就是一位同学在没有任何文献准备的情况下，运用参与式观察来撰写的观察日志，看一看存在什么问题。

在贵州大学西区五食堂二楼的观察

（1）背景

观察时间是2022年9月25日下午6点至7点，观察地点是贵州大学西校区五食堂二楼，我想观察食堂二楼晚餐时间同学们以及食堂工作人员的活动。我选择和朋友一起，在观察的同时可以进行交流，讨论我们看到的不同现象。

（2）地点

观察地点位于贵州大学西校区五食堂二楼。食堂共有三层，一层、二层为学生食堂，第三层为教职工食堂。由于疫情防控需要，食堂对出入口进行了调整，靠近体育馆方向各设置了两个入口和一个出口，靠近学生宿舍楼方向设置了一个入口和两个出口，其中食堂二楼两侧都设有一个入口和一个出口。

（3）食堂内部

我首先看到的是食堂里面的餐饮分布，从靠近学生宿舍这个方向入口开始，最左侧为一个小房间，是学生一卡通充值处，向右是一家香锅店，旁边是最受学生欢迎的小碗菜，再向右是港式煲仔饭，目前也变成自选餐，旁边是一个楼梯，下去直通一楼里面，楼梯旁边也是一个小房子，是食堂工作人员住的地方。再向右依次为咖喱炸鸡饭，旁边挂有横幅，写着：“倒掉的是剩饭，流走的是汗水。”再往右依次是入口楼梯，民族餐厅，带皮牛肉粉，桂林米粉，兰州拉面，一品荤豆花饭，壹次心粉面，出口楼道。其中在自选餐和民族餐厅旁设置了放餐具的地方。

在壹次心粉面旁有一家卤肉饭，他家的桌椅四周被围起来，且不同于食堂其他桌椅。食堂桌椅主要为白色台面、黑色脚的四人桌。食堂顶部均为消防管道及白色灯管。在食堂一角，我发现了多出来的九张椅子，四张和五张分别放在一起靠墙摆放。食堂铺了白色地板砖，打扫得一般，看起来有点油腻，墙上贴了四块瓷砖，再向上被刷成白色。

（4）人物及活动

我看到的人可以分为四类：食堂工作人员、学生、贵州大学伙食委员会志愿者和教师。

第一类是食堂工作人员。他们身着白色工作服，头戴白色帽子，并且戴了手套，有部分人员穿了围裙。他们的分工分别为炒菜、盛菜、盛饭、收用过的餐具、收款。他们很少说话，主要是询问并且不停地动手做学生需要的东西。

第二类是学生。就餐时，学生主要坐在靠近餐饮窗口的地方，中间则比较分散。少有单独吃饭的，以两个人一起为主，其中包括两个男生、两个女生或者一个男生一个女生，除此之外，也有三个、四个甚至更多的人一起吃饭的。三个人一起的，其中两个人面对面坐，而另外一个人坐在其中一个的旁边，也有例外，我看到三个男生坐成一排。在排队的过程中，大家均戴着口罩，吃饭时取下，吃完又立刻戴上。在吃饭过程中，发现大家均有交流，当然也有部分人边吃饭边玩手机，有的在刷视频，有的在追剧。大多数人穿着都是以长袖为主，有少部分是短袖，还有的穿着睡衣、袜子，再穿个拖鞋，有极少数人戴了帽子。

第三类是伙食委员会志愿者。他们身穿带有“伙委会”字样的红色马甲，提着铲子和扫把在食堂转，清扫垃圾。目前为止，一直在我旁边经过的是个黑色短发、戴黑框眼镜的女孩子，她穿了黑色卫衣，上面套红色马甲，她持续经过五次，其中一次我看到她在清理垃圾，第五次看到她没有提铲子和扫把。

第四类是教师。我总的看到两个老师在小碗菜处用餐，其中一个穿着蓝色衬衣，背着灰色电脑包，身穿黑色西装裤和黑皮鞋，另一个身穿深蓝色外套，戴着黑框眼镜，他一个人坐着吃饭，边吃饭边看手机，吃完饭后他没有去放餐具，而是坐着看了很久的手机。

（观察者：彭敏艳，贵州大学公共管理学院行政管理专业2020级学生）

由于没有事先阅读文献，上面的观察日志非常散乱。同学观察的目的是了解大学食堂的情况，观察本身充满了细节，这是要表扬的。但因为没有通过阅读文献来形成初步的研究问题、观察问题及预设，不知道重点应该关注的是组织的应急管理，抑或大学食堂体现出的权力秩序、中国南方的饮食文化，所以观察日志本身呈现出松散的、杂乱无章的细节，很难进一步凝聚出新的观察问题和观察任务。

下面是两份质性访谈的提纲。第一份探讨的是家庭关系如何与大学生的自我认知相关联，是在完全没有任何文献准备的情况下设计的访谈提纲；第二份探讨的是家庭照料中的代际互助，是在梳理了文献并打算运用社会性别理论和代沟理论设计的访谈提纲。试着比较一下。

家庭关系对大学生自我认识影响的访谈提纲

① 你的家庭关系和睦吗？

② 你的家人经常与你陪伴吗？

③ 你认为你在家里扮演一个什么样的角色？

④ 家庭在你的成长路上帮助大吗？

⑤ 你认为家庭给你带来的有什么？你怎么看待老一辈的经验论？

⑥ 你会主动构建一个家庭吗？为什么？

⑦ 如果会，你会构建一个怎样的家庭，是跟现在一样的吗？

（设计者：陈候旭，贵州大学公共管理学院行政管理专业2019级同学，此处在部分细节上做了修改）

有关家庭照料中的代际互助的访谈提纲❶

① 请介绍一下您家庭成员的基本情况。（如果没有给出细节，则补充提问：有哪些人？性别、年龄、文化程度等人口学特征如何？分别在做什么？）

② 请介绍一下您的工作情况。（如果没有给出细节，则补充提问：在哪里工作？上班时间安排？工作内容是什么？）

③ 您家的家务是如何分工的？能不能详细介绍一下上一个星期的家务安排？

④ 您遇到工作上的事情和家庭事务冲突的时候是如何平衡的？能不能举一个具体的例子？

⑤ 您照料过祖辈吗？如果没有，请分别介绍下他们（您的父母、您爱人的父母）需要照料的时候是如何解决的？

⑥ 如果您照料过祖辈，您照料过哪些人？是如何照料的？

⑦ 能不能描述一下带孩子一天的日常？时间从早上起床到晚上上床睡觉。

⑧ 您的孩子小的时候是哪些人在照顾？又是如何照顾的？（如果受访对象没有提到一部分祖辈，则一一询问这些老人是否参与照料，如果没有参与照料，是什么原因，如果参与，是如何参与的。）

⑨ 您对祖辈照料孩子满意吗？为什么？

---

❶ 这是笔者国家社科基金项目“社会性别视角下家庭照料中的代际互助研究”的部分访谈提纲。

由于熟悉了相关的文献，后一份访谈提纲关注了不同性别与不同代际的家庭成员的分工及工作家庭冲突等内容，从而使研究者可以通过梳理、分析所搜集到的资料来与其他研究者的研究进行比较，有了与其他研究者对话的能力，一定程度增加了研究的深度。至于第一份访谈提纲，则只能一般性地询问一些粗略的、表面的问题，很难搜集到有深度的资料。

一项人类学的经典研究——《萨摩亚人的成年》，同样也是质性研究中的经典，展示了在文献上进行准备的重要作用。[1]作者米德并不是简单地描述萨摩亚人的生活及其年轻人的成长过程是什么样子的，而是回应一个宏大的主题：青春期的那些表现，是青少年共有的，还是来源于美国青少年这一独特身份？因此，青春期的表现及其他学者如何进行描述、解释等内容，就需要查阅文献，以便将美国的青少年与萨摩亚人的青少年进行比较。该书从导言开始，就充斥着各种文献的内容。如果没有这些文献上的准备，《萨摩亚人的成年》大概率会写成一个平铺直叙的流水账。所以，在进行定性研究之前，也必须有文献方面的准备。正因为阅读其他文献是如此重要，有学者甚至建议质性研究者可以阅读一些非学术类型的写实文献，“偶尔阅读一到两章其他文献中的内容，不仅能让您休息一下，还能刺激您的写作”[2]。

二、文献的具体作用

质性研究者在进行研究前需要阅读与研究相关的一些文献。那么，让

❶ 米德．萨摩亚人的成年：为西方文明所作的原始人类的青年心理研究［M］．周晓虹，李姚军，刘婧，译．北京：商务印书馆，2008.

❷ YIN R K. Qualitative Research：From Start to Finish［M］.2nd ed.New York，London：The Guilford Press，2016：272.

我们看一看，为什么研究者已经打算亲自去实地搜集一手资料，仍然需要阅读文献，以及在社会研究中（不只是在质性研究中），文献有哪些具体的作用。

（一）确定研究选题及研究任务

质性研究者不会没有任何定向就开始随意搜集资料，因为如果没有主题、没有研究任务，不对资料进行取舍，资料本身是无穷无尽的，研究者就没有办法做到有效的搜集。

图 2.1 是笔者在贵州大学南校区图书馆二楼阅览室拍摄的照片，由于没有把人拍进来，看不到活动，照片的内容相对简单。但就算这样，对这个照片所拍摄的内容进行详尽的描绘都可能是一个非常烦琐、艰巨的任务。如书的新旧、厚度、分类、摆放，书的价格，封面、封底的排版，桌椅及书架的材质、颜色、设计及摆放，灯的亮度、品牌、安装位置，物品之间的距离、窗户的大小、数量、位置，门的大小、位置，地面上有没有灰尘，等等。这些看上去琐碎的内容都展示了某些重要的议题，在做某一主题的研究时非常重要。因此，资料的搜集一定是在某种指导下的搜集，一定是有选题和任务以后的搜集。而研究选题和研究任务的确定，通常就来源于文献。

图 2.1　贵州大学南校区图书馆阅览室

在下到研究现场之前，就应该明确研究的选题及研究的任务。也就是说，研究者必须清楚，自己来研究现场是干什么的，一定要有清晰的研究任务。许多初学者会选择一些笼统的、高度抽象的选题，从而无法确定具体的研究任务，导致搜集资料时无所适从：要么就是不知道该看什么、问什么，要么就是拿到了一堆资料，但分析时却深入不下去，只有一些表面的资料。

例如，有研究者打算做“关于社区的研究”“关于不平等的研究”“关于村民自治的研究”“关于养老的研究”，然后不做准备就贸然下到研究现场，面对复杂的信息量巨大的研究现场，最终一无所获。实际上，这些研究者只是确定了研究对象、研究主题或者研究地点，而没有确定具体的研究选题，从而使研究者无所适从。而要获得恰当的选题，一个重要的方法就是对文献进行阅读、分类、梳理、分析、评价，在评价的基础上形成选题。文献回顾与选题存在着交互作用，其具体的过程如图 2.2 所示。

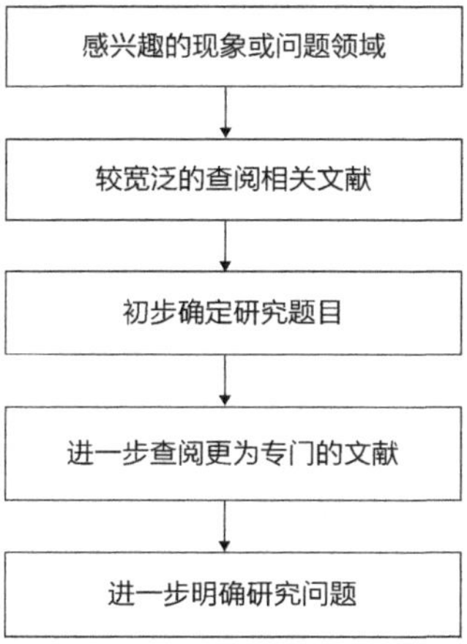

图 2.2　文献回顾与选题交互作用过程

资料来源：风笑天．现代社会调查方法［M］.5 版．武汉：华中科技大学出版社，2015：57.

文献阅读的第一步是先确定自己感兴趣的现象或问题领域，这个步骤大多数研究者都会做。存在的普遍问题是，许多研究者止步于此，然后就直接搜集资料。

现象或问题领域往往对应的是研究者打算研究的主题，相当于英文中的 topic 或者 issue，范围比较宽，针对这个现象或问题很难搜集到有效的资料。研究者应该做的，是针对这个 topic 或者 issue，来对相关的文献进行比较宽泛的阅读，找出现有文献中还没有解决的问题，即 problem，或者现有文献没有关注到的问题（可以是 problem，也可以是 question）。这个时候，就把研究限定在比较窄的范围内，最开始模糊、笼统的 topic 或 issue 就变得清晰、具体，从而初步确定了研究的选题。选题确定了以后，还要再进一步阅读文献。这个时候的文献就不是针对主题的文献，而是针对选题的文献，文献的数量减少了。研究者需要通过对这些文献的梳理、分析，找出需要询问的问题，即 question，研究的任务就被明确了下来。

在中文中，"问题"这一词汇的语义非常模糊、笼统，置换为英文就能够比较清晰地理解不同层次的问题，以及如何通过阅读、梳理、分析、评价文献，从而不断分解问题，使问题从宏观层次进入便于观察、便于询问的微观层次，同时也使研究者有能力搜集到有效度的资料。举例如下：

问题（topic / issue）——中国农民的养老问题。

问题（problem）——如何解决受到劳动力外流的影响而使得中国农民养老时缺乏照料者的问题。

问题（question）——为什么因养老而产生家庭矛盾的现象更普遍地存在于乡村而不是城市？为什么农村老年人在年轻的时候工作努力，却在老年以后没有能力通过储蓄、退休金来自我养老？为什么老年农民的子女意愿和赡养能力都有所弱化？

不是所有通过文献回顾来确定的选题都有从问题（topic / issue）到问题（problem）再到问题（question）这一过程。有时候，通过阅读文献来确定选题，不一定会发现需要解决的问题（problem），也可能从感兴趣的主题（topic 或 issue）直接分解到需要询问的问题（question）。

不管怎么样，在阅读文献的过程中，一定要把作为主题的问题（topic 或 issue）逐步分解为需要询问的问题（question）。是否做到了这一步，一个判断的标准就是最终提出的问题是不是有问号。如果没有问号，准备工作就没有完成。当作为主题的问题转变为可以通过询问来解答的访谈问题或可以通过观察来解答的观察问题时，研究的选题与研究任务就基本上明确了。

笔者的博士毕业论文，也遵循了上面的文献回顾与选题的交互过程。从开始确定一个主题——中国的生育问题，然后宽泛地查阅与生育相关的文献。查阅文献的结果是发现大部分研究探讨的是生育意愿，因为当时二孩政策刚刚放开，研究者最关心的问题是目标家庭到底愿不愿意生育二孩。而且，许多研究者探讨的是育龄女性生育意愿或家庭的生育意愿，即假定家庭成员都整齐划一地持有相同的生育意愿。但我们知道，这不一定是真相，家庭成员之间也可能存在协商、对抗、博弈。也就是说，家庭内部的决策过程被忽略了。因此，笔者确定博士论文选题为《生育政策调整背景下的城市家庭生育决策研究》。再根据生育决策——而不是生育——来梳理文献，以便确定研究问题。

（二）研究定位：确定自己的研究在现有研究中的位置

初学者在做研究时，比较容易出现的一个问题是重复研究。特别是作为老师，评阅学生的研究报告或论文时，会发现一些学生的研究报告（或论文）竟然和该研究报告（或论文）最后列出的某些参考文献非常类似。

例如，都是经验研究，搜集资料的方法一样，研究的主题类似，甚至选题也差不多，只是换了一个研究地点，但研究地点的特征也很接近，如别人研究的地点是南宁，而他研究的地点是贵阳，都在中国的西南地区，都是多民族聚居省份的省会城市，经济发展水平在同一个等级。最后，研究获得的结论也没有太大的差别。这种情况就是典型的重复研究。刘军强称为“重新发明轮子”[1]。

之所以出现重复研究的问题，主要是因为研究者没有通过阅读、梳理、分析、评论文献来确定自己的研究在现有研究中独一无二的位置。社会科学发展到今天，形成了非常丰富的研究成果和学术文献，基本上没有哪一个主题没有被学者们涉足过。特别是一些热点问题，甚至会形成海量的研究成果。基本上可以这样说，无论研究者本人对什么主题感兴趣，涉及该主题的文献就像一棵参天大树，研究者必须仔细审视这棵大树，才能在这棵树上找到一个独一无二的位置放置自己的一片树叶，也就是研究者自己的研究。

总之，重复研究只是在模仿他人所做的简单的习作，而不可能是真正有意义、有价值的研究。所以，要让自己的研究不是单纯地重复别人的习作式的研究，而是有所创新的，就需要在对现有文献的图景、轮廓有大致了解的前提下，对现有文献进行分类、概括，找出现有研究存在的薄弱点。研究者要做的，就是夯实这些薄弱点，从而推进即将进行的研究，这样不仅能够明确即将进行的研究在现有研究中的位置，还能明确研究的理论意义和实践意义。

明确研究定位除了可以避免重复研究以外，还可以呈现出该研究与现有文献的关联。对于专业的学术研究来说，呈现这种关联非常的重要。这

[1] 刘军强．写作是门手艺［M］．桂林：广西师范大学出版社，2020：132.

是读者评判研究者是“专家”还是“门外汉”的主要依据，是读者评判研究是不是“学术垃圾”的主要依据。通过考察文献的关联来评判研究的质量，一些不太熟悉本领域的读者就可以把“煮熟的鸡蛋可以孵出小鸡”这一类毫无营养的研究剔除阅读视野。

要想找到研究的定位，就必须掌握现有文献的基本情况，对现有文献的评述也必须非常准确，而如何对文献进行分类、梳理也取决于如何更好地描绘现有文献的图景并突出现有研究的薄弱点。

（三）提供研究的一些思路和具体方法

确定了研究的选题以后，就需要回答以下问题：去哪里研究（研究现场的选择）？找谁研究（研究对象的确定）？应该询问哪些问题（访谈提纲的制定）？观察哪些现象（观察内容的确定）？从什么视角切入（理论工具的选择）？如果研究现场和研究对象的选择不合适，如果研究工具（访谈提纲、观察步骤、问卷或量表）的设计存在问题，就可能使研究获得的资料信度、效度低，研究资料完全不能回应研究问题，达不到研究目的，从而浪费大量的时间、精力和物资。

要避免以上问题，除了平时多关注研究方法方面的书籍、论文之外，还应该在研究之前，通过阅读相关文献，借鉴、参考别的研究者的思路和方法，才能在研究的时候少走弯路，获得高质量的研究资料。

通过参考其他研究者的文献来形成、充实自己的研究思路及研究方法，有两个重要的做法：一方面是应用别的研究者提出的或别的研究者运用的理论工具来指导自己搜集、分析资料，另一方面是直接借鉴别的研究者的研究设计指导自己搜集、分析资料。由于质性研究的过程不可能高度程序化，而是根据资料的搜集和分析一步步推进，也就很难给出高度标准化的研究设计。即使质性研究有一些研究设计，也是弹性的、灵活的、开放的。因此，就质性研究来说，通过阅读文献形成、充实自己的研究思路及研究方法，主要是运用现有的理论工具搜集、分析资料。

在探讨青年就业问题时，余卉和胡子祥运用了马克·格兰诺维特和边燕杰等研究者提出的社会资本强弱关系理论作为理论工具，并根据这一理论工具设计自己的访谈提纲。❶社会资本强弱关系理论由格兰诺维特率先提出。通过调查美国波士顿郊区职业工人找工作的过程，格兰诺维特发现个体的弱社会关系网络为其求职发挥了很大作用。❷边燕杰则发现，中国个体的强社会关系网络在找工作的过程中作用更大，❸从而修正、完善了格兰诺维特社会资本强弱关系理论。根据格兰诺维特和边燕杰的理论，特别是边燕杰提出的社会资本强关系理论，余卉和胡子祥制订了自己研究的访谈提纲，并根据该理论考虑了具体的资料搜集过程。

本研究认可马克·格兰诺维特和边燕杰关于社会资本强弱关系的理论，沿用边燕杰关于强关系社会资本更能影响青年就业的研究。在探讨青年求职过程中是否存在来自家庭或个体的强弱关系资本同时，将研究聚焦在这种强弱关系资本是否能对就业产生影响以及对就业的哪些方面产生影响。

（余卉、胡子祥：《寒门再难出贵子？社会资本双重属性下青年就业的质性研究》，《中国青年研究》2019 年第 12 期）

---

❶ 余卉，胡子祥．寒门再难出贵子？社会资本双重属性下青年就业的质性研究［J］．中国青年研究，2019（12）．

❷ 格兰诺维特．找工作：关系人与职业生涯的研究［M］．张文宏，等译．上海：格致出版社，上海人民出版社，2008.

❸ BIAN Y. Bringing Strong Ties Back in：Indirect ties，Network Bridges，and Job Searches in China［J］. American Sociological Review，1997（3）：366–385.

（四）通过阅读文献获得与其他研究者对话的能力

无论是质性研究还是定量研究，都不可能自说自话，而是充斥着与其他研究者的对话，并在对话的过程中推进对该主题的研究。如果没有与其他研究者的对话，只是直白地描绘一个过程、一个现象，这样的研究就不可能有深度。那么，要与其他研究者对话，就必须了解其他研究者所做的研究，这当然只能通过阅读文献来进行。

为了了解中国城市女性的抚育实践与二孩生育决策的关联，我们运用了质性研究的方法来进行探讨。通过对资料的分析，我们发现，中国城市女性的独立是家庭本位的。也就是说，中国城市女性在追求职业发展的同时还必须把家庭和孩子置于非常重要的位置。

这样的结论本身比较平淡。但是，我们在阅读文献时发现，绝大多数文献都视女性的独立为女性从家庭中的解放，即女性独立于家庭，不依赖家庭和配偶，而不是女性独立于职场，或独立于其他的价值，如友谊等。现有文献的观点与我们的研究发现有了偏差，于是进一步激起了我们的研究兴趣。

我们想要了解，这种差异是如何出现的。通过再次梳理文献，我们发现，差异的产生有两个原因。一个原因是在不同的社会发展阶段和性别发展阶段，女性具有不同的处境及诉求；另一个原因，则是不同的研究者对家庭的理解、看法与界定不同。一般来说，主张家庭与女性独立形成对立关系的那些研究，基本上都只考虑已婚女性夫家的父系大家庭与女性独立的关系，而父系大家庭作为父权制的一个产物，对女性的剥夺、压迫更为明显，从而得出女性的独立不是家庭本位而是与家庭对立的论点。通过与其他研究者的对话，我们丰富了女性独立与家庭的关系的研究。

分析了我们的研究与现有文献的差异之后，我们再通过文献的分析引入独立与依赖这一对对立的范畴。反思把“独立”作为褒义词而把“依赖”视为贬义词的现象及社会背景，最终提出建构一种把“家庭主义”（依赖）与“个人主义”（独立）综合在一起的性别发展实践。可见，我们研究的深化是通过与其他研究者的对话来一步步推进的。

当逃离家庭的个人主义式的独立越来越让人失望以后，家庭的重要性重新被发现。一些研究者开始质疑“工作比家庭重要”这一现象的正当性，米尔斯是其中的一个代表。……另外，一些研究者开始反思“依赖”与“独立”这一类词汇的真正含义。随着家庭主义向个人主义的转向，“依赖”这一术语逐渐被污名化。……赋予独立性高于依赖性的特权，并使前者与成熟相结合，而使后者与缺失相结合，只不过是在科学语言中拥护一种道德观。

（聂焱、风笑天：《中国城市女性的抚育实践与二孩生育决策》，《中国青年研究》2021 年第 5 期）

与研究者对话，可以把一些看上去索然无味的结论变得有趣，并引起更深刻的思考。例如，艾略特·列堡通过访谈、观察所做的经典人类学研究《告诉他们我是谁：无家可归的女性的生活》，得出了这样一个结论：这些无家可归的女性之所以无家可归，是因为她们没有可居住的地方。[1]

这样的结论，表面上看似毫无意义的同义反复。有同学可能会质疑，做出这种结论，有必要亲自下到研究现场去调研吗？这种“有手就行”的研究有什么价值？为什么要浪费人力、物力去做这种“劣质的低水平的”研究？

---

[1] LIEBOW E. Tell Them Who I am: The Lives of Homeless Women [M]. New York: Free Press, 1993: 223.

但是，当读者注意到他和其他研究者的对话时，上面的那些质疑就显得幼稚可笑了。列堡将“这些无家可归的女性之所以无家可归，是因为她们没有可居住的地方”这一研究结论与其他研究给出的结论进行了对比。在其他研究中，比较普遍的说法有：无家可归或者是因为这些女性身体或精神状况存在问题，所以最终无家可归；或者是因为这些女性懒惰，没有就业；或者是因为这些女性不能很好地处理与重要他人的关系，所以她们才无家可归。而列堡通过论据澄清了这些看法，指出缺乏有安全感的住房才是首要的原因。以就业为例，当雇主发现求职者没有固定的住所后，往往会据此认为她们没有责任心，不上进，或者没有信誉，总之可能存在某种问题，从而拒绝雇用她们。因为没有固定的住所，许多女性在求职上屡屡受挫；因为没有住房，所以很难获得稳定的工作，而不是相反。同样，也不是因为处理不好与重要他人的关系而无家可归，而是无家可归使这些女性很难维系关系。通过与其他研究者的这些对话，列堡让平淡无奇的结论有了新意，而读者也就可以感受到研究的分量。

第二节　文献的选择

一、从哪里获得文献

各种期刊论文、出版物、学术会议论文及毕业论文是主要的文献。去哪里可以快速地找到它们呢？过去，各个高校及科研机构的图书馆是学者们找文献的好地方，而现在，随着互联网的发展，电子资料越来越普及，数据库则是一个更高效的搜索路径，许多学校都有庞大的数据库集合。

大多数的数据库都是收费的，只有购买了使用数据库的权限后，才有资格进入该数据库搜索、查阅文献。如果所在单位没有购买数据库，自己购买又太贵，可以使用一些免费的数据库，如国家哲学社会科学文献中心数据库和贵州数字图书馆，注册即可免费使用。

二、哪些文献值得阅读

科学发展到今天，无论是哪一个学科、哪一个主题的研究，都已经形成了浩如烟海的文献，要从中找出自己需要的文献是一件不容易的事。在选择文献时，由于缺乏评估文献质量的能力，许多研究者只考虑到关联性，也就是只考虑到主题的相似性。关联性当然重要，但如果忽视了文献的质量，同样达不到研究的效果，白白浪费了时间和精力。

下面是贵州大学某位学生毕业论文开题报告初稿的参考文献，请大家看一下有哪些问题，思考对这些文献的阅读和梳理能否指导该学生进行高质量的研究。

[1] 范丽奇．信息化背景下残疾人就业方式与途径分析［J］．就业与保障，2021（17）：84-85.

[2] 李卓．残疾人友好型乡村分析及规划响应［D］．南京大学，2020.

[3] 朱永彬．信息化背景下残疾人就业方式与途径研究［J］．当代教育实践与教学研究，2020（11）：10-11.DOI：10.16534/j.cnki.cn13-9000/g.2020.1202.

[4] 李靓．优势视角下社会工作介入残疾人就业研究［D］．青岛大学，2019. DOI：10.27262/d.cnki.gqdau.2019.001155.

[5] 刘权．我国残疾人就业保障制度的完善［D］．苏州大学，2018.

［6］胡亚光．提高残疾人就业质量的有效途径研究［J］．吉林省教育学院学报，2018，34（11）：172-174. DOI：10.16083/j.cnki.1671-1580.2018.11.047.

［7］王玲．河南省残疾人就业问题研究［D］．北京交通大学，2018.

［8］傅仲夏．拓展残疾人就业途径的经验和思路［J］．中国培训，2017（5）：55. DOI：10.14149/j.cnki.ct.2017.05.026.

［9］魏冠然．人力资源开发视角下的残疾人就业问题研究［D］．西藏大学，2016.

［10］武国强．关于保定市残疾人就业情况的调研报告［J］．现代营销（经营版），2020（12）：66-67. DOI：10.19921/j.cnki. 1009-2994.2020.12.032.

（贵州大学公共管理学院行政管理专业某学生毕业论文开题报告初稿）

上面的文献关联度非常高，基本上都涉及了残疾人就业这一主题，但除了零星的一些文献尚可外，文献的学术质量整体性不高。一些文献就其定位来说也许没有问题，但作为学术论文的参考文献，就不能满足需要了。例如，其中的一些文献明明是经验研究，却完全没有搜集资料的方法的介绍。一些文献只有论点，完全没有论据支撑。这样的文献其信度、效度都可能有问题，不值得参考，也无法为研究者提供思路。

文献的质量非常重要。那么，对于初学者，如何判断文献的质量呢？有没有一些简单的方法可以用来快速判断文献的质量？在做学术研究时一篇文献是否值得阅读主要考虑以下几个方面。

（一）发表媒介

关于文献的发表媒介，需要考虑以下问题：文献仅是发表在网络上的电子版，还是既有电子版也有纸质版？一般情况下，纸质版本的可信度更高一些，因为发表的成本增加了。如果文献只有电子版，是自媒体平台的文献还是官方平台的正式文献？一般情况下官方正式文献的可信度更高一些，因为文献的内容有了正式组织的背书。如果文献是纸质版本，是期刊还是书籍？如果是期刊，该期刊是什么级别的期刊，引用率如何，是否有同行评审？如果是书籍，出版该书籍的出版社声誉如何，是否出版过学术专著，出版过哪些学术专著，是什么级别的出版社？

（二）文献的篇幅和结构

一篇规范的学术文献，如果是经验研究，一般包括这样一些部分：前言（或引言、绪论、问题的提出、问题与背景等，这一部分也可以不用标题）、文献综述（或文献回顾、国内外研究现状等）、研究方法（或研究设计、资料的搜集等）、研究结果（或研究中的发现）、结论（或结论与讨论、结论与思考、对策建议等）、参考文献（或注释）。如果是定量研究，各部分的界限非常清晰，如一篇选题为《“空巢”养老？城市第一代独生子女父母的居住方式及其启示》的论文运用问卷法搜集资料，进行定量研究，一共有六个部分，各部分的章节安排如下：

章节标题：

一、问题与背景

二、文献回顾

三、研究设计

四、结果与分析

五、总结与讨论

六、参考文献

字数：大约一万五千字

〔风笑天：《“空巢”养老？城市第一代独生子女父母的居住方式及其启示》，《深圳大学学报》（人文社会科学版）2020年第4期〕

可以看出，该文献的各部分基本上遵循“前言—文献综述—研究方法—研究结果—结论”这样的结构。如果是质性研究，上面提到的各个部分都具备，但结构不一定清晰。一篇题为《中国城市女性的抚育实践与二孩生育决策》、运用深度访谈搜集资料的质性研究，主体有六个部分，各部分的章节安排如下：

章节标题：

（引言）

一、文献回顾与研究设计

二、家务及育儿分工：协作表象下的性别差异

三、家庭还是职场：不愿做全职主妇的中国城市女性

四、结论与思考

参考文献

（聂焱、风笑天：《中国城市女性的抚育实践与二孩生育决策》，《中国青年研究》2021年第5期）

虽然质性的经验研究各部分没有清晰的边界，结构化、标准化程度低，但“前言—文献综述—研究方法—研究结果—结论”这些部分都要有，这就意味着，要在文献中呈现这些内容，文献的篇幅就不可能太小。

如果不是经验研究，而是理论研究或者规范研究，就必须对探讨的主题进行维度的分解，从多个方面进行探讨，一般也有四个或五个部分，并

且必须附有脚注或参考文献。如一篇题为《政策调整背景下的生育决策研究：范围、范式及其他》的理论研究，主体有五个部分，文末没有单独的参考文献，而是采用脚注的方式，各部分的章节安排如下：

章节标题：

（引言）

一、多孩生育问题的研究范围：为什么重点应放在城市

二、人口学与人类学：现有研究范式的选择

三、固定关系与松散关系下的决策逻辑

四、一孩生育与多孩生育：不同性质及决策差异

（聂焱、风笑天:《政策调整背景下的生育决策研究：范围、范式及其他》,《社会科学研究》2022 年第 1 期）

可见，无论是什么样的研究，都有一些基本的部分，如果文献的篇幅太小，结构少、字数少，就意味着内容上是有偏差、不齐备的，如经验研究不介绍方法，理论研究没有与其他研究者的探讨，或看不到逻辑推理过程，等等。甚至是重要的论点没有论据支撑，只是泛泛而谈，论文就显得又大又空。

（三）发表时间

文献的发表时间也是要不要继续阅读一篇文献的重要的考量因素。通常来说，发表时间越晚的文献，就越可能使用了最新的研究方法，也越可能包含前沿的各种与研究相关的信息。因此，我们的建议是，如果有可能，尽量阅读近五年的文献。如果数量不够，再继续往前推。

一般情况下，所查询文献的发表时间越晚越好。但是，这个标准只是

针对普通的文献，经典文献不在此列。一篇文献之所以能够被称为经典文献，往往是因为其具备独到的研究方法、观察视角和独特的观点，就如同沙粒中的黄金，能够经历时间的淘洗，反而说明其价值。如韦伯在《新教伦理与资本主义精神》《经济与社会》《儒教与道教》等经典名著里面提到的工具理性、价值理性、科层制等思想，仍然是对现代社会所存在的各种问题的有效诊断。所以，在2020年6月，韦伯逝世100周年时，《新京报》撰文纪念，推出了《永远的现代人——纪念马克斯·韦伯逝世100周年》专题报道，并称韦伯为“我们的同时代人”。可见，尽管过去了一百多年，韦伯撰写的那些经典著作对我们仍然具有重要的指导价值和参考意义，并不因为时间久远而被抛弃。

另外，马克思在19世纪50年代撰写的《资本论》《1844年经济学哲学手稿》等经典著作，同样也是经历了时间淘洗的知识宝藏，包括“异化”“拜物教”在内的许多思想在今天仍然闪闪发光，激励、指导着一代代的研究者。

如果按照奥日埃的说法，货币“来到世间，在一边脸上带着天生的血斑”，那么，资本来到世间，从头到脚，每个毛孔都滴着血和肮脏的东西。

（马克思:《资本论》，中共中央马克思恩格斯列宁斯大林著作编译局译，北京：人民出版社，1975年，第828–829页）

除了上面这些简单的标准以外，我们还可以通过快速浏览来判断文献的质量，如其语言是否顺畅、内容有没有新意、论点有没有论据支撑、逻辑上是否自洽，等等。

三、如何找到关联度高的文献

经常会有学生向笔者"抱怨"找不到参考文献。"老师，我找不到想要参考的文献，是不是因为我研究的主题比较新？"他们以为发现了现有研究的漏洞，即将要填补一个研究的空白了。在浩如烟海的文献中，填补空白哪有那么容易呢？

之所以会"找不到文献"，一个原因是文献的搜索路径存在问题。在数据库中找文献的简单易行的办法就是关键词搜索。先进入数据库，然后输入关键词，文献就会自动呈现出来。因此，关键词在搜索文献的过程中非常重要。找对了，就会事半功倍；找错了，就一无所获。那么，怎么找关键词呢？

一个学生的毕业论文题目是《上海市新能源汽车电池回收政府监管问题研究》，开题报告里面有一个部分是"国内外研究现状"，写成了国内外电池回收的现状和政府监管的现状，而不是论题研究现状，看不到研究者在这些问题上的观点、讨论与发现。这种情况在初学者中比较普遍，把某个问题的研究现状写成了该问题的发展现状。

随着新能源汽车产业的快速发展，我国已成为世界第一大新能源汽车产销国，动力蓄电池产销量也逐年攀升，动力蓄电池回收利用迫在眉睫，社会高度关注。2009—2012 年新能源汽车共推广 1.7 万辆，装配动力蓄电池约 1.2GWh。2013 年以后，新能源汽车大规模推广应用，截至 2017 年年底累计推广新能源汽车 180 多万辆，装配动力蓄电池约 86.9GWh。据行业专家从企业质保期限、电池循环寿命、车辆使用工况等方面综合测算，2018 年后新能源汽车动力蓄电池将进入规模化退役，预计到 2020 年累计将超过 20 万吨（24.6GWh），如果按 70% 可用于梯次利用，大约有累计6万吨电池需要报废处理。动力蓄电池退役后，如果处置不当，随意丢弃，一方面会给社会带来环境影响和安全隐患，另一方面也会造成资源浪费。党中央、国务院高度重视新能源汽车动力蓄电池回收利用，国务院召开专题会议进行研究部署。推动新能源汽车动力蓄电池回收利用，有利于保护环境和社会安全，推进资源循环利用，有利于促进我国新能源汽车产业健康持续发展，对于加快绿色发展、建设生态文明和美丽中国具有重要意义。

动力蓄电池回收利用作为一个新兴领域，目前处于起步阶段，面临着一些突出的问题和困难：一是回收利用体系尚未形成。目前绝大部分动力蓄电池尚未退役，汽车生产、电池生产、综合利用等企业之间未建立有效的合作机制。同时，在落实生产者责任延伸制度方面，还需要进一步细化完善相关法律支撑。二是回收利用技术能力不足。目前企业技术储备不足，动力蓄电池生态设计、梯次利用、有价金属高效提取等关键共性技术和装备有待突破；退役动力蓄电池放电、存储以及梯次利用产品等标准缺乏。三是激励政策措施保障少。受技术和规模影响，目前市场上回收有价金属收益不高，经济性较差。相关财税激励政策不健全，市场化的回收利用机制尚未建立。

综上所述，电动能源车这种创新交通工具因环境污染小、降音降噪、改善空气质量等特点对于公共环境而言确实存在诸多优势。然而，在为人们带来优质生活环境的同时，电动能源车给城市管理和交通安全带来了诸多难题不能忽略。对城市电池有效利用、电池回收系统开展相关研究，积极探讨能源车电池的规范管理，对于当前城市环境发展有着十分重要的意义。

（贵州大学公共管理学院公共管理专业某学生毕业论文开题报告初稿）

注意，关联文献指的是在研究主题、研究对象的特征或理论框架等方面相接近的文献。因此，这些要素都可能是关键词。初学者在搜索文献时最容易犯的错误是，只搜索选题中的核心词，从而遗漏掉很多有质量的重要文献。

潘毅所著的《中国女工——新兴打工者主体的形成》，最初以英文版于2005年由杜克大学出版社出版，并于当年获得米尔斯奖，他也成为首次获此殊荣的亚洲学者。该书以深圳的一家工厂的打工妹为观察对象，是运用参与式观察搜集资料的民族志经典之作。而丁瑜所著的《她身之欲——珠三角流动人口社群特殊职业研究》则于2016年由社会科学文献出版社出版，探讨的是珠江三角洲地区女性性产业工作者的生活状况。两本书籍都是学术专著，从标题上看完全不搭界，但《中国女工——新兴打工者主体的形成》却是《她身之欲——珠三角流动人口社群特殊职业研究》的重要参考文献。之所以如此，一个原因是"欲望"这一共同主题，两者都探讨了个体的主体性如何被建构的过程；另一个原因是研究对象具有某种相似性，两者的研究对象都是从农村进入城市的移民女性。如果研究者按照通常使用的选题中的核心词来搜索参考文献，就无法像丁瑜一样搜索到《中国女工——新兴打工者主体的形成》这一重要文献。

此外，还有一些重要的参考文献超越了关键词搜索的范围，无论是用主题、研究对象还是理论框架方面的内容作为关键词都无法搜索到。这种情况下，阅读经典文献是一个比较有效的方法。许多经典文献站位比较高，具有很大的适用性，往往包含很丰富的内容，涉及很多领域，对许多研究的主题都具有重要指导作用。

例如，笔者与导师风笑天教授合作的论文《中国城市女性的抚育实践与二孩生育决策》，就参考了《性政治》（凯特·米利特著）、《国富论》（亚当·斯密著）、《有闲阶级论》（凡勃伦著）、《私人生活的变革：一个村庄里的爱情、家庭与亲密关系（1949—1999）》（阎云翔著）、《白领：美国的中产阶级》（米尔斯著）、*The Culture of Narcissism*：*American Life in an Age of Diminishing Expectations*（Lasch）、*The Second Shift*：*Working Parents and the Revolution at Home*（Hochschild，Russell，Machung）等社会学、人类学、经济学学科的经典名著，如果只搜索关键词，是没有办法找到这些文献的。

因此，定期阅读经典文献是研究者必备的功课，除了长期的积累，没有别的办法。只有对本领域的经典文献烂熟于心，需要参考时，才有可能找到它们。大学生刚入校时，一些老师喜欢给学生开列必须阅读的文献目录，这些文献基本上都是经典文献。而老师之所以这么做，一个重要的考虑就是让学生提前主动地进行阅读。因为无论是搜索关键词，还是运用别的检索路径，都很难快速找到这些非常有价值同时又与学生的研究相关联的经典文献。

第三节　如何从文献中梳理出研究问题

从文献中梳理出研究问题，一个重要的切入点就是找到现有文献的不足。通过阅读文献，需要明确以下问题：

① 哪些问题是在文献中没有人提过的？

② 哪些问题是在文献中有人提过，但没有人解答的？

③ 哪些问题是在文献中有人提过，也有人解答过，但不同回答者的答案是不同的甚至相反的？

④ 哪些问题是在文献中有人提过，也有人解答过，学者们的答案也基

本上一致（达成了共识），但和现实有差距的？

想要解答上面的问题，就需要了解两个阅读和分析文献时很重要的方法：一是怎么阅读文献，二是如何找到现有文献的薄弱点，并从这个薄弱点切入形成自己的研究问题。

一、怎么阅读文献

阅读学术文献与阅读小说、诗歌等文学作品不同，必须要有目的地阅读文献。不是为了娱乐消遣，而是根据研究目的进行阅读，所以比较枯燥。

（一）不同文献使用不同的阅读方法

文献可分为两类，一类是经典文献，一类是其他相关联的普通文献。经典文献是淘沙之后留下来的金子，是知识宝藏中的珍珠。研究者如果没有阅读过经典文献，就一定会缺乏做研究的理论功底和研究视野，从而很难做出有思想的、有深度的、高质量的研究。

经典文献的阅读将贯穿学者的一生，无论研究前、研究中、研究后或者是其他时间，都应该尽可能多地阅读本领域的经典文献，有时候还要扩展到其他的研究领域。甚至一些自然科学的经典文献，在社会科学中也有重要的指导意义，如达尔文的《进化论》、霍金的《时间简史》等。另外，有些研究领域本来就是自然科学与社会科学交叉融合的研究领域，如医学人类学、社会生物学等，相关的一些研究，如莫里斯的《裸猿》《人类动物园》《亲密行为》，本身就是经典文献，其参考的文献覆盖自然科学与社会科学。

经典文献不仅多，还必须精读，即文献中的各种思想汇集、文献中使用的方法、文献中提出的理论等，都需要关注。因此，经典文献是阅读不完的，阅读其中一本也要耗费较多的时间。但这样的时间花费是值得的，阅读经典文献能够拓展读者的视野，这些都是做出高质量研究的必备素养。

有了经典文献的阅读作为准备，当我们打算就某一主题做研究时，就会敏锐地察觉到，哪些经典文献中的哪些部分与该主题有关联，然后可以把这些内容特意挑出来，再一次根据我们的研究主题有目的地阅读，看看学者对这一主题已有的看法。对于其他相关联的普通文献，则需要分阶段来阅读。

（二）不同阶段使用不同的阅读方法

对于大部分文献，阅读有两个阶段。第一个阶段是在研究之前的阅读。这个阶段研究者已经有了感兴趣的主题，但不知道具体该做什么，就要宽泛地阅读与研究相关的文献。这个时候的阅读侧重于文献的广度，只要是与研究主题相关的文献都可以阅读，阅读的文献数量非常大。因此，在这个阶段，研究者不需要精读文献，只要大致看看文献的摘要、研究方法和主要结论就可以了。

第二个阶段是研究中的阅读。和上一个阶段不同，这个阶段的文献阅读不是侧重于广度，而是侧重于深度。在这个阶段，研究者已经下到研究现场，对初步的研究问题已经有了认识，研究目的也在逐渐清晰，阅读的主要任务是看看自己手上已经搜集到的资料，之前的学者有没有一些相关的解释，如果有，是如何解释的。这个阶段由于任务明确，需要对文献一篇篇地精读。要搞清楚文献有哪些理论框架，文献是如何与其他研究者对话的，研究对象的基本情况如何，资料是如何搜集的，文献中的重要论点有哪些适应条件，这些论点与自己研究的关联在何处，不同文献之间类似论点有哪些细微的差异，是什么原因形成了这些差异，以及自己对该文献有什么样的评价，等等。

（三）阅读文献时初学者容易犯的一些错误

在阅读文献的过程中，初学者最容易犯以下三种错误。第一种错误是，无论是什么文献，都只看文献的研究结论，其他一概不管，既不看研究方法，也不看文献中的对话，更不关注研究中使用或形成的理论。这种阅读是“囫囵吞枣”，贪多嚼不烂。虽然阅读了大量文献，但没有吸收文献中的精华，花费了大量的时间和精力却可能一无所获。

第二种错误是只阅读，不记录，也不分析。为研究做准备而进行的阅读与平时消遣式的阅读小说、诗歌是完全不同的。与后者相比，为研究做准备而进行的阅读更为枯燥。学术论文本身就比文学作品深奥，如果不记录不分析，许多读者读完以后大脑里像一锅浆糊，哪一篇文献是谁写的、不同文献用了什么方法、有些什么重要的观点，可能就完全混在一起了。所以，在阅读学术文献的过程中，读者需要对重要的内容进行记录、汇总、分类、梳理。这样，文献的图景才会随着阅读的推进、阅读量的增加逐渐清晰起来。

第三种错误是崇拜式阅读。在文献搜索阶段，我们已经明确，必须阅读高质量的学术文献。因此，许多初学者在阅读这些文献时，觉得写得太好了，在阅读过程中充满了崇拜感，完全忘记了自己所要做的研究及阅读文献的目的。事实上，阅读学术性文献的目的，不仅仅是要了解、熟悉与自己的研究主题相关的研究成果，还必须找到现有文献存在哪些薄弱点，从而通过完善这些薄弱点来进行推进，而推进的方向、内容正是我们要做的研究。崇拜式的阅读模式弱化了读者批判的能力。因此，阅读的时候，我们必须学会科学、合理地对手中的文献“挑刺”。

二、阅读文献时怎样寻找其薄弱点

（一）注意现有文献在观点上的分歧和争议

针对同一个问题，不同的文献会形成截然不同的答案。这些截然不同的答案带来了分歧和争议，因此，也给新的研究带来了机会和空间。针对现有文献在观点上的分歧和争议，需要进一步思考的是：为什么相同的研究会形成截然不同的观点？针对自己的研究目标和研究对象，哪一种观点的解释更有说服力？这种观点之间的差异是怎么产生的？是研究方法的不同导致的还是研究时间、研究地点的不同导致的？不同的研究结果与什么样的背景条件相联系？为了澄清上面的这些问题，接下来应该做什么？

例如，许琪查阅有关父母外出务工会如何影响农村留守儿童的学习成绩的文献时发现，现有文献存在着三种不同的甚至对立的观点：第一种观点认为父母外出对留守儿童的学习成绩具有显著的负面影响，第二种观点认为父母外出对留守儿童的学习成绩不存在负面影响，第三种观点认为父母外出对留守儿童的学习成绩有正面影响。[1] 为了澄清这些问题，作者找到了研究的切入点，从而开始了自己的研究。

（二）注意现有文献在研究视角上存在的局限性

研究视角是个有趣的东西。同一个研究主题，如果从不同的视角切入，就可能看到不同的内容。视角就像是我们戴的眼镜，我们通过镜片看外面的世界，研究者也通过内容视角看待研究主题。眼镜可以不停地换，

[1] 许琪．父母外出对农村留守儿童学习成绩的影响［J］．青年研究，2018（6）．

研究视角也有多种。眼镜会影响我们看到的世界，视角也会影响研究者搜集的资料或形成的结论。因此，在阅读文献时，读者要尽可能关注现有文献在研究视角方面的不足和局限性：缺乏哪些视角？已有的视角又如何影响到了研究的质量、深度和全面性？例如，在研究我国业余马拉松跑者的行为时，霍兴彦等研究者发现，现有文献侧重于从静态、孤立的视角观察这些马拉松跑者，基本上不考察他们内部有哪些联系、他们如何互动等问题，从而很难深入地理解跑步行为本身的复杂性。[1]考虑到这一研究视角上的缺陷，作者明确了自己的研究是考察业余马拉松跑者之间的社会互动。由于关注到现有文献在视角上的局限性，作者开启了自己的研究，并基于弥补现有文献不足的考虑进行研究设计。

（三）注意现有文献在方法上的局限性

任何研究都会运用一定的方法，而不同的方法会有不同的优缺点，还可能有不同的适用范围，从而得出不同的研究结论。在阅读文献时，关注其在方法方面存在哪些局限性，可以运用新的研究方法进行弥补，开启自己的研究。例如，在探讨已经育有一个孩子的女性抚养孩子的经历与其“二孩”生育决策之间的关联时，我们发现，现有研究侧重于使用定量的方法，搜集统计资料分析各种结构性因素与女性生育行为的相互影响，忽略了女性自身的感受和体验。[2]从这一局限性出发，我们确定了将要做什么和如何做。

做什么：考察女性在儿童抚育中的感受、体验和主体性，以及这些独特的感受、体验及主体性是如何影响她们再生一个孩子的行为。

---

[1] 霍兴彦，郇昌店，郝海亭．我国业余马拉松跑者社会互动质性研究［J］．首都体育学院学报，2018（4）．

[2] 聂焱，风笑天．中国城市女性的抚育实践与二孩生育决策［J］．中国青年研究，2021（4）．

如何做：通过深度访谈搜集质性资料，而不是通过问卷法搜集统计资料。访谈提纲围绕女性带孩子的经历及感受展开。

本章要点

★研究前阅读文献的作用：确定研究选题及任务、确定自己的研究在现有研究中的位置、提供调查研究的思路和方法。

★可以从数据库获得需要的文献。注意，不要在网上天马行空地搜索。

★根据作者、发表媒介及发表时间挑选重要的文献。

★根据调查研究的主题、关键变量、调查的样本或理论框架等搜索关键词。

★怎么读文献：随时随地精读经典文献，选题确定前泛读关联文献，选题确定后精读关联文献。

★阅读文献时容易犯的三种错误：只看结论、只阅读不记录、全程崇拜式阅读。

★如何对文献“挑刺”：注意现有文献观点上的争议、注意现有文献在视角上的局限性、注意现有文献在方法上的局限性、寻找现有文献没有关注的空间。

★呈现文献回顾的几种方式：历史式、主题式、方法式。

★文献回顾写作中易犯的几种错误：罗列文献、参考文献缺乏权威性、没有文献评述、缺乏与自己调查研究的联系。

练习

练习一

下面是贵州大学学生做的文献综述，看看参考文献存在什么问题，综述是否准确；根据这个文献综述能否形成选题，能否提出研究问题。如果能，应该提出什么样的研究问题，为什么？

“95后”大学生婚恋观及其教育对策研究综述

“95后”大学生是指在1995—1999年出生的大学生。他们具有活泼好动、观念开放、较强的民主平等意识、好奇心重、善于利用网络信息渠道等特点。同时其中某些人也有以自我为中心、承受挫折的能力比较弱的特点[1]。伴随着改革开放迅猛发展和多元文化盛行的时代成长起来的“95后”大学生，其婚恋观具有鲜明的时代性，不仅在一定程度上反映了现时代婚恋观念的基本价值取向，而且也预示了未来我国社会婚姻家庭的状况，具有重要的研究价值。为此，学者们从不同的角度对“95后”大学生婚恋观进行了研究，并且取得了一定的成果。本文通过对这些研究成果进行梳理与分析，以期进一步推动相关研究的深入发展。

一、国内研究综述

我国对婚恋观的研究，始于20世纪90年代。大学生的婚恋观是高校思想政治教育工作不可忽视的一个问题，当代大学生作为一个特殊群体，是社会文化的传承者，是社会主义现代化建设的重要力量，他们的婚恋观非常值得关注，不容忽视。国内对此研究已经有了一定的理论基础，并且在整体上已经建立了一定的规模，学者的研究主要集中在以下几个方面：

（一）婚恋观的概念界定和内容

对于“婚恋观”的概念，国内研究人员将它按照自己的研究需要进行分类。陈文岩认为婚恋观就是婚姻与爱情[2]；黄河认为婚恋观是人们在恋爱、择偶期间的主观标准与价值倾向[3]；姜美玲认为“婚恋观是人们对恋爱、婚姻的价值取向与态度的集合，并指导着婚恋行为”[4]；陈方认为“婚恋价值观是人们对爱情、婚姻的本质、美满婚姻的基础、有关道德问题等所持的内在尺度”[5]。

关于婚恋观的内容，学者一般从恋爱观、择偶观、婚姻观、性观念等几个方面展开研究。姜美玲对大学生的婚恋观分别从择偶观、恋爱的动机与目的、恋爱的方式、恋爱的心理、性观念进行研究分析[4]；陈方对大学生的婚恋观则从恋爱观、择偶观、婚姻观、性观念四个维度进行分析[5]。总之，在不同地域、不同年代，学者的定义分类范围不同。

（二）“95后”大学生婚恋观的变化

陈发达对“95后”大学生婚恋观的变化进行了探析，与“70后”“80后”比较，由于“95后”大学生接触的思想、身处的社会风气不同，其婚恋观也截然不同。在恋爱观方面，恋爱动机多元化、恋爱观更加开放；在择偶观方面，“95后”大学生的择偶标准现实理性且有“务实”倾向；在婚姻观方面，“95后”大学生更加趋于自主化、更崇尚自主和平等、对待婚姻更加理性[6]。

（三）“95后”大学生婚恋观研究的主要内容

1.恋爱观

胡松年等指出，大学生恋爱动机“多元取向，相对积极”。有很多人的恋爱动机是为了寻找志同道合的人生伴侣，建立幸福家庭。但也有一部分人是为了“两情相悦”“空虚时有感情寄托”“想证明自己的价值”，有的人还有攀比、虚荣乃至功利色彩，“且比例有不断上升趋势”[7]。

2. 择偶观

李桂燕等指出，大学生的配偶选择标准表现出综合化特点，但不同性别学生选择标准上存在较大差异，男生更为看重女方的品貌，女生则更重视男方的健康和能力与才华[8]。陈方认为，受社会环境和大学生个人心理成熟程度等影响，一些人在择偶观上有明显的功利性倾向[5]。

3. 婚姻观

李送君等学者指出，大学生的结婚动机呈多元化趋势，但对“爱情是婚姻的基础”的观点通常持赞同意见，在大学生中普遍存在着晚婚的趋势[9]。在婚后夫妻关系上，强调夫妻双方各自的独立地位和自主发展。传统的“传宗接代”“养儿防老”的生育观在大学生中已经日益淡化[10]。

4. 性观念

“95后”大学生多持有较开放的性观念，对婚前性行为一般持宽容态度。但多数女生认为贞操对于女生来说是重要的，对婚前性行为、未婚同居等持相对保守的态度；多数男生则认为贞操不那么重要，对于婚前性行为、未婚同居等一般持相当宽容的态度[9]。

5. 婚恋观的影响因素和教育对策

关于大学生婚恋观的影响因素。大部分学者认为，“95后”大学生的婚恋观主要受社会、家庭、学校以及自身等因素的影响。在西方婚恋观和影视、网络等新媒体的环境因素影响下，金钱万能的观念越来越严重地影响着在校大学生的婚恋观，具体表现为爱情表达直接化、婚恋目的功利化、性行为轻率化[11]，“婚恋行为开放化”“婚恋道德意识薄弱化”[12]。关于家庭层面的影响，钟云辉等认为“大学生婚恋观与父母感情融洽呈显著正相关，与父母惩罚严厉、父母过度保护呈显著负相关”[13]。关于学校相关教育，陈红玲指出，传统教育机制不完善，性教育短缺，导致大学生婚恋常识不同程度的无知，造成了许多困惑困扰[14]。刘宇亭等指出，高校思想政治教育和心理教育在大学生树立正确恋爱观问题上，“存在一些薄弱环节”[15]。此外，刘娅俐研究发现大学生所学的专业类型、出生地、父母学历等，对其择偶标准、性态度、婚姻态度产生影响；陈小琼等认为的影响因素有大学生的自我主体意识的增强、大学生的社会道德评价弱化、学校德育工作疏忽及社会环境的影响[16]。马正平等人的研究指出民族信仰是影响婚恋观的因素之一。

关于婚恋观的教育对策。从目前已有的文献资料来看，诸俊认为“思想上的引导教育是重中之重，只有思想引导到位，才能有良好的婚恋观”[17]。黄雪英等认为改善高校“95后”大学生性婚恋观教育措施有：加强认识开展性婚恋观教育的必要性、更新教育理念、拓展其教育的渠道和方法[18]。薛存科认为“要注重家庭和社会的合力作用，主动创造良好校园生态，切实构建针对性教育体系”[19]。邓欣认为“应该加强女性教育，培养女大学生积极的婚恋心态”[20]。

二、国外研究综述

国外对婚姻、恋爱、性心理等相关课题的研究从19世纪40年代弗洛伊德精神分析学说的建立为起点，至今已有一百多年的历史。国外重视对大学生婚恋观的研究，主要是对大学生的婚恋观的现状、影响因素等方面进行了分析研究，并取得了丰硕的成果。

（一）当代研究成果

当代西方学者对恋爱、婚姻以及性观念和性行为的研究开展得相当广泛且深入，代表作有：美国学者J.罗斯·埃什尔曼的《家庭导论》[21]，系统地考察了当代美国人的婚姻与家庭生活方式，论述了婚姻的功能、趋势和特点及婚姻与家庭危机的本质，该书观点和数据被各国社会学家广泛引用。美国学者罗伯特·J.斯腾伯格等人所著的《爱情心理学》，对爱情的理论和实证结果进行梳理分析，构建了系统的爱情心理学理论体系[22]。

（二）关于大学生婚恋观现状的研究

国外依据科学的量表，如爱情方式量表、爱情态度量表、FAMS 量表等，对大学生对爱情的看法、婚姻的态度、性行为的观念等进行测量，取得了一定的成果。关于“恋爱择偶观”，Knox 和 Susman 研究数据显示 83% 的未婚大学生正在约会谈恋爱，认为爱情很重要的大学生占三分之二，可见高校恋爱极其普遍，她们认为恋爱与学习一样重要，且不会相互冲突[23]。Rachel Saul La-cey 等人研究认为“大学生恋爱对象的选择受其对性态度的影响，比较注重恋爱对象的相貌身材的大学生，其性态度则相对开放；比较注重恋爱对象的品行与道德的大学生，其性态度比较的传统”[24]。关于两性贞操观，Rubinson 和 Laurna 等人通过横向调查法，在 1972—1987 年的 15 年间对大学生的性态度进行了四次调查，调查显示大学生对婚前性行为呈现日渐开放态势且越来越显著[25]。关于“婚姻责任与性态度方面”，Paige 和 Martin 等人的研究结果表明，单亲家庭长大的大学生对婚姻往往持有消极的态度，并且影响其对未来婚姻生活的信心，对婚前行为比较保守，且大部分年轻人认为婚姻是一项责任，否定不良婚姻[26]。

（三）关于大学生婚恋观影响因素的研究

White 和 De B lassie 发现一些因素和年轻人的性态度与行为有关，这些因素包括年龄、性别、信仰、各自的家庭（完整与否）、父母的交流、同胞群体的关系及数量、社会政策、个性品格等。即国外研究者发现影响婚恋观的因素包括：（1）个人因素，包括大学生的性别、年龄、身份、个性品质、个体受教育程度、信仰等；（2）家庭因素，包括大学生的家庭结构、家庭背景、家庭成员的沟通与交流情况、父母的婚姻关系与婚姻状况、父母对子女的养育方式与教育理念等；（3）社会因素，包括所处的社会经济地位、社会形势政策和社会文化氛围等[27]。

（四）关于大学生婚恋观教育的研究

国外注重在道德方面培养学生怀有一种伟大的爱情，就是要在童年和少年时期经常不断地在集体成员之间的各种相互关系中突出道德审美因素，即道德责任感。英、美等国的“同伴教育”和瑞典、荷兰等国家早期学校性教育取得一定成效。目前，这方法已被引入我国和南美的一些国家。美国西北大学的家庭协会成员组织，开设婚姻101课程，让学生参与其中，发挥学生主体性，与正在恋爱的同学或是已婚人士探讨恋爱中需要注意的地方，在实践的过程中澄清了自身模糊的概念[28]。国外恋爱教育为我国大学生婚恋观教育提供了重大借鉴意义，必须从儿童开始进行性道德教育和性知识教育，尊重学生主体性，而不是一味灌输，而且重在预防和引导，而不是在事后惩处。

关于当代各国关于大学生性教育的开展状况。瑞典高校开展性教育最早，1942 年将其设为选修课程，1955 年将其列为必修课程，并制定了《性教育指导纲要》及相应法律。芬兰政府从上世纪 60 年代开始重视性教育，特别注重从性保健角度加强性教育。联邦德国 1968 年就规定，学校必须对学生开展性行为责任感教育。1972 年日本成立“性教育协会”，三年里出版了一百多种性教育书籍[29]。美国性教育经历了由无指导的性教育到爱情教育的过程。

“95 后”大学生正值恋爱、结婚、成家的阶段，其婚姻观不仅直接影响自身婚姻幸福，更是家庭和谐、社会发展的重要因素，因此，学界敏锐地意识到这一问题，加强了关于“95 后”大学生婚恋观的研究，主要包括：其一，婚恋观的定义日益明朗，以及婚恋观结构的探讨有一个令人信服的结论，即婚恋观是指人们对恋爱、婚姻和性的基本问题的看法，是人生观的重要构成因素和具体体现。其二，婚恋观的影响因素，即性别、父母婚姻质量、生源地等得到拓展，实证研究的方法，研究程序逐渐科学化、系统化。其三，对于大学生婚恋观的教育不再局限于从社会、家庭、学校三个方面提出对策，注重理论与实践结合。提出大学生婚恋观教育的原则、价值导向等基本理论，借鉴教育学中先进的教育方法，充实婚恋观教育内容。

三、评论

综上所述，国内外对大学生婚恋观的研究颇多，并取得了一定的成果。对其现状、影响因素的分析及问题的教育对策等做了有益的探索，为推动大学生婚恋观的研究奠定了良好的思想基础，为高校思想政治教育工作提供了有益的参考，并且取得了良好的效果。此外，国内研究大多数从社会学、心理学角度出发进行研究，也有从教育学和思想政治教育的角度进行研究。在具体的对策上，理论性比较强。但是，目前国内学术界从马克思主义幸福观视域下探讨“95后”大学生婚姻观问题的相关文献尚少，研究并不完善。另外，国外有关大学生婚恋或青年人性教育问题的研究较多，但教育引导方面的研究及著述并不多见。时代在发展变迁，相对应的影响因素与教育对策也有待完善，作为信息时代的优先体验者，“95后”这一代的思想观念一直在发展变化着。

通过对近年国内外研究“95后”大学生婚恋观的文献进行分析可以发现，目前学界的研究主要集中在两个维度：一个是对于“95后”大学生婚恋观现状的研究，另一个是主要关注“95后”大学生婚恋观的教育研究。并且学者们对这两个维度的研究已经取得了一些成果，比如对婚恋观现状的相关描述让我们能够更加准确而深刻地理解“95后”这个特殊群体的婚恋观内容和存在的具体问题；同时针对出现的问题提出解决对策，无论是对整个社会还是个人的发展，都具有较好的参考价值和可行性。当然，目前的研究仍然存在着一些问题和不足，还有待于进一步完善。

在研究方法上，大多数学者进行研究时都是采用问卷调查法，只是极个别学者采用其他的方法，而问卷的制作一般在某种程度上会带有调查者的个人价值判断色彩，不符合社会学中价值中立的原则，因此采用问卷调查法得到的数据不能准确反映广大被调查者的观点。这种方法不建议推广，学者们应该在研究方法上进行不断的创新。

在研究对象上，目前学界主要是对大学生的婚恋观进行研究，而对于高职高专和研究生的研究较少；对汉族大学生的研究较多，而对少数民族涉及较少；对局部地区研究较多，而对中国全体大学生研究较少；对城市籍大学生研究较多，而对农村籍大学生涉及较少；对女大学生研究较多，而对男大学生研究较少。即使目前学界研究取得了一定的成果，但是并没有针对不同地区、不同层面、不同性别、不同民族的大学生婚恋观进行研究，不能够综合地全面地反映“95后”大学生整体的婚恋观。

研究内容上，学者们的研究大多停留在对于调查结果的简单分析描述，缺少深层次的探索和理论上的研究。而且目前研究多集中在纵向比较研究上，缺少横向比较研究。研究的内容较为狭窄，有待于充分地拓展。此外，研究内容还存在一定重复性，缺乏具有创新性的研究。

从研究的学科视角看，通过对近年学术期刊网上的相关文献的整理分析发现，对“95后”大学生婚恋观教育研究最多的是社会学、心理学和教育学等学科。诸多学科中，社会学所占的比重最大。而这可能与学科本身的特点有关，社会学中调查方法更有利于对大学生婚恋观教育研究的操作。但是为了获取更加全面的研究数据，还应试着从其他未涉及的学科领域进行研究，或者是从几个学科进行交叉式、综合式研究，同时可以开创文章研究的新颖性。

参考文献：

［1］李东风，付可可“90后”大学生婚恋观浅析［J］.江西广播电视大学学报，2014（04）：50-53.

［2］陈文岩.“80后”在校大学生婚恋观研究——以西安市3所高校为例［D］.陕西师范大学，2011.

［3］黄河.邹慧.社会转型时期青年婚恋观的变迁与思考［J］.和田师范专科学校学报，2008.

［4］姜美玲.在校女研究生婚恋观教育引导研究［D］.华东师范大学.2010.

［5］陈方.中国“80后”婚恋价值观研究［D］.西南交通大学,2009 5.

［6］陈发达.“90后”大学生婚恋观变化探析［J］.宿州教育学院学报，2016，19（02）：73-74.

［7］胡松年，程海云.当代大学生婚恋观的特点及教育对策［J］.中国学校卫生，2009（1）.

［8］李桂燕.“80-90后”男女大学生婚恋观差异的调查分析——基于社会性别的视角［J］.山东女子学院学报，2011（6）.

［9］李送君，聂伟.大学生婚恋观实证研究——以湖南师范大学为例［J］.当代教育理论与实践，2011（2）.

［10］陈云.“80后”在校硕士研究生的婚恋观调查与分析［D］.山西师范大学，2010.

［11］田珺瑶，王永明.网络时代背景下女大学生婚恋观探赜［J］.黑河学刊，2011（3）.

［12］杜鹃.新媒体对当代女大学生婚恋观的影响［J］.青年记者，2016.

[13] 钟云辉，刘文英．大学生婚恋观与家庭教养方式的相关研究[J]．科教导刊，2014.

[14] 陈红玲．小议家校环境对当代女大学生婚恋观的影响[J]．佳木斯教育学院学报，2012(7)．

[15] 刘宇亭，牛玉萍．大学生恋爱观特点及教育对策探析[J]．辽宁行政学院学报，2015(4)．

[16] 陈小琼，催小璐．大学生婚恋观对高校德育工作的影响及对策[J]．哈尔滨学院学报，2010(1)．

[17] 诸俊．当代大学生婚恋观的调查研究[D]．福建：复旦大学，2010.

[18] 黄雪英，王其辉．对“90后”大学生性婚恋价值观教育的思考[J]．传承，2009(20)．

[19] 薛存科．当代大学生婚恋观教育对策探析[J]．探索教育，2010(12)．

[20] 邓欣．当前女大学生婚恋观状况及其影响因素研究[D]．江西：江西理工大学，2012.

[21][美]J. 罗斯·埃什尔曼．家庭导论[M]．潘允康，张文宏，马志军等，译．北京：中国社会科学出版社，1991.

[22][美]罗伯特·J. 斯腾伯格，凯琳·斯腾伯格．爱情心理学[M]．李朝旭等，译．北京：世界图书出版公司，2010.

[23] Brantley A, Knox D, & Zusman M E. When and why gender differences in saying “I love you” among college Students[J]. College students Journal, 2002, 36(4).

[24] 罗来福．“90后”女大学生婚恋观现状及教育对策研究——以赣州高校为例[D]．江西理工大学，2015.

[25] Rubinson, Laurna, Rubertis, Lisa.Trends in sexual attitudes and behavior of a college population over a 15 years period [J]. Journal of Sex Education and Therapy, 1991, 17 (1).

[26] Paige D, Martin&Martin M. Adolescent premarital sexual activity, cohabitation, and attitudes toward marriage [J]. Adolescence, 2001, 36 (143).

[27] White S D, & De Blassie R R adolescent sexual behavior [J]. Adolescence, 1992: 27.

[28] 游鑫."80后"、"90后"大学生婚恋观比较研究 [D]. 华中科技大学, 2018.

[29] 付添麟. 马克思主义幸福观视域下当代大学生婚恋观研究 [D]. 东北电力大学, 2017.

(贵州大学公共管理学院行政管理专业2017级学生的文献综述)

练习二

1. 确定一个自己感兴趣的研究主题，根据该主题阅读文献，看一看自己选取了哪些关键词，不同的关键词选取会获得哪些不一样的结果。

2. 根据上面的文献阅读情况确定研究的具体选题及研究设计。

3. 选题确定以后，进一步阅读文献并在此基础上写一篇文献回顾。

第三章　扎根理论

扎根理论的历史为解释奠定了基础，而对归纳和演绎之间的辩证关系的认识强调了将建构主义纳入扎根理论思维的重要性。……扎根理论最初是为了促进理论构建而设计的，他们的支持者通常会做出如下断言：扎根理论方法以其他替代方法无法实现的方式促进了理论化。

（LaRossa，R. Grounded Theory Methods and Qualitative Family Research. Journal of Marriage and Family，2005，Vol. 67，No. 4，pp. 837−857）

第一节　扎根理论及其发展

一、什么是扎根理论

（一）扎根理论的内涵

扎根理论不是实体理论，而是一种在搜集资料、分析资料的过程中获得新理论的研究方法。扎根理论提倡从经验资料中生成理论，而不是运用理论去观察经验资料，因此称为“扎根理论”。

扎根理论（Grounded Theory）：由格拉泽和施特劳斯提出的一种从资料中建立理论的特殊方法论。本书中，扎根理论这个术语是在更加一般意义上使用的，表示源于质性资料分析的理论建构（theoretical constructs）。

〔朱丽叶·M. 科宾、安塞尔姆·L. 施特劳斯:《质性研究的基础：扎根理论的程序和方法》（第 3 版），朱光明译，重庆：重庆大学出版社，2015 年，第 1 页〕

扎根理论方法包括一些系统而又灵活的准则（guideline），让你搜集和分析质性资料，并扎根在资料中建构理论。这些准则提供了一套基本原则和启发性工具，而不仅仅是公式性规则。

（凯西·卡麦兹:《建构扎根理论：质性研究实践指南》，边国英译，陈向明校，2009 年，重庆：重庆大学出版社，第 3 页）

在扎根理论产生之前的 20 世纪中叶，实证主义方法在社会研究中占据了主导地位。对客观的、程序化的、可重复的、可验证的研究结果的追捧使量化研究成为主要的认知方式，质性研究则被视为随意的、有偏见的、逸闻式的。在民族志研究中累积起来的宝贵的质性研究传统被挤到了社会研究的边缘。如果质性研究还有一点价值，那就是扮演提升量化研究质量的辅助工具。例如，一些量化研究者运用质性方法——参与观察或深度访谈——来设计效度更高的问卷。

扎根理论的实践则恰恰相反，不是在量化研究中引入质性方法，而是在质性研究中引入量化方法。在扎根理论指导的研究中，资料搜集方法基本上都是经典的质化研究方法，如参与式观察与非结构访谈等。而资料的分析则运用了高度系统化的程序来进行，包括记录、分析、编码、撰写备忘录和理论抽样等，都展示出浓厚的量化研究的特征。扎根理论是以质性研究为主，融合了量化研究来提升质性研究质量的研究方法。也就是说，在研究设计与资料搜集方式上，扎根理论更多采用深度访谈、参与观察等质性分析手段，而在资料的分解、分析过程中，则最大程度地吸纳量化分析手段。扎根理论本质上仍然是一种质性研究方法。

由于很大程度将质性研究与量化研究嫁接在一起，扎根理论提高了质性研究分析程序的清晰度，使质性研究的标准化、程序化有所提高，也更容易被研究者所掌握，从而使质性研究的地位大大提升，质性研究被更多研究者——甚至包括一些从事量化研究的研究者——所接受。有学者认为，扎根理论是在科学主义的大背景下，社会学家对质性研究所做的“挽救”，即在“科学主义制造出来的行为主义和统计潮流”面前，“芝加哥社会学中的人文与情境因素不得不为自己辩护”[1]。还有学者甚至认为，扎根理论开创了“质性革命”。[2]

（二）扎根理论的特点和研究程序

与之前的质性研究方法相比，扎根理论有三个新的特点。第一是不事先确定研究假设，也不对研究假设进行推演，而是从实地资料入手来形成理论。第二是明确资料的搜集与资料的分析必须同步、循环进行。第三是聚焦于理论的建构，特别强调研究者对理论保持高度的敏感性。

[1] 罗斯．美国社会科学的起源［M］．王楠，刘阳，吴莹，译．北京：生活·读书·新知三联书店，2018.

[2] DENZIN N K，LINCOLN Y S. Handbook of Qualitative Research［M］. Thousand Oaks：Sage，1994：ix.

根据第一个特点，理论必须扎根于实地资料来获得，因此研究的程序就是开放的，弹性和高度是可调节的。也就是说，理论是累积性的，必须根据获取的资料来一步一步地去建构，并逐步抛弃掉那些与资料和现实不匹配的理论。因此，在质性研究报告中，如果运用的是扎根理论方法，就必须对方法的应用过程进行详尽的介绍，才能够揭示出理论的获得过程，并保证研究的信度。与运用其他方法的质性研究相比，运用扎根理论的质性研究往往会用更多的篇幅来介绍研究方法。

根据第二个特点，运用扎根理论的研究者先是搜集资料，在对资料进行分析的基础上决定下一步如何搜集资料，向谁搜集资料，以及搜集哪些资料，然后又对这些新搜集到的资料进行分析，再根据分析的情况决定下一步如何搜集资料，向谁搜集资料，以及搜集哪些资料。这个“搜集资料—分析资料—根据资料的分析情况进一步搜集资料—分析资料—再根据资料的分析情况进一步搜集资料—分析资料”的过程被称为“迭代”。这个过程不断循环，直到搜集的资料达到理论饱和。也就是说，即使追加了新的访谈对象，也不再有新的内容出现。

迭代使得扎根理论的研究程序不断调整，使研究充满了不确定性与挑战性，同时也使研究更加具有趣味性。例如，研究者对农村妇女使用避孕药具偏好性的访谈资料进行同步分析，如果发现她们的丈夫对她们的避孕药具偏好起了很大的作用，下一步的受访对象就因此确定为她们的丈夫。对这些丈夫的访谈资料进行分析后，如果发现他们的看法、态度大多来自社区中年长的男性，这些年长的男性就会被追加为新的访谈对象。

根据扎根理论的第三个特点，研究的每一个阶段都要高度关注理论建构，因此，从研究者接触到实地资料开始，就着手建构初步的理论，并在以后的研究步骤中，根据新搜集到的资料修正、丰满该理论，或者丢弃初步的理论设想并用新的更好的理论来替代。

需要注意的是，扎根理论中所建构的理论与定量研究中的理论不同。定量研究中的理论着重探讨变量之间关系，而在扎根理论中，形成新的概念，由于增加了看待对象的新的视角和方式，也被视为一种理论。例如，杨克以沂蒙老区百岁老人为调查对象，通过对这些老人的社会记忆的分析、研究来形成沂蒙精神的概念模型，即沂蒙精神是包含了“共存”“共生”“共情”“共信”四大要素的一个完整的意识形态系统。[1] 这也是一种理论。

扎根理论是建构而不是验证理论，它具有资料搜集与分析同步进行的迭代过程，以及高度关注理论的传统，使得其研究程序具有独特性。有研究者总结如下（图 3.1）。

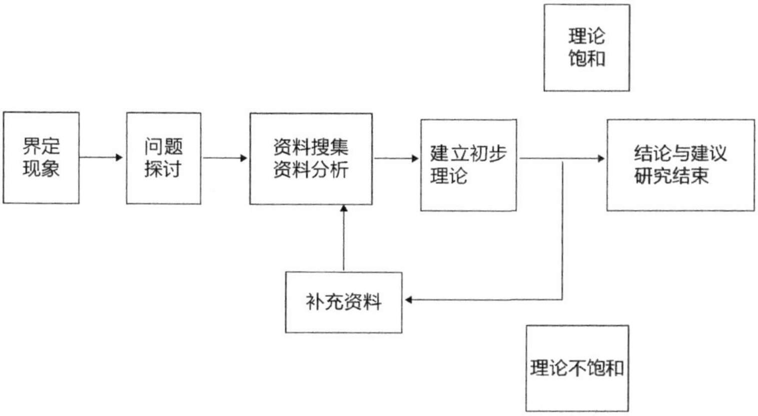

图 3.1　扎根理论的研究程序

资料来源：田霖．扎根理论评述及其实际应用［J］．经济研究导刊，2012（10）．

从这个研究程序可以看出，研究者事先不确定研究假设，而是从实地资料中生成理论。资料搜集与资料分析同步进行，从资料搜集、资料分析，到建立初步理论，再到补充资料，是一个相对封闭的循环，只有达到理论饱和

[1] 杨克．沂蒙精神的概念模型：沂蒙老区百岁老人社会记忆的扎根研究［J］．理论学刊，2021（6）．

以后，研究者才开始给出结论和提出建议。至于如何判断理论饱和，则需要研究者根据经验进行主观的判断。如果过早判断理论已经饱和，就会过早结束资料的搜集过程，结果可能使获得的研究结论不够成熟和过于单薄。

因此，为了降低阐释及判断的主观性，扎根理论要求研究者必须有一个开放的态度，不能先入为主、抱有成见，并进行各种各样的比较，不同时间的、不同阶段的、不同个案的、不同观点的各种内容都要进行比较。研究者还必须不断地回到出发点，反复询问“到底发生了什么”，以剔除自己已有的看法对资料的污染。

二、扎根理论的起源与发展

（一）起源：经典扎根理论

扎根理论最初由美国学者格拉泽和施特劳斯提出。通过一项医务人员处理即将去世的病人的实地观察，两人总结出一套将实证主义与质性研究方法结合起来的研究策略，并在《扎根理论的发现：质性研究策略》一书中详细说明。这种研究策略即扎根理论，其重点在于如何在实地资料的基础上建构理论。

格拉泽和施特劳斯提出的扎根理论被之后的学者称为“经典扎根理论”，虽然挑战了实证主义路径下量化研究占据主导地位的局面，是在“反抗实证主义量化研究的主导地位”[1]，但从其标题可以看出，经典扎根理论具有很浓厚的实证主义味道：去发现而不是去建构，发现的当然也就是客观的、实证的。

[1] 卡麦兹．建构扎根理论：质性研究实践指南［M］．边国英，译．重庆：重庆大学出版社，2009：11.

在认识论上，经典扎根理论仍然被许多研究者视为实证主义的。一方面，经典扎根理论尽量多地将标准化方法引入质性研究，使质性研究变得有规可循；另一方面，经典扎根理论也对量化的方法进行完善与修正，主要提出了如下研究策略：

① 资料搜集和资料分析同时进行。

② 从资料中而不是从预想的逻辑演绎的假设中建构分析代码和范畴。

③ 使用不断比较的方法，包括在分析的每个阶段进行比较。

④ 在每一个资料搜集和分析的步骤都推进理论发展。

⑤ 通过记备忘录来完善范畴，详细说明它们的属性，定义范畴之间的关系，发现它们之间的缝隙。

⑥ 为了理论建构的目的进行抽样，而不是为了人口的代表性进行抽样。

⑦ 在形成了独立的分析之后再进行文献评述。

（凯西·卡麦兹:《建构扎根理论：质性研究实践指南》，边国英译，陈向明校，2009 年，重庆：重庆大学出版社，第 7 页）

（二）发展：程序化扎根理论与建构主义扎根理论

扎根理论被提出来之后，格拉泽一直忠于自己最初的设想，坚持了经典扎根理论的原则和做法，施特劳斯则作出了改变。施特劳斯和自己的学生科宾在 1988 年撰写了《质性研究的基础：扎根理论的程序和方法》一书，形成了程序化扎根理论，也因此遭到了格拉泽的猛烈抨击，两个最初的亲密合作者走向决裂。

与经典扎根理论相比，程序化扎根理论提供了一套更严格的程序和概念框架，对经典扎根理论中的步骤和技术进一步细化。例如，程序化扎根理论给出了如下具体的分析工具：

使用提问

进行比较

思考一个词的各种意义

使用翻转的技术（the fip-flop technique）

总结个人经验

挥舞红旗（waving the red fag）❶

研究语言

研究表达出来的情感及引发情感的情境

寻找表示时间的语言

通过隐喻和比喻思考

寻找反面事例

“这又怎么样？”和“如果这样又如何？”

研究叙事结构及它是如何根据时间或其他什么变量来组织的

〔朱丽叶·M. 科宾，安塞尔姆·L. 施特劳斯：《质性研究的基础：扎根理论的程序和方法》（第 3 版），朱光明译，重庆：重庆大学出版社，2015 年，第 75-76 页〕

与经典扎根理论相比，程序化扎根理论更加具有可操作性，大大缓解了研究者自身的创造压力，使得质性研究更方便学习。当然，这样做同时也可能降低了研究的创造性。格拉泽为此作出如下批评：“程序化扎根理论很好用，研究者不会失败，但同样也就不会有真正的成功。”❷

在认识论上，程序化扎根理论认为分析资料是研究者的一种解释，而

❶ 即进行预警和引起他人警觉的意思。

❷ GLASER B G. Basics of Grounded Theory Analysis：Emerging vs. Forcing［M］. Mill Valley：Sociology Press，1992.

不仅仅是发现，开始了与实证主义的决裂。但在具体的操作方法上，程序化扎根理论的标准化过程实际上是对实证主义的回归。因此，卡麦兹将程序化扎根理论与经典扎根理论都归为实证主义的范畴，而她自己则开创了一个扎根理论的新流派——建构主义扎根理论，并与实证主义处于完全对立的位置。

在卡麦兹看来，资料和理论都不是被发现的，研究者对研究活动的参与，以及研究者与研究对象的互动，是形成资料和理论的关键因素。因此，研究结果所获得的所谓真相只是一种解释性图像，而不可能是其真实的客观面貌。简言之，扎根理论是研究者参与研究实践，通过与研究对象的观点、视角的碰撞及互动而被建构出来的。

卡麦兹提出的建构主义扎根理论获得了许多研究者的认可，甚至于程序化扎根理论的代表人物科宾在对《质性研究的基础：扎根理论的程序和方法》一书进行修订时，极大地吸纳了卡麦兹的思想，以至于陈向明称其第 3 版“和第 1 版相比，几乎可以说变得‘面目全非’了”[1]。

三、三种扎根理论的异同

关于经典扎根理论、程序化扎根理论、建构主义扎根理论，许多研究者对其共同点和差异进行了分析。三者的共同点是，都偏好扎根于实地资料来建构新理论，都运用编码来分析资料，而且研究程序比其他质性研究方法更具有可重复性。

三者最核心的区别是，经典扎根理论认为理论是被发现的，这一点从格拉泽和施特劳斯两人的经典名著《扎根理论的发现：质性研究策略》一

[1] 科宾，施特劳斯．质性研究的基础：扎根理论的程序和方法［M］．3 版．朱光明，译．重庆：重庆大学出版社，2015：代序．

书的书名即可看出。也就是说，资料及其生成的理论都是客观存在的，研究者只要去研究现场发现即可。因此经典扎根理论认为无论是资料还是对资料的解释都是客观的，具有浓厚的实证主义取向。

程序化扎根理论认为，资料是客观的，但理论不一定客观，因为对资料的分析是研究者的一种解释，而解释都可能带有主观性。即资料客观，对资料的解释不一定客观。因此有些研究者将程序化扎根理论归为实证主义范畴，有些研究者则拒绝将其归为实证主义范畴，如何归类取决于比较的对象。

建构主义扎根理论认为，无论是资料，还是从资料中生成的理论，都不可能客观。资料是研究者与研究对象通过互动而主观建构的，理论则是研究者的一种解释。所以，建构主义扎根理论本质上是反实证主义的。

对于三种扎根理论的异同，吴刚作了归纳（表 3.1）。

表 3.1　扎根理论三大流派的异同点比较

异同点 流派	相同点	不同点			
		认识论（哲学基础）	理论视角	资料 / 数据搜集	资料 / 数据分析
格拉泽 & 施特劳斯的经典版本	① 归纳性的质化研究方法；② 在经验资料上建构理论；③ 研究结果具有可追溯性；④ 研究程序具有可重复性；⑤ 多用于中层理论的建构；⑥ 强调对过程的研究（包括社会过程与心理过程）	客观主义	实证主义（强调发现理论）	研究者在搜集资料过程中尽可能保持中立	编码过程分为实质性编码和理论性编码两个主要步骤
施特劳斯 & 科宾的程序化版本		客观主义	后实证主义（趋向于建构主义，认为分析资料是研究者的一种解释）	研究者在搜集资料过程中尽可能保持中立	采用开放性编码、主轴性编码和选择性编码三级编码程序
卡麦兹的建构主义版本		社会建构主义	解释主义（理论是解释性分析，是建构的）	强调研究者对资料提问的能力，并与被研究者发生互动关系	强调灵活使用，认为编码准则是启发性原则而非公式

资料来源：吴刚．工作场所中基于项目行动学习的理论模型研究——扎根理论方法的应用［D］．上海：华东师范大学，2013.

总的来说，三大扎根理论都对质性研究方法做出了不可磨灭的贡献，但由于方法论的不同，具体方法上有着区别。

经典扎根理论总体而言是偏向实证主义的，认为研究问题及理论应该从情境中涌现出来，避免研究之前先提出理论假设。程序化扎根理论总体而言是实证主义与解释主义的某种综合，要求对研究现象应具有足够有想象力的解释，形成一套在关系命题中相互联系的完善的概念体系，但研究现象本身是客观的。建构主义扎根理论从名称上就可看出是建构主义的，研究者与研究对象互为主、客体，通过研究者的参与及研究者与研究对象的互动，最终建构出扎根理论，以此来解释和预测现象。

第二节　扎根理论如何对资料进行编码

扎根理论的编码就是给资料分配代码的过程，即运用一个简短的代码（名称）对每部分资料进行概括和说明，以方便之后用归类、比较等方式来分析资料，并在此基础上获取新的概念和理论。编码是分析的基础，是扎根理论的灵魂，编码的质量决定了研究的成败。编码是扎根理论为质性研究提供的最大贡献，因此，一些研究者甚至认为，扎根理论就是一种分析资料的策略。

由于扎根理论有三种流派，因此也存在着三种运用编码的资料分析策略：格拉泽的传统扎根理论资料分析策略有实质性编码和理论性编码两级编码。施特劳斯与卡宾的程序化扎根理论资料分析策略则有开放式编码、主轴式编码和选择式编码三级编码。而卡麦兹的建构主义扎根理论资料分析策略则主要有初始编码和聚焦编码两级编码。其他的一些研究者，如亨宁克、哈特和贝利，在吸收了三种扎根理论以后，则加入了演绎性代码、归纳性代码等内容，进一步丰富了扎根理论的编码方法。[1]

一、演绎性代码与归纳性代码

演绎性代码是由研究人员根据研究目的、研究问题及之前的文献所提出的概念、理论等来确定的主题。例如，在访谈提纲中就包含了大量的演绎性代码。因此，演绎性代码是在资料搜集之前就基本上可以确定的。笔者做的一项关于生育决策的研究，通过梳理文献，确定的具体研究问题如下：

① 年轻父母是否有生育二孩的意愿，他们生育二孩的动力是什么？

② 对于不打算生育二孩的家庭，存在的主要问题是不想生，还是不敢生？前者是因为生育意愿发生变化，后者的生育意愿没有变化，而是因为二孩生育意愿没有得到满足。

③ 在家庭内部，具体的二孩生育决策过程是如何展开的？这样的决策过程对决策结果产生了什么样的影响？

④ 哪些人介入到家庭的二孩生育决策中？他们中谁的生育意愿最大可能获得了实现？或者，他们的生育意愿以什么样的方式最终达成一致？

⑤ 当夫妻（或其他家庭成员）存在不同意见时，二孩生育决策最终是如何达成的？人们会运用哪些策略以使自己的意见得到采纳？

⑥ 有哪些制度性因素影响家庭的二孩生育行为？为什么在物质极大丰富、机器承担了许多家务劳动的现代社会，仍然存在无力抚养二孩的家庭？

---

[1] 亨宁克，哈特，贝利．质性研究方法［M］．王丽娟，徐梦洁，胡豹，译．杭州：浙江大学出版社，2015：187.

根据这些研究问题，笔者确定了“不想生”“不敢生”“决策策略”“意愿一致”“意愿不一致”“制度因素”“非制度因素”等演绎性代码。

在早期的经典扎根理论中，演绎性代码是基本上不存在的。由于担心之前的概念、理论污染了资料，经典扎根理论不主张在研究之前阅读文献，从而也就不可能根据研究目的、研究问题及之前的文献来提出概念和理论。之后的质性研究者则对经典扎根理论的这一观念作了修正，从而允许演绎性代码的存在。

归纳性代码则直接从实地资料中来。通过阅读、分析资料，提取一些研究者之前没有想到的范畴。下面是笔者的访谈材料的一个片段：

父母尊重我们两个人的意见，反正想法都一致，没有排斥带小孩。但不是现在，是娃娃上小学后。年龄差距大点嘛，好带一点儿嘛，娃娃要懂事一点儿。（你希望他帮着你带小的（孩子）这个吗？）没得啊，就是希望要懂事一点儿，能够听话一点儿。因为我理解的听话，不是你们讲的让他做哪样就做哪样。我理解的听话是思想成熟稳定一点儿，生活能够自理，比如洗脸、漱口、洗脚、换衣服和做作业，有自己的独立思想了，就可以了。我的公公婆婆呢，认为要生就生，不生也可以，有这一个就可以了。

根据这段访谈材料，笔者就确定了“尊重”“年轻人做主”“不排斥”“等大的孩子懂事”等代码。这些代码就是归纳性代码。

演绎性代码传递的是研究者的声音，归纳性代码传递的则是研究对象的声音。如果只有演绎性代码，那就说明研究对象的声音没有传递出来，研究所获得的东西——无论是材料还是论点——没有突破过去的研究，即研究所获得的东西实际上不需要下到研究现场也可以通过阅读文献等方式获得，研究是失败的。

如果只有归纳性代码，那就是说研究者不带任何框架直接下到研究现场，直接接触研究对象。这种方式被早期的扎根理论家所推崇[1]，但遭到了其他研究者猛烈的批判，然后被后期的扎根理论家所抛弃。有学者提出，"开放的大脑不等于空洞的大脑"[2]。最普遍的情况是，如果研究者完全不带任何预设、任何问题进入现场，就会不知道从哪里入手，面对复杂的情景和庞杂的资料不知所措。因此，研究者应该在进入现场之前做充分的准备，只不过要保持开放的态度，更多地接纳研究对象的信息。只有归纳性代码的情况是不太可能的。

另外，在操作中不一定必须对演绎性编码和归纳性编码进行僵硬的区分，可以对资料进行编码后再进行检查，看看是不是只有演绎性编码。如果是，就说明研究者存在着把先入为主的概念强加给资料的风险，研究只有研究者的声音，没有研究对象的声音，或者只有研究者想听到的研究对象的声音，没有研究对象本源的声音。研究没有让资料说话，很可能存在偏差。

二、程序化扎根理论的三级编码过程

程序化扎根理论编码过程分为开放式编码（Open Coding）、主轴式编码（Axial Coding）与选择式编码（Selective Coding）。

开放式编码是一个打碎资料的过程，面对搜集到的原始材料，研究者

---

❶ 经典扎根理论提倡研究者不带任何预设进入研究现场，搜集资料后再阅读、评述文献，避免研究者以固有的观念来看待研究对象的世界，防止资料被污染，阻碍研究者从资料中看到应该看到的"真相"。

❷ DEY I. Grounding Grounded Theory [M]. San Diego: Academic Press, 1999: 251.

保持开放的心态，尽量摒弃先前的观点和偏见，按照资料所呈现出来的状态进行编码。这个过程实际上是对资料进行归类和命名。原始资料是受访者的故事、感受、观点、经历，必须通过归类和命名将这些资料打散，更有深度的内容才能够浮现出来。开放式编码因此要通过定义现象来分类，对现象进行不断地比较以归纳出能够描述现象的概念，再将归纳出的概念进一步范畴化。所谓范畴，就是一组关联概念，有些研究者也翻译为类属或类目。当扎根理论者发现一组概念指涉同一现象时，就会将其归为一类，并用一个更抽象的概念来进行描述，这个过程就是范畴化。

主轴式编码则是恢复打碎资料的过程。主轴式编码又称“轴心编码”，通过寻找范畴之间及范畴和概念之间的相关关系，然后发展出一些主轴范畴，即比较重要的范畴，并对这些主轴范畴进行深度分析，最终形成选择性编码。主轴式编码的主要任务是通过各种比较来发现和建立概念、范畴之间的各种联系。这些联系可以是因果关系、时间先后关系、相似关系、差异关系、对等关系、结构关系、功能关系等。而发现这些联系的方式，则可以是探讨现象的影响因素、具体情境、发生的条件、互动的策略等内容。

选择式编码是一个析出核心范畴的过程。选择式编码又称“核心编码”，任务是在已发现的概念范畴中经过系统分析选择一个“核心范畴”，即最重要的范畴，从而将分析集中到那些与该核心范畴有关的代码、概念和范畴之间，以便建构出新的理论。

核心范畴应该具有以下特征：

① 必须在所有范畴中占据中心位置，最大限度地与其他范畴之间存在广泛的意义关联；

② 必须最大频度地出现在资料编码过程中，是编码过程中一个在资料中反复出现的、较为稳定的范畴；

③ 与其他范畴发生的关联不是生硬的、强制性的，而是自然的、顺理成章的、异常丰富的；

④ 必须可以发展为一个更具概括性的理论，包括更多的实质性理论领域；

⑤ 必须有助于理论建构向前发展；

⑥ 可以不断地对核心范畴在维度、属性、条件、后果和策略等方面进行编码，使之拥有十分丰富、异常复杂的次要范畴。[1]

程序化扎根理论的三级编码分析策略与建构主义扎根理论的二级编码非常类似，开放式编码相当于建构主义扎根理论中的初始编码，主轴式编码与选择式编码则相当于建构主义扎根理论中的聚焦编码。由于程序化扎根理论过于复杂及僵硬的编码方法遭到了批评，许多研究者认为其过于程序化，反而不利于发展出新的、更为丰富的理论。卡麦兹简化了编码方法，增进了编码的灵活性，因此接下来介绍卡麦兹提出的初始编码和聚焦编码。

三、建构主义扎根理论的初始编码和聚焦编码

根据建构主义扎根理论，扎根理论的编码至少有两个阶段，第一个阶段是给资料中的每一个词、每一个句子、每一个片段分配代码。这个过程被称为“初始编码”。通过初始编码过程把资料打乱，从而可以用不同于研究对象的视角来思考材料，并看出资料后面隐藏得更深的内容，否则就容易被资料所控制，将研究对象呈现的故事视为理所当然，不加批判地全盘接受研究对象的观点，丧失抽象出理论的能力。第二个阶段是对初始编

[1] 梁莹．公共管理研究方法［M］．武汉：武汉大学出版社，2010：283.

码进行选择、比较、分类、整合，找出最重要的或出现次数最多的代码。这个过程被称为“聚焦编码”。聚焦编码将前一个阶段打乱的代码重新组合起来，对资料形成有意义的新的理解。通过尝试不同的组合方式，对于资料可能引导研究者走向什么方向保持开放。

初始编码通常是逐字逐词逐行编码，以挖掘最多的意义。初始编码是扎根于资料的，因此，首先必须贴近资料，即能够抓住资料中浓缩的意义和行动，并尽量从资料中看到行动，而不是把已有的概念强加于资料之上。其次，初始编码要多用表示行动的词句来编码，少用静态的主题来编码。因为静态的主题具有概括性，研究者更倾向于使用预先形成的概念、想法、理论来形成主题，从而使研究者自己的先存态度“污染”资料。扎根理论要做的，不是去现场检验自己的想法，不是把资料放进预先设计好的框架中，而是追随在研究现场获得的资料，由资料把研究者带到更远更深的地方，以便获得新的理解和理论。

另外，如果在研究现场发现研究对象使用了一些独特的词语或隐喻，初始编码就应尽可能使用这些研究对象使用的独特词语。这种代码被称为“原生代码”（也有研究者称为“内在代码”“鲜活代码”）。不只是因为原生代码具有本土化特征，还因为原生代码是研究对象长期处于某种独特的社会处境中形成的，别的任何词语都没有该词语准确、更能概括其含义、更能传递研究对象的状态。

初始编码需要做的事项：

把资料拆分成不同的部分或属性；

对他们所进行的行动进行定义；

寻找默认的假设；

把含糊的行动和意义讲清楚；

把要点组织起来；

比较不同的资料；

发现资料中的漏洞。

（凯西·卡麦兹:《建构扎根理论：质性研究实践指南》，边国英译，陈向明校，2009 年，重庆：重庆大学出版社，第 65 页）

在初始编码中最重要、最频繁出现的编码就是聚焦编码。和初始编码不同，聚焦编码通过各种不同的比较来筛选重要的编码，如运用不同人物的比较（生育决策研究中父母的意见与公婆的意见的比较）、同一人物在不同时点的比较（生育决策研究中生孩子之间的观念与生孩子之后的观念的比较）、事件的比较（这一家人的决策过程与另一家人的决策过程的比较）等。这就使初始编码中提取出的初级范畴转变为核心范畴，被初始编码打乱的研究对象的故事重新变得条理化、变得有意义。此过程中不断生成新的想法，并最终构建出理论。

有些研究在聚焦编码形成后就可以建构理论，有些研究则可能在通过对第一级聚焦编码的比较中形成更高一级的聚焦编码，在此基础上建构理论，即用到多级编码。

许多研究者都支持灵活地运用扎根理论方法。建构主义扎根理论的代表人物卡麦兹认为，扎根理论的所谓指导方针只是一系列通用的原则和启发式工具，而不是医生的处方或固定程序。[1]程序化扎根理论的代表人物斯特劳斯和科宾则提出，“扎根理论不是一本菜谱，研究人员不需要照本

[1] 卡麦兹.建构扎根理论：质性研究实践指南［M］.边国英，译.重庆：重庆大学出版社，2009：3，12.

宣科”[1]。研究者们都支持按照自己的方式和具体情况来灵活使用扎根理论，只要能在编码中有所发现，基于具体的资料，二级编码、三级编码甚至四级编码都是可以的。

四、编码的两个例子

卡麦兹的研究提供了一个从初始编码进入聚焦编码的详细案例。卡麦兹想要了解罹患疾病的人们如何体验疾病并应对，于是访谈了各种不同的患者，下面是对一个患有红斑狼疮、修格连氏症候群（又称“干燥综合征”）且后背有伤的37岁女患者的访谈资料及卡麦兹对这些资料进行的编码（表3.2）。

表3.2 访谈资料的编码案例1

访谈资料	初始编码	聚焦编码
如果你患有狼疮，我指①的是今天肝脏出毛病，明天关节出毛病，后天头出现毛病。如果你不停地抱怨各种不同的小毛病，②人们会认为你是个臆想症病人……于是你就什么都不想说了，否则人们就要说，③“上帝呀，别靠近她，她总爱不停地抱怨。”这就是我为什么④什么都不说，因为我所有的⑤各种症状都这样或那样地和狼疮有关，但是大部分人并不知道我患有狼疮，即使那些知道的人也⑥不会相信10种不同的毛病其实是同一病种病。我并不希望人们因为我总在抱怨而疏远我。	① 转移性症状 不协调的生活 ② 解释其他人所给她的自我印象 避免说出病情 ③ 预计别人会排斥她 ④ 让其他人无法知道 ⑤ 把症状看作是相关性的 不让其他人知道 ⑥ 预料到别人不会相信 控制其他人的观点 避免耻辱 评价可能的损失及说出病情后的风险	A. 避免说出病情 B. 评价可能的损失及说出病情后的风险

注：第一、二列中序号表示对应关系；第三列是聚焦的核心语句。

资料来源：卡麦兹.建构扎根理论：质性研究实践指南［M］.边国英，译.重庆：重庆大学出版社，2009：66–74.

[1] STRAUSS A，CORBIN J. Basics of Qualitative Research：Grounded Theory Procedures and Techniques［M］.2nd ed.Thousand Oaks：Sage，1998：xi.

在对访谈资料进行逐行编码形成初始编码后，卡麦兹不断地阅读、比较、分析这些编码，发现"避免说出病情""评价可能的损失及说出病情后的风险"等编码在许多访谈资料中反复出现，于是这些编码就成了更重要的聚焦编码。

余卉和胡子祥的研究则提供了一个从初始编码进入初始范畴再进入核心范畴的详细案例。两人想要了解普通的寒门学子是否能真的通过自身来改变命运，青年就业到底是受家庭社会资本影响较大还是受个人能力影响较大。于是，他们运用扎根理论来了解青年求职的具体过程和应对措施，以分析青年求职过程中家庭和个体两种社会资本的影响。

两位研究者对访谈资料的具体编码见表 3.3。

表 3.3　访谈资料的编码案例 2

访谈资料节选	初级编码	初始范畴
当时不去有两个原因，①一个原因是没有毕业证，没有毕业证呢，就是因为前面又有师哥在那边，没有毕业证的话可能要跑售后啊什么的，好像岗位不太好。嗯，这一方面的原因。第二方面的原因，②我也不喜欢做技术，嗯，当时就考虑了一下，反正就，没去。然后，我就回成都来，③在成都当时也是受一些可能是受一些电视剧小说的影响吧，④就是自己还是待人处世方面不太够，然后这个大家都说做销售有帮助嘛，然后当时就跑到成都卖楼去了，做那个楼房销售，这应该是 2010 年底的时间，然后做了大概有半年也没做出什么特别大的成绩，基本上就够养活自己，当时房市也不是很好，楼市又很差。然后，做了半年之后，后来有个机会，就是在 2011 年的三四月份（咳），⑤因为我家里有个亲戚，我一个表哥在浙江那边做那个木材生意，然后有一次跟他聊天就聊起来了……然后跟我表哥一聊呢当时这个房地产虽然不行了，⑥建材还可以……然后我就这个跟家里一商量吧，这事跟家里商量了，就跑到浙江去做生意去了，一开始的时候跟我表哥一块，做木材生意……	① 毁约原因：无毕业证导致岗位不好 ② 毁约原因：与兴趣不符 ③ 再次择业原因：受媒体影响 ④ 再次择业原因：提升个人能力 ⑤ 表哥所在行业还行 ⑥ 跟表哥做生意	A. 个体人力资本 B. 社会影响 C. 个体人力资本 D. 家庭社会强关系资本

注：为方便与表 3.2 对比，在编码处理上进行了部分调整。

资料来源：余卉，胡子祥．寒门再难出贵子？社会资本双重属性下青年就业的质性研究［J］．中国青年研究，2019（12）．

对初级编码及其范畴反复比较、分析后，两位研究者发现，“家庭社会强关系资本”“个体人力资本”“个体社会强关系资本”“应对方式”等范畴反复出现，所以就成了研究的核心范畴。

上面几位研究者的编码方式差异很大，但都很好地从资料中挖掘到了需要的东西。因此，再重申一遍，扎根理论的编码没有成规和固定的模式，任何能够很好地挖掘资料并引导研究者找到理论的编码都是好的编码。

第三节　扎根理论的抽样方法

一、质性研究与定量研究的抽样

由于定量研究的目的是了解普遍的、一般性的、总体的基本情况，所以往往会用到大样本，因为小样本容易出现偏差，无法反映总体的基本情况，即没有代表性。在这种通过大样本了解一般性情况的逻辑下，通常会用到概率抽样，或者叫“统计抽样”，因为概率抽样使得样本最接近总体，通过样本推论到总体犯错的可能性最小。

质性研究不关注一般性的总体的情况，从而不追求样本的代表性，不要求样本能够代表总体，而是要求样本能够呈现最丰富的内容。质性研究的目的，是发现那些在特定情境中可以深化对对象的理解和认识的知识，因此，质性研究的抽样从不遵循概率原则，而是根据具体的研究目的在对象中进行主观选取，也有研究者称之为“目的抽样”。目的抽样的优点在于，可以主观选择信息丰富的案例进行深入的研究。信息丰富的案例，指的就是那些通过一个案例就可以了解许多有关研究目的的核心问题的案例。[1]卢立涛运用质性方法来对学校绩效进行评估，就用了目的抽样。

研究对象的选取应考虑研究目的和所面临的限制，如场所的可接近性、研究的可行性、参与观察者的角色，以及现有资源、人力和实践等。在选择研究对象时，质的研究者通常使用一个非正式的策略，这种策略有时是根据自然的机会、方便、运气，以及研究者的常识判断，而不是依据一系列特定的标准化过程。我的研究是属于质的研究取向，采取了目的性抽样和方便性抽样。从我所参与的学校绩效发展性评估项目组的六所实验学校中选择了四所。

（卢立涛:《发展性学校评价在我国实施的个案研究》，重庆：重庆大学出版社，2012 年，第 8 页）

虽然质性研究不运用统计抽样来获得样本，但研究中也会用到统计资料。不过，这些资料更多是作为更深度理解对象的一个背景信息。对此，有学者提出了如下看法：

您可能将类似的统计资料作为定性研究的背景特征，但您研究的本质是关注现实世界环境中的特定人员，而不是任何统计资料。同样重要的是，您可能希望从调查对象或受访者的角度描绘现实世界中的事件。然后，您的叙述可以通过使用广泛引用的材料来表达调查对象的声音。

（Yin，R. K. Qualitative Research：from Start to Finish. New York ：The Guilford Press，2016，p.251）

---

[1] PATTON M. Qualitative Research and Evaluation Methods［M］. 3rd ed. New York：Sage，2002：46.

正如统计抽样有分层抽样、整群抽样、多阶段抽样、PPS 抽样等策略，质性研究的抽样策略也有很多种。巴顿讨论了 16 种不同的抽样方法，[1] 格莱斯则讨论了 7 种不同的抽样方法，我们则列出了后者中比较重要的 6 种，具体如下。

第一种：典型性案例抽样。选择能够阐明或突出典型的、常态的案例。比如，我调查了一个西部贫困村庄的养老状况，选择这个村庄的理由就是它的普通性，没有任何独特的特征就是它的特征，所以对这个村庄的调查可能很好地揭示类似的大量村庄的老年人的生存状况。

第二种：极端及偏离型的案例抽样。选择那些极端的案例，或者奇异的或某些方面非常特殊的案例，以了解这种状况是如何产生的，或这些对象面临了什么情景。例如，不能顺利毕业的大学生，一个贫困村庄中的致富能手，医院里面凤毛麟角的男护士。

第三种：同质性抽样。选择的案例都具有某种相似性，以便深入描述一些子群体。例如，调查都生了且只生了一个女孩的外出务工的农村育龄妇女，弄清楚在受到文化规范、经济条件、时间精力三重约束而这些约束又可能彼此矛盾的情况下，个体会作出什么样的决定。

第四种：最大差异抽样。尽量选择出群体中各种各样的案例，使得最终的案例组合具有多样化特征。例如，在学习态度研究中选择各个类型的学生，农村的、城镇的、沿海发达地区的、内陆山区的，家庭结构完整的，家庭结构不完整的，各种民族的、不同性别的，以寻找覆盖许多群体的一般模式。

第五种：理论抽样。通过理论假设来有意识地选择案例。研究者思考

[1] PATTON M Q. Qualitative Research & Evaluation Method［M］.3rd ed.Thousand Oaks：Sage，2002.

的是，为了验证这个理论，我需要选择什么样的人、事件、活动来进行调查。主要与扎根理论相联系。

第六种：滚雪球抽样。先从一个能够满足研究兴趣的调查对象入手，请他介绍相关的其他人参与调查，再请这些新参与调查的对象介绍其他的人参与调查，就像滚雪球一样一步步扩大调查对象的数量。这种抽样主要用在当调查对象是隐匿的，不好找到时。例如，寻找经常打架斗殴的街头少年来研究亚越轨行为，就可以在找到一个这样的少年后请他介绍其他类似的少年，因为他身边肯定聚焦了一群类似特征的对象。

（科瑞恩·格莱斯著，王中会、李芳英译，《质性研究方法导论》，北京：中国人民大学出版社，2013 年，第 30 页，内容略有修改）

和定量研究要求样本的代表性不同，质性研究不要求代表性。那么，样本量多大才合适呢？一个判断的标准就是获得的资料是否达到了理论饱和。具体地说，就是资料里的范畴已发展得十分丰满扎实，而且范畴间的关系都建立妥当了，就算增加了新的样本也不会有更多的有用的新信息出现，这种情况就不需要新的样本了。理论上看，如果资料足够丰满，可能一个受访者就够了。

二、扎根理论中经常用到的抽样方法

在扎根理论中，主要运用了三种抽样方法：第一种是搜集资料前的初始抽样，又称“开放式抽样”；第二种则是已经搜集到了一定的资料，根据对这些资料的分析结果形成研究假设，再根据研究假设确定如何找到调查对象来检验该假设，称为“理论抽样”；第三种则是强化范畴之间关系的区别性抽样。

开放式抽样尽可能涵盖研究问题中涉及的对象，可以选择各种各样的对象来了解情况，并根据研究问题及研究目的来确定样本。与严格的概率抽样相比，这种抽样方法抽取的范围比较广，也比较随意。只要能够挖掘出新的范畴，开放式抽样就是成功的。

一项关于校长道德水平与学校的教育质量的关联性的研究，就根据研究目的，确定了以下标准作为开放式抽样的标准：

① 有担任两所以上学校校长的经验。

② 该学校在该校长任职期间有显著的发展和改善（如升学率、社会声望、教师的生活质量等都有所提高）。

③ 人品好，得到或受到教育行政部门和教师的认同或赞扬。

④ 距离研究者住处近，往返车程在两个小时以内，以节省时间。

⑤ 愿意让研究者长期“跟踪”。

（徐萍：《校长和他的学校——校长道德领导研究》，杭州：浙江教育出版社，2009 年，第 33 页）

区别性抽样是针对范畴间的关系或夯实未发展成熟的范畴而进行的抽样。资料分析到一定的阶段，开始浮现出一些重要的关联和逻辑关系，但是现有的资料比较薄弱，不足以支撑这些关联和逻辑关系，可以运用区别性抽样来进一步强化与确认这些关系。

理论抽样是扎根理论中最重要的抽样方法，许多扎根理论之外的质性研究者都将理论抽样引入自己的研究，因此，我们特意对理论抽样进行详细介绍。

三、理论抽样的例子

理论抽样是在一定理论或理论假设的基础上，决定如何选择调查研究对象的一种抽样方法。在扎根理论研究的初期，研究者就可以根据理论假设来决定如何确定样本。例如，受到一整套包括了对死亡意识、死亡预期和死亡率的假设的理论框架的引导，研究者分别选取了早产病房、神经外科部门、重症看护病房、癌症病房、急救病房作为观察对象。

对不同医疗部门的访问我们是如下安排的：首先参观那些患者的意识降至最低的部门（因此我首先参观了一个早产病房，接着访问了一个神经外科部门，那里患者常常处于昏迷状态）。接下来，我想要在这种情况下观察死亡，即不仅仅医护人员，患者自己也知道死亡将至，而且死亡来临得非常快。因此，我决定在重症看护病房进行我们的观察。然后，我想要观察的部门有如下特征：在该部门中，医护人员知道死亡将至，但患者自己却不一定知道，而且死亡的来临常常比较缓慢。因此，我观察了癌症病房。接下来，我想要观察的是没有期待到死亡会到来，但死亡实际上来得很快的情形，因此我观察了急救病房。在观察其他类型的机构时，我们也观察了上述种类的病房。因此，我们对不同类型医疗部门的观察一方面受到一个总的理论框架的指引，这个理论框架包括了对死亡意识、死亡预期和实际死亡率的相关假设；另一方面，我们的观察也受到一个我们抽象出的正处在发展之中的理论框架的指引，这个理论框架给了我们空间去分析之前未被预料到的问题。有时，我们会对一个机构或某种病房进行两周、三周或四周的连续观察，之后，又回到之前已经观察过的部门，去重新考察之前被我们忽略的问题。

（Glaser，B. G.，Strauss，A. The Discovery of Grounded Theory. New York：

Aldine de Gruyter Press，1967，pp.66-67）

很多理论抽样则在扎根理论研究的中期进行。也就是说，已经通过开放式抽样抽取样本并搜集到一定资料以后，再根据这些搜集到的资料，进行分析、研判，形成一定的研究假设。研究假设就是待验证的理论。为了验证该理论，而有目的地选择调查对象。

胡德最初是想研究女性的自我概念和朋友网络的变化，所以她在第一轮访谈中只访谈了妻子。但是她早期的分析表明，不仅要更加关注那些因为经济压力而回去工作的女性，还需要访谈她们的丈夫。于是她据此增加了一些受访对象。从对这些男性的访谈中，她获得了一些原生代码，如“只要想辞职就可以辞职”“多此一举”，正是丈夫对妻子工作的立场的生动描述。这些代码给了胡德很强的关于这些丈夫的观点在互动中如何表现的线索。从这些代码中，胡德预测到，已婚女性的议价权力会随着她们的丈夫对妻子对家庭经济贡献的认识和公开承认而增加。胡德的预测就是一种有待验证的理论，根据这种预测，胡德需要寻找那些公开承认妻子对家庭经济有贡献的丈夫，或者说要在丈夫中特意抽出这一类型，这种抽样就是理论抽样。[1]

[1] 卡麦兹．建构扎根理论：质性研究实践指南［M］．边国英，译．重庆：重庆大学出版社，2009：125，131.

第四节　扎根理论中的理论

一、实证主义的理论与解释主义的理论

扎根理论本身不是实体理论，而是生成理论的方法。那么，什么才算是理论呢？关于什么是理论，应用最多的是来自实证主义范式的观点：概念之间关系的命题即为理论。例如，“文化程度越高，收入也越高”，就是一个关于文化程度与收入的关系的命题，同时也是一个微观理论。

解释主义范式也承认实证主义范式中的那些理论，但解释主义范式所包括的理论要宽泛得多。实际上，一个新概念的生成，就是一种理论，因为该概念提供了一种观察、理解研究对象的新视角，而理论本身的含义就是一种研究、分析对象的新视角，所以理论也被称为“理论工具”。

贝克的风险社会理论，即一种观察、理解研究对象的新视角，而不是研究变量之间的关系。在贝克看来，风险社会是后现代社会的典型表现，是现代性及技术所生产出的巨大的威胁和破坏。

风险的概念直接与反思性现代化的概念相关。风险可以被界定为系统地处理现代化自身引致的危险和不安全感的方式。风险，与早期的危险相对，是与现代化的威胁力量以及现代化引致的怀疑的全球化相关的一些后果。它们在政治上是反思性的。

……从它们的本质上看，它们使这个行星上所有的生命形式处于危险

之中。标准的计算基础——事故、保险和医疗保障的概念等等——并不适合这些现代威胁的基本维度。比如，核电站单独来看不可能被保险或者说是不可保险的。原子能事故（在“事故”这个词狭隘的意义上）已经不是事故了。它超出了世代。那些当时还未出生的或者多年以后在距离事故发生地很远的地方出生的人，都会受到影响。

这意味着，科学和法律制度建立起来的风险计算方法崩溃了。以惯常的方法来处理这些现代的生产和破坏的力量，是一种错误的但同时又使这些力量有效合法化的方法。

（乌尔里希·贝克:《风险社会》，何博闻译，北京：译林出版社，2004年，第19页）

贝克提出“风险社会”的概念以后，该概念作为一种理论工具指导了许多人的研究。例如，以下这些文献，就是在风险社会理论视角下进行的：

① 曾宪才:《风险、个体化与亚政治：贝克风险社会理论视域下的社会状态与风险应对》,《社会政策研究》2021年第4期。

② 伍宸、宋永华:《风险社会理论视角下我国高等教育国际化面临的挑战与对策》,《教育研究》2021年第2期。

③ 严燕、刘祖云:《风险社会理论范式下中国“环境冲突”问题及其协同治理》,《南京师范大学学报》(社会科学版）2014年第3期。

④ 李诚:《我国转型期社会风险及其治理的理论思考——基于风险社会理论的分析》,《学术界》2011年第2期。

⑤ 米正华:《风险社会理论视角下的农村社会矛盾防控》,《江西社会科学》2013年第5期。

可见，不只是实证主义范式中关于概念之间关系的命题这一理论模式可以对其他研究进行指导，新的概念、新的术语同样可以形成新的研究视角，对其他研究进行指导。因此，理论应该具有更大的包容性，既包括实证主义视角下的对概念之间的关系描述，也包括解释主义范式中用来观察对象的新概念、新术语、新视角及更有想象力的解释，或者对研究对象进行的更深度的描述。

以新概念为例，当“内卷”这一概念被提出来以后，我们就看到了一种奇怪的人类群体生存状态：不断追加的努力却得不到任何回报，但还是必须不断地追加努力。每一个人都精疲力竭，却相似地一无所获。这种状态当然不是“内卷”这个概念被提出来之后才有的，但“内卷”这个词被提出来之前，我们很难清晰地描绘这种状况。

与“内卷”相关联的一个概念是“躺平”，笔者一直以为“躺平”已经足够深刻地描绘出个体的不思进取的状态了，直到上高中的儿子提供了两个新的概念——“划水”和“摆烂”，笔者才知道，“躺平”下面还有分类，还可以更进一步地看待人类的不思进取的状态。“划水”是不想学习的学生敷衍了事地做作业，以避免遭到老师、家长的惩罚，所以“划水”是隐藏的“躺平”。“摆烂”则是不想学习的学生直接就不做作业也不交作业，不畏惧老师、家长的惩罚，所以“摆烂”是公开的“躺平”。“划水”“摆烂”这两个概念提供了一种新的看待学生的学习和生活的方式，能够更深度地理解、描绘学生的生存情况，所以也可以视作一种理论。

在卡麦兹看来，解释主义范式之所以打算构建理论，目的在于：

对被研究现象进行理论化，用抽象的术语理解它；

说明与范围、深度、力量以及相关性有关的理论命题；

在理论化过程中接受主观性以及协商、对话和理解的角色；

提供具有想象力的解释。

（凯西·卡麦兹：《建构扎根理论：质性研究实践指南》，边国英译，陈向明校，重庆：重庆大学出版社，2009年，第160页）

二、一种解释主义理论：对现象的深描

对现象的深度描述也可以视为一种理论，因为深描同样引导读者进入了一个新的世界，提供了新的看待现象的视角。例如，关于抚育儿童的体验，局外人可以想象到的内容就是忙、累、疲倦、烦躁等负面感受或者快乐、开心等正面感受。但是，真实的育儿体验一定是复杂的、多维度的、非表面的，很难用几个形容词来进行概括，育儿体验中的某一种感受也同样具有丰富的内容。当通过质性研究揭示出这些丰富的内容，就形成了某种深描。

产假的时间越长并不是对工作母亲越有利，超长的产假时间固化了女性的照料者身份。我有180天产假时间而我丈夫没有产假的事实，建构了我必须花费大量时间照顾孩子而他不必这么做的合法性基础。当时我们的育儿分工是，我全职照看孩子，他则只是下班后参与进来。这意味着家庭是我的生活世界的中心，我必须维持家庭在我日常生活中的优先地位。至于我丈夫，他的生活世界的中心则是工作，他必须维持职业发展在他日常生活中的优先地位。

（聂焱：《工业化时间与职场母亲的生育体验：基于自我民族志的考察》，《青年发展论坛》2022年第5期，内容略有修改）

另外，“内卷”是大家都熟悉的词汇。局外人想到的内卷往往是在选拔、竞赛中努力超过别人，尽管这种努力并不一定带来实质性的水平方面的提升，或者这种努力已经让个体超负荷运作。在高校，不仅学生在内卷，老师的内卷也很严重。下面的内容呈现了高校教师在职场晋升中内卷的一个机制，就是一种深描。

用等量时间中的工作累积来测量人的成就还意味着在时间中的停留（放弃职业晋升）是不恰当的。在高校有一个非常不友好的称谓叫“老讲师”，当面叫某一个人“老讲师”是失礼的行为。因为“讲师”只能是刚入职不久的年轻人，“讲师”一定是“年轻”的而不能是“老”的，只有教授才有“老”的资格。如果有人在高校当了很多年的教师仍然是一个讲师，没有得到晋升，意味着他懒惰、不求上进、没有追求、混日子。放弃职业晋升不再是个体的自由选择，而是道德评判。更让人惧怕的或许不只是社会地位的低下，而是其背后的羞辱。

（聂焱:《工业化时间与职场母亲的生育体验：基于自我民族志的考察》，《青年发展论坛》2022 年第 5 期，内容略有修改）

三、扎根理论中如何建构理论

扎根理论作为一种质性研究方法，所生成的理论不是实证主义的理论，而是更偏向解释主义的理论，即解释学中所指涉的比较宽泛的理论。例如，一项运用扎根理论方法进行的关于导游的职业污名的研究，通过对 28 个受访者的半结构访谈及对访谈资料的三级编码，最终构建出一个导游职业污名形成机制的理解框架，总体上可分为两个部分：基于施污者角度的导游职业污名形成路径和基于受污者角度的导游职业污名形成路径。而这个框架，正是研究者扎根于资料获得的新理论。

在确定研究问题以后，通过文献解读梳理出核心理论，以其为基础对调研所获得的素材进行三级编码，从而渐进式地发展出新的理论命题——在本研究中，构建出一个导游职业污名形成机制的理解框架。……这一模型总体上可理解为两个部分：一部分是基于施污者的角度得到的导游职业污名形成路径；另一部分是基于受污者的角度得到的导游职业污名形成路径。……从施污者的角度出发，围绕着导游职业污名的故事线可以概括为：实体感知、社会认知和信息认知相互作用，共同组成公众对导游群体的刻板印象，具体的刻板印象使公众形成相应的情绪，不同的情绪直接决定了公众对导游的行为，即公众是否对导游进行污名化。……受污者在了解到施污者对其职业从业者形成的污名后，会积极主动从受污者的角度出发为其职业去污名。

（黎耀奇、宋亚亚、梁斯琪等:《导游职业污名的形成机制——基于扎根理论的探索性研究》,《旅游学刊》2022 第 4 期）

因此，在扎根理论中生成理论，实际上就是从经验一步步升级到抽象的过程。通过初始的开放式编码打碎资料，再通过聚焦编码形成范畴，将打碎的资料再次组合，聚焦到抽象层次更高的概念，如权力、不平等、经济基础、社会转型等，就可以让微观的研究现场与更广阔的社会背景联系在一起，不再就事论事，不再只看到经验资料，而是剥离出经验资料背后的逻辑体系，研究的深度得到增加，就是理论的生成。上面提到的例子就是从母亲对产假的感受及高校教师对职业晋升的感受这些经验材料出发，最终落到（性别）不平等及个体主义与集体主义的对立等抽象的母题上来，开始回应一些终极的关怀和思考，从而实现主题的升华，并提供了新的看待世界的方式，也就形成了理论。

通过扎根理论方法来生成理论的核心，就在于通过对质性资料的分析，最终归纳出理论。菲尔丁和李提出了如何分析资料、归纳资料来抽象出理论（普遍答案）的具体步骤，非常值得借鉴和参考。

第一步：明确想要解释的现象。

第二步：为该现象赋予一个粗略的定义。

第三步：提出用来解释该现象的研究假设。

第四步：开始研究一个个案。

第五步：提问“该个案是否符合我开始提出的研究假设”。

第六步：如果答案是“符合”，就继续研究下一个个案；如果答案是“不符合”，就要重新思考之前对该现象所做的定义，通过修正定义来排除这一个案，或者重新建立研究假设，以保证个案仍然符合研究假设。

第七步：不断重复第六步，直到找到“普遍答案”。即你正在构造的理论在实践上可以解释所有你已经考虑到的个案。一旦出现任何反例，你都必须重新修正定义或者重新表述研究假设，以保证该现象下面的每一个个案都符合研究假设。

（Fielding N.G.，R. M. Lee. Computer Analysis and Qualitative Research. Thousand Oaks：Sage.1998，p.22）

本章要点

★扎根理论不是实体理论，而是一种在搜集资料、分析资料的过程中获得新理论的研究方法。

★存在三种扎根理论取向：经典扎根理论、程序化扎根理论、建构主义扎根理论。

★程序化扎根理论编码过程分为开放式编码、主轴式编码与选择式编码。

★建构扎根理论的初始编码和聚焦编码。

★扎根理论只提供一般性的原则和启发式工具，而不是固定的研究程序。

★扎根理论的编码没有成规和固定模式，任何能够很好地挖掘资料并引导研究者找到理论的编码都是好的编码。

★质性研究样本量的判断标准是获得的资料是否到达了理论饱和。

★理论抽样是在一定理论或理论假设的基础上，决定如何选择调查研究对象的一种抽样方法。

★解释主义范式也承认实证主义范式中的那些理论，但解释主义范式所包括的理论要宽泛得多。

★对现象的深描也是一种解释主义理论。

★在扎根理论中生成理论，实际上就是从经验一步步升级到抽象的过程。

练习

下面是通过质性访谈获得的原始访谈文本，从中挑出一段来，试着对其进行编码并分析，然后确定：

第一，可以抽象出哪些核心编码？

第二，访谈文本中有哪些漏洞？应该如何弥补？如何梳理得有条理？

第三，运用理论抽样的原则，可以形成哪些研究假设？根据这些研究假设，下一步应该寻找哪些受访者？

Q：请问，对于你来说什么算成功？

A：嗯，对我而言，成功，成功的话就是，我对成功的想法还挺多的。

Q：嗯。

A：就是，首先我肯定是希望自己能够去达到一个好的一个发展的状态，尤其是关于事业这方面的，对于我而言，那个，最大的成功就是实现了自己想要实现的一个职业，达到了自己想要实现的一个职业的发展的一个目标，关于这方面的东西，然后还有就是关于自己的一个人生状态，它是至少，至少就是关于物质方面，物质方面应该是比较富足的状态，这个富足对我的概念就是能够满足自己的需求，不仅能够满足自己的基础的一个，嗯，关于衣食住行的需求，还有就是能够去满足一些自己想要去扩展，嗯，一些享受型消费，或者说是一些发展型消费的这些一个物质需求，就是这个物质状态能够达到自己的一个基础性的消费，还有一个满足自己发展性的和享受型的消费，嗯，差不多就这样。关于自己的一个职业还有一个物质状态，有精神状态的话就是，不是空虚的，不是空虚的快乐，就是在那种状态，就是在自己，就是你达到自己的那个职业想要达到职业状态目标以后，除了物质上的还有精神上，不是说单纯的是一个很空虚的一个状态，而是很充实，就是自我是，内心是很充实的，很丰富的，是能够去懂得很多东西的，它就是我因为对我而言嘛，成功它是说达到自己一个理想职业状态，它不是说你达到了一个高度，比如说你想去做一个什么职业，然后你达到了一个什么，嗯，一定行业的一个高度，这就算成功，而是说达到那个地方以后，我不会觉得我很痛苦，在那个地方我不会觉得我很累或者很怎么样，精神上什么的话会有，是有一种折磨的话，一定要是自己内心也是一种很舒服、很享受这种状态，那算那才算是一种成功。

Q：就是精神上和生活上要达到一种协调。

A：对。

Q：列举一个你认为成功的人，为什么你认为他是成功的呢？可以是任何人，身边的、媒体中的、故事中的人。

A：我想一想，奥黛丽·赫本。奥黛丽·赫本对我而言，因为我很喜欢，就我对她本身不是特别特别的了解，但是我挺喜欢她，就了解过一些她的人生事迹。她自己本身，从小的她的一个状况基础条件其实是不太好的。她是在她母亲和她父亲，母亲和父亲好像是，是她母亲、父亲早逝，很早就离开了、离开了她们家，还是说就……反正她的母亲是带她还有她的一些弟弟妹妹生活的。然后她小时候就是一直在练跳舞、练舞蹈什么的，嗯，相当于是有她后来发展的一个地方一直是贫民窟那块地方。后来她能够成为一个很有名的，就是载入史册的一个电影明星，包括，嗯，到现在都一直被后人铭记，就是也留下很多经典的作品，而且不仅是她本身在事业上面的精彩作品，她的精神，她也做过很多公益嘛，她的这个一个品质都是给人留下很深刻的印象、很美好的印象。嗯，我觉得她就是她在这一路走来，她能够源源不断地去克服她的人生中所有阻碍她的障碍，然后把这些困难，把这些她人生遇到的一些苦难和障碍转化成她的一个人生的经历和经验，然后让她去更好地去发展自我、完善自我、充实自我，觉得对我而言，她就是一个成功的人。

Q：她已经达到了你认为的成功的几个方面的要求？

A：对，因为她，呃，就是我的成功嘛，就是职业的，她在那个，呃，她的影视方面就是她是个电影明星嘛，在那一方面其实是达到一定高度，她演的很多电影都是《罗马假日》《窈窕淑女》，就是她还有那个，嗯，《蒂芙尼的早餐》，就她演的电影都是很经典的电影，而且是一直能够，嗯，给我们品味，就是细细品味，就是无论看多少遍都会有不同的感受的，然后，还有就是，我相信她在演这些，也就是出演这些作品的时候，自己内心的状态也是一个非常，就很认真、很努力也是很享受那种状态，才会能够呈现出这么好的状态和作品。其次，物质方面也是满足，就是她在后来，她的物质状态一定也是达到了一定的一个水平，所以我就会觉得，他这个成功的人。

Q：从小到大你有没有过成功的体验，如果有，请详细描述一下一件让你成功的事情并说出当时你的感受。

A：其实我没有觉得自己是成功，我没有觉得自己成功过。就是，但是我的人生也不是说是失败，我就是我，我觉得我的人生一直都是一个很平稳的状态，就是成功是相对而言的，你要是对于我自己定义的成功，我觉得我没有。

Q：那有没有过就是那种，就是不是很平淡的那种体验，就是在某一时刻感受到。

A：是这样的，就是我从小到大，因为我自己从小到大的话是，嗯，我的人生还算是比较顺遂的吧，比较顺遂，就是没有遇到过很大的波折，或者很大的挫折给我过很大很大沮丧的那种打击，就是关于我自己本身而言，个人的能力，就是让我觉得我自己能力完全匹配不了的那种状态，没有遇到过这种状况，但是我有的时候，比如说我，呃，拿到就是说，呃，关于考试，就像我是拿到了第一名，我并不会觉得是成功了，我会觉得是其他人没有发挥好，嗯，或者说是自己的发挥其实也就是那样子，可能只是因为身边的人没有发挥好，或者说那个，嗯，老师或是说老师，他会打分的话有手下留情这样子，会让我有一个不错的一个卷面成绩，但是其实我并没有觉得它就是我的成功，就是其实内心一直都是有一个隐隐的一个缺口，我一直就是每回得到一个东西以后，我并不觉得那个东西就是我应得的，我会觉得其实在得到那个东西的时候我并不是很有资格去得到那个东西，所以我一直都没有觉得自己有过成功的期待。

Q：好，那继续下一个问题，什么算失败，你为什么这样认为？

A：失败就是没有达到你人生理想的状态嘛。

比如说，具体地说一下，为什么会这样认为嘛，嗯，首先什么是失败，要具体地去定义又不能定得太抽象，要具体定义的话那就是我觉得，嗯呃，就是把自己的人生弄得一团糟，就是人生完全是一团糟的，不管是在人际关系就亲情然后家人、朋友，嗯，包括各方面状态，这就是关于感情这方面的东西，你是一团乱麻，你没有处理好，就是你没有理顺自己的一切事，你应该处理的事情，嗯，就是，嗯，你一直会放着，就是那种一个一种你会放任自己沉溺于一种颓靡的状态，这对我也就是一种失败。就是具体而言就是说自暴自弃，自暴自弃对我而言就是失败。为什么这样认为？因为我觉得自暴自弃是，呃，你像其他的，你没有达到一个理想状态或者说你没有去实现那个东西或者说你目前的现实状况而言你没有去做到这个东西的话，那不叫失败，只是说这只是你的一个、你的一个就是可能会遭遇的一个苦难，会遭遇人生给你的一个考验而已，但是你自暴自弃的就是说，呃，你自己都放弃了这么一个希望了，你自己都放弃了一个去实现这个目标的希望，这对我而言就是一种失败了。就是因为其实你想要去成功的话，很多很大的因素就要靠你自己，不是靠他人，也不是靠环境，而靠你自己。所以如果你自己自暴自弃，你把自己都给放弃了，那么其实你就完成没有可能去达到成功的状态，那么这就已经一定是失败了。

Q：那列举一个你认为失败的人，为什么会认为他是失败的人？

A：失败的人，就是自暴自弃的人。嗯，我想一想，失败的人，嗯，人生目前来说还没有。

Q：身边没有遇到过，那在媒体中和故事中呢？

A：肯定是听说过，但是你要说具体的一个人我就还想不太起来了，嗯，想了想，找一个具体的事例来说下，为什么觉得这就是为什么我觉得他是失败的，但是不能说这么笼统啊，说一个具体例子的话，为什么是失败的，因为，影视作品中的话我想一想，嗯，影视作品看过很多。

Q：或者可以换一个考虑方向，就是那种很反面的东西？

A：反面的，失败的人……

嗯，因为我身边好像，身边是没有遇到过这样的人，身边的人一般来说都还是比较积极向上的，就是都，就我不能说他成功，但是我绝对不能说他们是失败的。然后关于，嗯，听过这些故事、媒体影视作品，嗯，这方面肯定是有，但是我现在一直想也想不到一个具体的事例，但是为什么会觉得他是失败的，就是会按照我的定义来说，一个失败的人肯定就是一个比较放弃自己的一个达到目标的一个状态，就是他已经放弃自己，他已经自己都放弃那种可能性，因为我觉得就是，无论是外部的环境还是他人给你施加的压力，这些东西都不是能够让你、都不是那种能够让你彻底失败的这种理由。

Q：是内心，自己内心去？

A：对，自己内心彻底已经，内心都已经不抱任何希望了，然后从而不为之努力了，那到那个时候就是那确实就是，不管就算外界的环境再好，然后他人就是给你施加再多的鼓励或者积极的影响，正面的一个反馈，其实也不可能成功了，嗯，就是这样子。

Q：那对你来说是不是也没有过失败的体验？

A：确实。自暴自弃，有过、有过，高三的时候，嗯，但是那个时候是高三的时候，四五月份的时候，因为会有遇到过一些经历，然后那个时候会有想过要放弃高考，但是不算失败，就是说有过一个会有经历过那种状态，后来还好。

Q：那你觉得什么样的情境会让一个人更可能成功，又有什么样的情境会让一个人更可能失败？

A：我觉得更能让一个人成功，环境是很大的一个影响因素，不是说环境是决定，对我而言影响一个人成功的外部环境它不是一个决定性因素，但是它是一个很大的一个影响性影响因素，就是，嗯，对这方面环境的话，因为环境会影响到一个人的一个心理的稳定，就是如果是一个良好的环境，比如说，嗯，比如说在一个艰苦的条件下学习和在一个舒适的条件下学习是不一样的，在舒适条件下学习会让你有更好的学习效率、更高的学习效率和更好的学习体验，然后艰难的学习条件完全不一样了嘛，就是那是完全要靠你自己一个人的意志和一个坚毅的品质，这样的话多少也就是一个外部的，就是一个，嗯，也不能说完全舒适吧，因为完全舒适外部环境会让你形成、会为你营造出一个温室的一个假象，但是在我看来，更好的最好一个情境就是在相对稳定的一个环境之中，然后又有一定的考验，有一定的考验会让你去经历，让你去经历了一些考验挫折，然后能够让你从中去收获自己，这样的一个环境是，嗯，更适合一个人成功的，不是说完全一帆风顺的，而是说这个环境至少要说是相对比较要稳定的，一个稳定而不是那种大起大落、起伏不定的那种，那种是不利于一个人成功，因为对那些心态落差太大了，我觉得更好的一个状态就是稳定，但是会有一定的考验和挫折，然后让一个人去经历成长，嗯，什么样的情况会让一个人更可能失败，那个让我看来就是两个极端，过于舒适会让一个人形成惰性，怠惰的状态，那就会让他很难去，他会稳定，就是他会安于现状，然后就不会再想去为了自己的目标，因为他已经满足于现在的状态，就很难去为他的目标去奋斗，那么那样的话过于稳定过于舒适的一个温室的一个状态很难让他去成功，然后第二个就是过于，也不能说过于艰苦吧，就是说，嗯，就是条件过于恶劣，就是不是说关于物质条件的恶劣，就是说在精神层次，就是你人生中不断的打击，不断地那种影响，不断地磨砺，还有加上挫折，那种就是两方面的打击其实很难让一个人去就是，也有过这种例子，但是有这种例子，能够在这种例子能触底反弹然后成功的人，所以才能够成为我们的一个榜样和一个经典的一个案例，但是正是因为这种事例少，所以才会更可能让一个人去失败，我觉得是大多，觉得这是这个大多数人就是两个极端。

Q：那最后一个问题，大学毕业后你是如何打算的，为什么你会这样想？

A：大学毕业后考研，考研啊，肯定首先要考研，去考一个研究生，然后，嗯，我如何打算，就是会想得稍微长远一点，就是考研究生以后我会，我将来是想确定在一个地方，就是我想去广州，嗯，我想就在那就是稳定发展，就是因为我很喜欢那个城市，考研，然后以后就在那里发展，包括工作还有未来的一个职业，我都准备在那里稳定下来，然后，嗯，更多的话，我是想说工作方面我会更多想去考虑下能不能去试试关于新媒体行业这一块的东西，就是我想因为我的理想职业是记者，理想职业是记者，但是我考研我可能还是会考我们本专业的，就是公务员和记者，可能两个职业看起来跨度比较大，但是我都会去尝试一下。为什么我会这么想，首先考研嘛，考研这个决定是因为它会更有利于我的未来这个选择，我如果考研考上研究生以后，然后我以后要是再去做，嗯，关于再去走上社会然后去工作的话，对于我而言我的选择面会更宽广一点，然后其次就是，嗯，我为什么喜欢选择广州这个城市，因为就是很喜欢，那个城市的文化、文化各方面的一个，呃，人文、人文的东西，还有就是从小到大对它的一个一个印象吧，都会让我很喜欢，天然有种想要去靠近的地方，而且它本身经济基础也很好，就是也很适合我发展。嗯，然后还有职业层面的话，就是为什么就是公务员，公务员就因为是本专业嘛，跟本专业相挂钩，就是你行政管理出去然后就去考公的话呢是完全对口的，但是记者的话是我从小到大的一个很向往的一个职业，因为我觉得记者的话就是你会深入到社会的各个层面，认识不同的人，去见到不同的事物，去见到不同的东西，是一个多元化东西，就是你的人生不会是单调的，你接触的事物人都是多元化的，都不是单方面的一个单一的东西。然后并且你可以是一个记者，你要对这些东西去留下一些记录，你要自己去感受一下，你要去有一些感受，然后有一些想法的话，那么有利于你去思考人生，不是思考你自己的，而是可以通过观察到社会的各个方面，去思考很多不同层面的东西，那样的话，会更有利于你去共情，去共情到其他的人，这样的话我觉得会让我成为一个更好的人，而且可以给你带来很多深度的思考，这是我的想法。

（访问员：贵州大学公共管理学院行政管理专业2019级李叶枫同学；访谈主题：对大学生来说什么是成功）

第四章　质性访谈

除了权力和专业地位的动态影响之外，性别、种族以及年龄都可能影响访谈的方向和内容。……访谈中的女性表现出另一种两难。当访谈者是一个男性时，访谈中就会出现性别的互动。当访谈者和访谈对象都是女性时，阶级、年龄以及/或者种族和民族差异可能会影响访谈的进行。但是，来自不同背景的女性常常会自愿接受各种敏感话题的访谈。当其他人对于一些话题三缄其口时，女性能够接受的范围是很广泛的。她们能够接受的范围可以从说明性的、沟通性的或启示性的，到不舒服、痛苦的或无所适从的。话题、话题的意义以及访谈对象的生活环境，以及访谈者的技巧都影响着女性对她们各自访谈的体验。

（凯西·卡麦兹:《建构扎根理论：质性研究实践指南》，边国英译，陈向明校，重庆：重庆大学出版社，2009年，第37页）

第一节　访谈的分类

一、结构式访谈与无结构式访谈

结构式访谈又称“标准化访谈”，事先需要制定具体的访问问题，访谈员询问每一个受访对象的问题都是一模一样的，不能根据具体情况来拓展问题。所以，结构式访谈就等同于问卷法中的访问问卷。

下面是一份关于易地扶贫搬迁就业情况的一部分调查问卷，就是典型的结构式访谈，因为无论是哪一个调查对象，被询问的问题都是一模一样的，不会基于调查对象的不同情况来改变问题的内容和顺序，结构上没有任何变化。

结构式访谈提纲

1. 您的性别是（　）。
   A. 男　B. 女
2. 您的年龄是（　）。
   A.20 岁及以下　B.21 ~ 40 岁　C.41 ~ 60 岁　D.60 岁以上
3. 您的文化程度是（　）。
   A. 小学及以下　B. 初中　C. 高中（包括中专、职技校）D. 大专及以上
4. 您的家庭人口数是（　）。
   A. 1 人　B. 2 ~ 3 人　C. 4 ~ 6 人　D. 6 人以上
5. 您家庭目前就业的人口数是（　）。
   A. 没有　B. 1 人　C. 2 人　D. 3 人及以上
6. 您从事的职业主要属于（　）。
   A. 建筑业　B. 制造业　C. 生活服务业　D. 种植业　E. 交通运输业

F. 其他行业

7. 您就业的地点为（　）。

A. 县内　B. 县外省内　C. 省外国内　D. 国外

8. 您是否了解政府易地扶贫搬迁就业扶持政策（　）。

A. 比较了解　B. 一般了解　C. 不了解

9. 您就业的渠道是（　）。（可多选）

A. 亲朋好友集体组织外出　B. 亲友介绍　C. 中介机构组织就业

D. 政府组织就业安置　E. 自主创业　G. 其他

10. 影响您就业的主要因素有哪些？（　）。

A. 没有对应的就业技能　B. 文化程度低　C. 语言沟通障碍

D. 生活环境不适应　E. 缺乏就业信息的了解

F. 政府就业培训不适合自己　G. 其他因素

11. 您家里就业的月平均总收入是（　）。（可多选）

A. 1000 元以下　B. 1000 ~ 3000 元　C. 3000 ~ 5000 元　D. 5000 元以上

12. 您是否参与政府就业培训以及获得的实际收获（　）。

A. 参与，更容易找到工作或已经找到工作　B. 不参与，找工作难

13. 你觉得政府应加大哪方面的职业技能培训？（　）。

A. 建筑业　B. 制造业　C. 生活服务业　D. 种植业　E. 交通运输业

F. 其他行业，如：________

14. 您认为政府扶持自主创业应该采取哪些政策？（　）。

A. 税费减免　B. 小额担保贷款　C. 创业培训

D. 信息咨询和市场推广扶持　E. 政策优惠　F. 其他

15. 您就业（创业），希望政府在哪些方面给予支持？（　）。

A. 开展实用的，有针对性的从业技能培训

B. 对创业、经营提供低息或免息贷款

C. 制定易地扶贫搬迁移民或贫困户优先就业的政策优惠

D. 加大对企业用工的劳动保护监管力度

E. 进行就业指导，提供丰富及时的就业信息

F. 对创业、经营提供技术指导和帮扶

G. 对创业、经营提供优惠政策（如减免税收，降低从业门槛等）

（设计者为贵州大学公共管理学院 2020 级 MPA 专业学生朱一俐）

无结构式访谈又称“非结构访谈”或“非标准化访谈”，事先不制定统一的问卷、表格和访问程序，只给被访问者一个题目（或主题），让其就这个题目自由发言。

例如，要想了解大学生关于“对大学生来说什么是成功”的问题，就可以将该题目抛出来，让大学生们自由发言。下面是他们的一些看法。

我认为一个人有自己丰富的生活并且有能力守护家人、朋友甚至可以为社会做贡献就算成功。因为人是无数社会关系的总和，人类要发展就必须优先解决生活条件上的问题，当一个人解决了自己的吃穿住行等问题后还能去帮助别人时，他就是成功的。（S1）

成功就是在社会价值认可的前提下得到自己想要得到的东西，从而获得自身的满足。但是每个人想要得到的东西不同，所以每个人的成功是不一样的；也正是因为每个人的成功是不一样的，所以我所理解的成功是宽容的、宽泛的；又因为我理解的成功是宽容的，所以从某种意义上来说我认为的成功就是没有失败，要把那些自我认为既没有成功也没有失败或者说正在追求成功的人纳入成功的范畴。我个人想要的成功是得到一份宁静的、平凡的生活。（S2）

我对于成功的界定是有变化的，以前就认为大概是有钱吧，并且能受到他人的尊重与重视。现在我认为，成功并不需要他人帮助我来界定，我对这世上任何一个人来说，都是独立的、独一无二的，能让自己感受到快乐（当然是在法律和社会规范的范围中）满足，最好能让他人通过我的行为感到快乐与满足，那我便是成功的了。（S3）

我认为成功是“做自己喜欢的事”和“积极正向地改造世界”。因为大多数人所认为的成功都是理想大学、高薪工作、出国留学等。这些皆为描述人生各个阶段的成功的特征词，但这些都是阶段性的，而做自己喜欢的事是长期的绵延，甚至一生忠于一事，且能在其中不断汲取力量的一种生命状态。我认为成功的人生在“成”更在“功”，“成”是达到了最终的结果，但往往也只是结果。而在追求“成”的途中，所见的风景、所积淀的种种汇于“功”，那才是成功的意义。也正是因为能追寻目标，在过程中做自己喜欢的事，去探索世界，对世界保持憧憬，在此过程中既收获了自己的积淀，得到了身心的愉悦，在达到“成”的境界时给世界带来了自己或多或少的积极正向的贡献。正如哲学家所说的，人在世界上就有两个任务:“认识世界”与“改造世界”，于己为优，于外部世界也为优，所以我认为成功是“做自己喜欢的事”和“积极正向地改造世界”。（S4）

一般来说，结构式访谈由于高度标准化，因此搜集资料高效迅速，能够在短时间内掌握大量的研究对象的信息，这是结构式访谈的优点。但是，正因为高度标准化，所以运用结构式访谈获得的资料的深度不够，因此结构式访谈往往运用于定量研究。

质性研究运用的深度访谈则可能会运用半结构式访谈或无结构式访谈。半结构式访谈是介于结构式访谈与无结构式访谈之间的访谈方法。在访谈之前制定比较灵活、粗略的访谈提纲，访问员围绕该提纲询问，并通过追问的方式来丰富访谈资料，针对不同对象搜集不同的资料。在这种访谈方式中，访问员在多数情况下无法事先确定应该问哪些问题，访问员的问题取决于受访对象的回答。因此，这是一种倾向于无结构式访谈的半结构式访谈。

半结构式访谈法是由访问者确立对话的方向，再针对受访者提出的若干特殊议题加以追问。为了使研究者在有限的时间内识别关键性问题，第1轮首先对资深瑜伽爱好者Y06和拳击爱好者B01进行了访谈，从中筛选出合理有效的访谈提纲和访谈方向。第2轮采用筛选过的半结构式访谈提纲对其余访谈对象进行访谈，对于关键信息及时进行追问和挖掘。

（熊欢、王阿影:《性别身体的挑战与重塑——健身场域中女性身体实践与反思》,《上海体育学院学报》2020年第1期）

在一些民族志研究中，由于某些因素之间的联系对研究者来说太过于隐蔽，制定了访谈提纲可能反而会阻碍有效信息的获取，研究者就可能更多运用没有任何预设的纯粹的无结构式访谈。还有一些研究，研究者会把结构式访谈和半结构式访谈结合起来。在询问受访对象的人口学特征（年龄、职业、文化程度、收入情况、婚姻状况、民族等）时，会使用标准化的问卷，在询问研究的主题时，则使用半结构式的访谈提纲。这种访谈法是更倾向于结构式访谈的半结构式访谈，有别于前面提到的倾向于无结构式访谈的半结构式访谈。

二、质性访谈的分类维度

（一）质性访谈的范围：狭窄还是宽泛

质性访谈虽然是访问员和受访对象集中在一个主题上进行对话，但主题有宽泛和狭窄之分。如果访问员想要了解同学们去基层做志愿者的体验，访谈就会非常宽泛，询问的问题比较开放，可能会从“作为一名志愿者，有什么不一样的感觉”这样的问题开始，然后会要求受访对象描绘在做志愿者期间的一些具体的经历和事例。如果想要了解同学如何面对（应对）老师的批评，访谈的范围就会狭窄得多。有些访谈是为了澄清概念，访谈范围就更狭窄。例如，想要了解在中国文化中母亲意味着什么，就是一个范围很窄的访谈。

有时候，同一个主题，内部也可能会有宽有窄。例如，在中国生育政策调整的背景下，做一些关于生育的研究。看上去主题都是“生育”，如果要了解育龄女性的再生育行为，也就是“是否要再次生育，以及为什么生和为什么不生”，访谈的范围就比较宽泛。但如果要了解育龄女性的生育体验，也就是“生孩子时是顺产还是剖宫产，生孩子时自己的感受如何，如何看待在产房中的自己”等问题，访谈的范围就比较狭窄。

下面的访谈提纲设计的目的是了解大学生对自己未来的规划，因为只考虑就业情况，所以是范围比较窄的访谈。试着设计一份了解大学生未来的人生规划的访谈提纲，比较一下针对就业规划与针对人生规划的访谈范围的差异。

① 请问你所学的专业是什么，你觉得难度如何，你喜欢这个专业吗？

② 未来一年有什么打算吗？

③ 你会考虑考研继续深造吗？为什么？

④ 面对“考研热”，你有什么看法？

⑤ 如果不继续深造，你准备考公务员吗？为什么？

⑥ 考公务员的话，是参加国考还是省考，有什么计划吗？

⑦ 如果不考研，也不考公，你准备干什么？

⑧ 你对未来的工作有什么期待吗？（工资，前景，社会地位，工作稳定，挑战性，就业城市地域，专业是否对口等）

（设计者：贵州大学公共管理学院行政管理专业2020级学生安孝凤、胡艺馨，内容略有修改）

（二）质性访谈的目的：致力于理解意义、描述事件或过程

质性研究最关注的是两类事物，一是意义及对意义的理解、解释，二是具体的以细节呈现的事件的过程。在具体的质性访谈中，有些更关注意义，有些则更关注过程。

据报道，生活在格陵兰岛的因纽特人自杀率非常高。许多人类学家对此进行了关注，美国人类学家弗洛拉是其中的一员。弗洛拉在田野调查中不断访问因纽特人朋友："他们为什么会自杀？"得到的答案基本上都是"不知道""（自杀）就这么发生了""（自杀）很正常"。显然，关注意义，而不是过程，才能更好地理解因纽特人自杀的最终原因。弗洛拉最后发现，对于因纽特人来说，亡者的灵魂会转世回到族群，而成为野人，脱离了整个社会，就不能转世再回到族群，这就是因纽特人意义上的自杀。弗洛拉所做的关于自杀的访谈，就是探究意义而不是过程的访谈。❶

如果探讨一个事件或项目的发生过程、具体步骤和实施情况，则更可能使用关注过程的质性访谈。例如，孙萍想要了解平台中外卖送餐员的劳动实践，特别是数字平台的算法管理如何实现平台经济体系对数字劳动的规训，为此，她访谈了外卖员、外卖平台的首席管理（CSO）、数据研发团队首席架构师和工程师、人力资源管理人员和送餐外包公司负责人等对象。孙萍所作的访谈是更关注过程的访谈。❷另外，揭示模式、机制等内容的访谈也主要是关注过程的访谈。访谈的分类维度不是绝对非此即彼的，有许多访谈，可能既关注理解与意义，也关注行动与过程。

---

❶ FLORA J. The Lonely Undead, and Returning Suicide in Northwest Greenland［M］//L BROZ, D MUNSTER.Suicide and Agency：Anthropological Perspectives on Self-destruction，Personhood and Power. London：Routledge，2015.

❷ 孙萍．"算法逻辑"下的数字劳动——一项对平台经济下外卖送餐员的研究［J］.思想战线，2019（6）.

三、根据访谈范围和访谈目的划分的质性访谈的类型

将访谈范围和访谈目的两个维度综合起来，可以把质性访谈分为9种类型，分别是澄清概念、理论阐明、民族志的阐释、离职访谈、口述史与组织文化、生活史、调查式访谈、行动研究与评估研究、阐明式个案研究，见表4.1。下面介绍差异最明显的四种。

表4.1 质性访谈的类型

论题范围	狭窄的论题幅度	介于狭窄和宽泛之间	宽泛的论题幅度
论题集中于意义和框架	澄清概念	理论阐明	民族志的阐释
意义和框架、事件和过程之间	离职访谈	口述史与组织文化	生活史
论题集中于事件和过程	调查式访谈	行动研究与评估研究	阐明式个案研究

资料来源：赫伯特·J. 鲁宾，艾琳·S. 鲁宾. 质性访谈方法：聆听与提问的艺术［M］. 卢晖临，连佳佳，李丁，译. 重庆：重庆大学出版社，2010：5.

（一）澄清概念

在同一个环境中生活、工作的个体会在长期的交往、互动中形成某些共享的专有的术语，并用这些专有词汇来描绘、解释、谈论周围的人和事件，局外人则很难真正明白其含义。弄清楚这些被内部人共享的专有词汇的含义，就能够增进对该群体的理解。弄清楚这些专有词汇的过程，就是澄清概念。在林凯玄进入深圳龙华三和人力资源市场观察、访谈那些打零工的年轻人时，发现了他们频繁使用的专有名词。如果不能弄清楚这些词汇的意义，就可能很难理解他们的境遇。

在青少年群体中，存在一些共享的专有词汇，如“大聪明”“你在教我做事”“修罗场”。这些词汇在其他群体中不会用，或者虽然使用，但意义完全不同。青少年群体还会使用一些意义非常相似的词汇，如“躺平”“摆烂”“划水”。笔者一度以为这三个词汇意义相同，可以混用。经

与青少年访谈，才知道三个词汇是有区别的，“躺平”包括“摆烂”和“划水”，“摆烂”和“划水”虽然都有“躺平”的意义，但“摆烂”毫不掩饰自己的“躺平”状态，“划水”则尽力掩饰自己的“躺平”状态。老师布置作业以后，学生不交是“摆烂”。学生交作业了，但敷衍了事完成是“划水”。弄清楚这些词汇的含义，是理解青少年生活状况、生活境遇的一个捷径。

（二）民族志的阐释

民族志研究是文化人类学最传统的研究方法，是对一个群体、一个村庄、一个社区的全部生活方式的深度刻画。民族志研究重点关注仪式、事件背后的规则、规范、传统、观念、价值观体系，以及这些规则、规范、传统、观念、价值观体系如何相互作用并成为一个整体。民族志的阐释则围绕着上述内容来进行访谈，议题宽泛，并关注更深层次的意义建构。

美国人类学家欧爱玲教授以广东梅县一个客家乡村——月影塘作为田野点，探讨中国农村道德文化的状况及变迁，如良心、家庭美德、人情债，等等。欧爱玲通过对村民们的访谈，对中国农村的道德话语进行深度剖析，就是典型的民族志的阐释。[1]

美国人类学家南希·谢帕－修斯想要弄清楚为什么位于巴西西部邦吉苏小镇的一个名叫阿尔托多克鲁塞罗的棚户区有畸高的儿童死亡率，仅仅1965年，这个棚户区有150～350个孩子死于饥饿或脱水。[2]谢帕－修斯想要揭示的，不只是儿童高死亡率的直接原因，更主要是其背后的社会、

❶ 欧爱玲．饮水思源：一个中国乡村的道德话语［M］．钟晋兰，等译．北京：社会科学文献出版社，2013.

❷ SCHEPER-HUGHES N. Death Without Weeping: The Violence of Everyday Life in Brazil［M］. Berkeley: University of California Press, 1992: 23.

经济、政治、文化状况。她关注的是与儿童高死亡率相联系的巴西当时的社会环境、国际关系、经济体制，以及与母爱相关的一系列价值观体系，为此，她访谈了大量的当地人特别是女性，运用的质性访谈法就是民族志的阐释。

无论是在种植园工作还是在富人家工作，阿尔托多克鲁塞罗的妇女们都不得不将婴儿（甚至是新生儿）留在家中，或者无人照顾，或由兄弟姐妹照看。有时甚至需要照看的婴儿比承担照料职责的孩子还要多。阿尔托多克鲁塞罗生活的经济现实对婴儿护理的这些限制导致了极高的婴儿和儿童死亡率。对于一个年轻而天真的北美人来说，情况令人恐惧，正如在这篇期刊文章中所描述的：烟雾弥漫的小屋满是苍蝇，饥饿的蹒跚学步的孩子和饥饿的山羊争着吃地面上的锡盘子里的剩饭。男人们脱光衣服，露出凹陷的胸，吸吮着烟草，以平息内心的怒火和痛苦。……

我的研究和这本书的核心论点是阿尔托多克鲁塞罗的爱与死亡，特别是母爱与孩子的死亡。这一论点是关于物质和心理上的文化和匮乏，以及这些匮乏对道德思考和实践的影响，特别是对“母性思维”的影响。“母性思维”是我从萨拉·鲁迪克那里借来的一个术语。我想知道，在保持下面这些术语最广泛的意义而言，长期的饥饿、疾病、死亡和丧失了爱、信任、信仰的能力，会有什么影响？如果像一些生物进化和发展心理学家以及一些文化女权主义者所认为的那样，母爱是一种“自然的”，或者至少是一种可以期待的女性剧本，那么对于那些因匮乏和死亡而让爱变得疯狂的女性来说，母爱又意味着什么？

（Scheper-Hughes，N. Death Without Weeping：The Violence of Everyday Life in Brazil.Berkeley：University of California Press，1992，p.10，15）

（三）调查式访谈与阐明式个案研究

调查式访谈将关注点放在特定的时间、空间或某种具体情况下，探究到底发生了什么。例如，如果警察、法官、律师想要知道某一宗谋杀案的真相到底是什么，就会围绕着谋杀案的各种具体细节进行访谈。这种访谈论题狭窄，只关注与谋杀本身相关的细节，重点集中在事件本身及事件发生的过程，就是典型的调查式访谈。

阐明式个案研究也将访谈的重点集中于事件与过程，但其议题更加宽泛。就前面提到的谋杀案的例子而言，警察、法官、律师进行的是调查式访谈，只关注嫌疑人是不是的确犯罪了，犯罪的手段有多凶残，等等，以决定量刑或如何为其辩护。社会学家或人类学家对谋杀案的关注就会超越法官、律师关注的范畴，不仅要知道嫌疑人是否犯罪、如何犯罪，还要弄清楚犯罪或成为犯罪嫌疑人的个体经历及社会文化背景。

同样是关注犯罪的原因，法官、律师关注的是实践的导火索，即哪一个事件或行为引起了该事件（在上述的案例里，也就是谋杀）的发生，是因为仇恨，还是因为感情纠葛，或者是因为经济利益？社会学家、人类学家、犯罪学家关注的则是更深层次的社会、文化、政治、经济原因。如果是感情纠葛，可能会进一步从个体的成长经历、家庭背景等方面来寻找深层次原因；如果是经济利益，则可能根据具体的细节来确定进一步的调查方向，整个社区的产业结构、经济发展水平、若干个体构成的社会经济地位网络，都可能成为寻找深层次原因的一个方向。下面是美国的犯罪学家斯科特·波恩对连环杀手的调查内容，他关注的是个体的成长经历，以便更好地理解为什么一个人会成为连环杀手。他针对这一主题的访谈，就是阐明式个案研究。

2013年3月13日，星期三，我花了将近五个小时，一对一地与这个名字仍然在我们的社会中引发巨大恐惧的人访谈。他给了我一次难得的，我永远不会忘记的深度访谈……

我相信伯科维茨是被对撒旦和神秘主义的痴迷所驱使，而这种痴迷在1974年他退伍后不久就开始了。1971年，18岁的伯科维茨加入了军队，希望在经历了一个麻烦不断的和孤独的青年时期后，能够找到人生的目标和方向。不幸的是，他在军队中的时光让他感到更加不满足和孤独。21岁退伍回家后，伯科维茨仍在寻找人生的意义和目标，于是转向了撒旦和神秘主义。在饱受折磨和充满妄想的头脑中，撒旦给了伯科维茨一个新的人生目标。他相信撒旦会把他从情感上的痛苦和孤独中解放出来，作为为魔鬼杀人的报酬。

（Bonn，S. Why We Love Serial Killers. New York：Skyhorse Publishing，2014，p. 298，302）

（四）其他的一些质性访谈分类

有些研究者则把访谈分为计算机辅助式访谈、焦点小组访谈、事实性访谈、概念性访谈、叙事性访谈、推理性访谈、对抗式访谈等。[1]

计算机辅助式访谈通过网络进行，访问员通过网络媒介，如微信、QQ或电子邮箱，向受访对象发送问题然后等待回复。在虚拟民族志中计算机辅助式访谈有很好的应用，当然其缺点也是显而易见的，可能因为沟通不畅无法获得丰富的信息，也可能因为缺乏身体语言而使信息出现偏差。

焦点小组访谈是由主持人引领的焦点小组通过交流、信息碰撞而获得

[1] 苛费尔，布林克曼．质性研究访谈［M］．范丽恒，译．北京：世界图书出版公司，2013：159-171.

资料的过程。事实性访谈关注事件的发展过程或事情的真相，类似于前面提到的调查式访谈。概念性访谈致力于澄清概念，类似于前面提到的澄清概念。叙事性访谈则关注受访对象所讲述的故事，关注受访对象视角对意义的看法和理解。推理性访谈高度关注访问员与受访对象的互动。对抗式访谈则关注访谈中的矛盾和冲突维度。

第二节　质性访谈的准备

一、文献方面的准备

在准备访谈之前，研究者必须对涉及自己拟访谈的主题的相关文献有所了解。最重要的是知道该相关议题有哪些人研究过，他们有哪些结论，结论是如何获得的，还有哪些问题存在。通过阅读大量的文献，可以在访谈时有意识地与现有研究进行比较，并对现有研究进行推动。如果完全没有文献方面的准备，可能的情况是拿不到有建树的资料，通过询问获得的答案只是一些老生常谈的内容。

早期的扎根理论家推崇访谈前不阅读任何文献，以免文献带来的先入之见“污染”了田野资料，这种说法遭到了一些研究者的批评，有学者提出“开放的大脑不等于空白的大脑”就是有力的反驳。[1]后期的扎根理论家们也做了调整，认为研究之前阅读文献是必要的。

还有一些研究者认为，在访谈前不仅要有相应的文献准备，还必须通

[1] DEY I. Grounding Grounded Theory［M］. San Diego：Academic Press.1999：251.

过前期文献的阅读具备一定的理论素养，才可能在访谈中敏锐地捕捉到重要的信息。这对于研究者在文献方面的准备要求就更高了。

访谈中的三种声音

叙事研究工作需要“对话式地倾听”（dialogical listening）至少三种声音：以录音或文本呈现的叙述者的声音；提供诠释之概念和工具理论框架；对阅读和诠释的反思性监控，也即对分析资料和获取结论过程的自我意识。随着研究的开展，活故事的听者或读者进入与叙事互动的过程，并变得对叙述者的声音和其所表达的想法敏感起来。通过对叙事的阅读和分析，假设和理论产生了。而且它们以一种与格拉斯和施特劳斯所提出的“扎根理论”概念类似的循环运动，使个人理解不断地螺旋式上升，修正着原来的理论假设，进一步丰富了阅读。

（艾米娅·利布里奇、里弗卡·图沃·玛沙奇、塔玛·奇尔波：《叙事研究：阅读、分析和诠释》，王红艳译，重庆：重庆大学出版社，2008 年，第 9 页）

利布里奇等研究者提出，在进行叙事研究类型的访谈时，应该听得到三种声音，其中的一种是“提供诠释之概念和工具理论框架”，而要获得“提供诠释之概念和工具理论框架”，就需要阅读之前的文献，进行文献方面的准备。

总之，在质性访谈之前做好文献的充分准备非常重要，由于第二章已经详细介绍了文献的搜集资料及呈现等内容，这里不再赘述。

二、访谈对象的招募

（一）哪些人比较合适做访谈对象

访谈对象不是随意确定的，在招募访谈对象之前，必须确定访谈对象具有如下四项条件。

第一，经验。访谈对象在研究课题或访谈的主题方面具有丰富的经验。

假定研究者要做一项关于怀孕体验的研究，通过怀孕的体验来揭示“母职”对女性主体性的建构或者剥夺，找没有怀孕经验的女性来访谈就不合适，找怀孕女性的配偶来访谈也不合适。尽管他们也可能有关于怀孕的体验，如看到怀孕女性上公交车时步履蹒跚的样子，听到怀孕女性抱怨自己的各种不方便，等等，但这种体验与怀孕者本身的体验相比，丰富性肯定是不及的，怀孕以后的内在感受也是缺乏的。因此，应该寻找有怀孕经验的女性作为访谈对象。

第二，意愿。访谈对象愿意提供真实的经验，而不至于撒谎或者表演。

有些个体行为非常谨慎，不愿意给研究者透露任何相关的信息。这有可能是研究者与访谈对象没有建立融洽的信任关系所致，也可能是访谈对象的个性所致。如果是前者，研究者就应该思考如何更好地获得访谈对象的信任，如果是后者，研究者只能放弃该对象，去寻找更愿意表达自己真实体验、真实想法的访谈对象。

第三，表达。访谈对象具有语言表达能力，能够准确地表达想法和信息。

访谈对象一定要具备相应的语言表达能力，能够与研究者进行有效的沟通，访谈才有可能获得相应的资料。因此，对于一些独特的调查对象，访谈法就不合适，如对幼儿的研究，就不应该用访谈法。在笔者儿子上幼儿园的第一天（那个时候他两岁多），晚上回家以后，笔者询问他："今天你们在幼儿园做什么了呀？"他的回答是："坐着一动不动。"这显然是不可能的，因为担心他第一天上学不适应，笔者在幼儿园看着他吃完了早餐，等老师带着他们去院子里做游戏，笔者才回家的。但孩子不会撒谎，我后来才弄清楚，他之所以回答说"坐着一动不动"，是因为他不知道从什么时间到什么时间可以被称为"今天"。他以为幼儿园老师让他们乖乖坐着等家长来接的那一段时间就是"今天"，所以告诉笔者他今天在幼儿园坐着一动不动。由于幼儿缺乏有效沟通能力，针对这一类的调查对象，只能选用其他方法——如观察法——来进行研究。

第四，关系单纯。应尽量避免与访谈对象有专业的或特殊的关系。

受访对象与研究者应该有某种联系，才容易形成融洽的访谈关系。但是，如果两者之间存在某种专业的或特殊的关系，看上去容易形成融洽的关系，但恰恰不能进行有效的沟通，很难获得有效度、有信度的访谈资料。例如，师生关系、上下级关系等，就不太适合作为访谈的双方。

（二）如何寻找访谈对象

在受访对象满足条件以后，需要考虑的问题是去哪里找到他们，笔者一般的做法是把熟人的熟人作为受访对象，通过熟人介绍找到受访对象。

如果找完全陌生的对象作为访谈对象，可能就在建立信任关系方面有难度。例如，访谈对象不信任访谈员，认为访谈员会给自己的生活造成不良影响，就不可能获得高质量的资料。更糟糕的是，受访对象可能拒绝访谈。下面是美国社会学家文卡特斯在芝加哥一个贫困的黑人聚居区所做的研究，由于最开始打算寻找陌生人作为访谈对象，研究非常不顺利。

我开始寻找年轻黑人（作为访谈对象）。我在芝大的图书馆翻检了人口普查资料，以寻找一个年龄主要分布在16至24岁之间的黑人居住区。湖泊公园计划区似乎不错，至少在资料上是如此。我随机选择了4040号大楼，在我打印的人口普查资料上标出了年轻人居住的公寓。

走过入口通道以后，里边更黑暗了。我能够分辨出哪里是电梯，但是在其四周一片漆黑，也找不到按钮。我觉得自己仍被注视着，应该快点按下按钮，但是四周摸索了一下，却一无所获。然后我开始寻找楼梯，也毫无发现。我的左边是某种巨大的障碍物，但是我非常害怕，不敢绕过它。我的右边是一条走廊。我决定走这条路，想要找到楼梯，或者至少是一扇可以敲的门。在我转身的时候，一只手抓住了我的肩膀。

“干什么呢，哥们儿，你来这儿有事吗？”他二十多岁，大约和我一样高，一样黑。他的声音深沉有力，冰冷无情，好像他经常问同一个问题。他穿着宽松牛仔裤，肥大的夹克，以及戴着一顶棒球帽。他的耳环闪闪发亮，门牙上的金饰也是一样。还有其他几个年轻人，一样的穿着，都站在我身后。

我告诉他们我来这里入户访谈。“这里没有人住。”他说。

“我在为大学做一项研究，”我说，“我必须去610室或者703室。”

“很久都没有人住在那些公寓里了。”他说。（“好吧，那你介意我上去敲一下门吗？”）（“没错，我们很介意。”他说。）

我又试了一次，“可能我走错楼了。这里是4040号吗？”他摇着头说，“没有人住在这儿。所以你找不到人访谈的。”我决定最好离开。我往回走，穿过大厅，手里拿着我的包和记事板。我走出大楼，穿过了一片开阔的草地。草地上的草都已经枯萎，其间乱丢着汽水罐和碎玻璃。我转过身，回头看这栋建筑。其中有许多窗户是亮着的。我很好奇，为什么我的新朋友刚才坚称这栋楼里没有人住。我后来才得知，这是帮派成员的例行回答。他们会以这样的方式回绝所有的访客："没有叫这个名字的人住在这里。"他们会尽力阻止社会工作者、学校老师以及维修人员进入这栋楼，以免打断他们的毒品交易。

（素德·文卡特斯：《城中城：社会学家的街头发现》，孙飞宇译，上海：上海人民出版社，2015 年，第 12、14、15 页）

因此，访谈对象一般都是通过熟人介绍，因为有了熟人作为中介，访问员与受访对象的信任关系比较好建立。同时，因为访问员与受访对象之前不认识，没有特殊的关系，减少了受访对象的顾虑，受访对象愿意畅所欲言。因此，我自己就偏好找"朋友的朋友"作为受访对象。不过，对于一些不太好找的特殊访谈对象，只能通过在报刊、网络上招募的方法寻找陌生人作为受访对象，如李银河对丁克家庭及自愿独身者的访谈，由于这种特征的受访对象不好找，李银河就采用了在报刊上招募陌生人的方法来获得受访对象。

由于自愿不育者和独身者在人口中所占比例太小，研究不得不放弃随机抽样的方法，而采用非随机抽样的方法进行。具体做法是，首先在报上刊登广告，征集自愿不育者和独身者参加调查。由于这些人的朋友熟人中往往有作出相同选择的人，再通过他们的介绍找到那些人。

（李银河：《生育与村落文化》，呼和浩特：内蒙古大学出版社，2009 年，第 24 页）

有时候，一些机缘巧合也会让我们自然地认识一些受访对象，这种情况下，也不一定需要熟人介绍。例如，加入一个社团、参加一个旅行团、在歌友会上共同参与活动，都会让访谈者有机会认识一些陌生人，这些对象因为和访谈者有共同的活动，会有一定的信任，将他们纳入受访对象就不需要熟人介绍。

三、其他的一些准备

（一）访谈地点与时间的确定

访谈地点的确定有两个原则，第一个原则是选择受访对象觉得方便的地方，第二个原则是选择访谈不易受到干扰的地方。基于第一个原则，访谈地点可能会选择在受访对象的家里，受访对象的办公室，受访对象经常会光顾的咖啡屋、茶室、餐馆，等等。

第二个原则有两个要求。一是要求周围的环境比较安静，只有环境非常安静，受访对象才能够专注于访谈；二是要求没有其他相关人员的干扰。其他相关人员的在场，会给受访对象造成某种顾虑和压力，从而因为考虑到这些相关人员的感受而遣词造句，不能畅所欲言。

例如，笔者的博士论文选题是《生育政策调整背景中的城市家庭二孩生育决策——基于 23 个家庭的质性研究》，资料搜集的主要方法是质性访谈。本来打算招募三种类型的受访对象，第一种是生了一个或两个孩子的育龄女性，第二种是生了一个或两个孩子的育龄男性，第三种是将生了一个或两个孩子的夫妻两人都纳入进来分别进行访谈。访谈同一对夫妻可以更好地了解家庭内部不同主体的想法如何最终被一体化的，同时还可以对夫妻俩的访谈资料进行比较来考察资料的信度。但是，当访谈对象是同一对夫妻时，他们往往选择在同一地方同一地点访谈，即有配偶在场。在这种情况下，更有话语权的一方就掌控了访谈的局面，即使笔者明确表示受访对象目前已经转换，但强势的一方会时不时插话，而另一方则不断附和，无法获得有质量的资料，后来就取消了这一类的受访对象，或将其补充到前两类中来。

访谈地点的确定还有一个需要注意的问题，就是访问员与受访对象的位置安排。如果在咖啡馆、茶室、餐馆等专门的聚会地点，就用自然的朋友相聚时可能采取的位置安排；如果是在家里或办公室，座位的安排也要采用自然的状态。一般来说，受访对象与访问员成 90 度直角比较好，既保证了两者的目光接触，有利于访问员控制访谈过程，又不会直勾勾地看着受访对象，给受访对象过多压力。

访问的时间也以受访对象的方便为主，最好能够在受访对象有大段自由时间的时候进行访谈，如果受访对象只有半小时的空闲时间，可能就无法有效地进行访谈。另外，访谈的时间还要根据访谈的轻松程度、访谈主题的宽泛程度及受访对象对主题的熟悉程度等特点来确定。一般来说，访谈以 1 ~ 2 个小时为宜，时间太短可能挖掘不到深度的资料，时间太长会让受访对象感到疲倦。

（二）了解受访对象的基本情况

在访谈之前，应该先要对受访对象的基本情况进行了解，如受访对象的宗教信仰、性格特征、受教育程度、职业、禁忌、生活经历、家庭成员情况等。

第一，了解受访对象的基本情况，可以寻找访问员与受访对象的共同点，避开受访对象的禁忌话题，从而拉近两者的距离，便于建立融洽的访谈关系。例如，受访对象有一个正在上幼儿园的孩子，儿童教育可能是她非常感兴趣的话题，如果访问员也有一个同龄的孩子，两人对儿童教育的关心就是一个共同点。谈一谈类似的话题，就会让受访对象倍感亲切，更愿意与访问员分享自己的经历、观点和感受。如果没有直接共同点，也可以用间接的共同点来拉近关系。例如，访问员本人没有和受访对象孩子同龄的孩子，但访问员的哥哥、姐姐或其他亲戚家有同龄孩子，谈一谈这些孩子的教育情况，也可以拉近访问员与受访对象的关系。

第二，了解受访对象的基本情况，可以根据受访对象的基本情况调整访谈的策略。就受访对象的性格来说，如果受访对象性格孤僻，不擅长也不喜欢与别人交流，访问员就应该耐心诱导、逐步深入地提出问题；如果受访对象性格爽朗，则可以开门见山、单刀直入地提出问题。就受访对象的文化程度来说，如果受访对象文化程度比较高，就可以在访谈中运用一些受访对象常用的比较专业的词汇；如果受访对象文化程度低，就尽可能使用简单的日常口语。

第三，对受访对象的情况做充分的了解，有利于在搜集资料时辨别真伪，提升资料的信度。当受访对象对某些问题进行掩饰的时候，可以运用其他提法，引导受访对象做出真实的回答。

（三）工具准备

访谈之前需要准备相应的一些工具。最基础的访谈工具，就是笔和笔记本，访问员要用笔和笔记本把受访对象重要的谈话内容记录下来。用传统的笔和笔记本进行人工记录存在一定弊端：一方面，访问员没有办法实时、完整地记录全部的谈话内容；另一方面，如果访问员耗费了大量的时间、精力去进行记录，就可能会影响访谈的效果，因为质性访谈并不是简单地拿着提纲问问题，访问员必须同步消化受访对象的回答，并不断地根据受访对象的回答确定下一个问题应该问什么。解决这一问题的最好方式是对访谈进行录音，这就需要准备录音笔或者录音机等设备。需要注意的是，如果访问员想对访谈内容进行录音，一定要征得受访对象的同意才行。

有一些访谈，如口述史访谈，则可能需要做更多更复杂的工具准备。有一些口述史访谈小组会配备导演、摄像、录音等专业人员，会用到非常专业的摄像设备和录音设备等。因此，工具的准备不只是购买这些设备，还必须熟悉各种设备的操作技能。

第三节　制定访谈提纲

一、访谈提纲的结构

访谈提纲包括四个部分：介绍、开场问题、关键问题、结束问题。由于关键问题是针对访谈者重要信息的提问，其他部分会详细介绍，这里不再赘述。

（一）访问员对自己及访谈内容的介绍

在介绍部分，访问员应该首先进行自我介绍。除了表述自己的身份以外，还可以说明自己与中间人之间的关系（中间人即介绍访问员和受访对象认识的人），以示对受访对象的尊重。访问员要说明此次访谈的目的，即访问员将要询问的是哪一方面的问题；要介绍访谈方式，以及资料如何使用，以打消受访对象的顾虑，否则受访对象会认为自己是因为什么特殊的原因被挑选出来而惴惴不安，就会影响访谈的效果。访问员还需要解释为什么要进行此项研究，让受访对象对访谈的必要性和研究的重要性有所理解，从而认真地配合访谈。下面就是一个质性访谈的介绍部分，旨在打消受访对象的疑虑，取得受访对象的信任，并最终获得高质量的访谈资料。

我正在写一本书，讲述母亲和父亲在孩子出生的头几年里如何应对怀孕和养育，以及他们可以利用的支持系统。如果你不介意的话，我会把这段对话录下来。这样我就可以倾听你说话，而不是做笔记。首先，我们会为你编造一个假名字，这样你的隐私就会受到保护。在这里你是专家，我是学习者。我会问一些一般性的问题，但是，即使我不问，你也可以谈论任何你觉得重要的事情。如果你不喜欢我的问题，你也不必回答。还有一件事，如果你不想被录音，我们可以关闭录音机，然后稍后再打开。……你准备好开始了吗？

（Edin，K.，Kefalas，M. Promises I can Keep：Why Poor Women Put Motherhood before Marriage. Berkeley：University of California Press，2011，p.583）

介绍也可以不用写进访谈提纲，而是直接与受访对象互动。因为所介绍的内容是访谈者熟悉的，与受访对象接洽之前就有了一些信息的传递，所以不一定需要特别的准备。

（二）开场问题

开场问题是一些与研究主题相关但比较宽泛的问题。开场问题的目的是让受访对象感到轻松，与受访对象建立融洽的关系，从而顺利地开始正式访谈。例如，关于双职工家庭中女性多孩生育决策的研究，开场问题可以是：

您带着孩子，又上班，忙得过来吗？

职场妈妈通常都面临工作—家庭冲突，这样的询问一下子触及了她们的敏感点，增加了她们对访谈的兴趣，她们会乐意分享观点和想法，之后的访谈就会得到她们更好的配合，获得更有信度且内容更丰满的信息。

开场问题可以是一个，也可以是多个。下面是关于贵州省安顺市屯堡地方戏剧传承情况访谈提纲的开场问题，受访对象是地方戏剧的传承人。

① 您平时做什么工作？（拉家常的同时，了解传承人的工作背景，看其工作背景与地方戏剧是否有关）

② 您接触地方戏剧有多久了呢？能说说起初是如何开始接触地方戏剧的吗？（了解传承人经历，同时了解地方戏剧的传承方式）

（贵州大学公共管理学院行政管理专业 2020 级学生郑紫琳设计。内容略有修改）

由于开场问题注重的是询问受访对象感兴趣的或关心的问题，访谈员的任务是在情感上接近受访对象，创造友好的气氛，以打开受访对象的话匣子，所以在形式上没有过多要求，如不一定必须是开放式问题，等等。

（三）结束问题

结束问题则是访谈即将结束时把受访对象拉回现实中的环节。由于访谈过程是受访对象与访问员共同合作来揭示、建构真相的过程，两者都可能会沉浸在访谈的内容中，特别是受访对象，可能会在访谈过程中因为想到某些情节而生成强烈的情绪，如果不将其拉回现实，是不符合访谈伦理的。这种时候，就可以询问一些轻松的话题，来淡出访谈，拉开访问员与受访对象的距离，并舒缓受访对象的情绪。例如，一项关于“对大学生来说，什么算是成功”的访谈，在结束时，就可以将“大学毕业以后，你有什么打算和计划”作为结束问题，从而避免受访对象一直停留在“某个事情没有做好”的负面情绪中。

另外，结束问题还需要为下一次的访谈做好铺垫。访谈和问卷不同，大部分问卷调查员接触调查对象都是一次性的，她们要一次性地搜集到所需要的资料，调查者与调查对象没有必要再一次接触。问卷本身也是匿名的，调查员很难了解哪一份问卷是哪一个调查对象填写的，所以问卷调查基本上不需要为下一次调查做好铺垫。而访谈涉及的内容比较多，是否完全搜集到某个受访对象的资料，需要完成访谈后多次整理分析资料才能确定。因此，很多时候会有对受访对象的二次访谈，这就需要在结束问题部分为下一次访谈做好铺垫，如告知如果发现遗漏会再次访谈等，让受访对象做好心理准备。许多受访对象对质性访谈并不了解，如果没有为下一次的访谈做好铺垫，当访问员再一次访谈受访对象时，会引起对方的反感或拒访，受访对象会质疑访问员的专业性。

二、区分访谈中的几种问题

访谈由问题与回答构成，而回答则由问题所引导，因此，访谈的问题决定了访谈的质量和访谈的成败，是研究中的灵魂。区分访谈中的问题并正确运用各类问题尤为重要。

（一）开放式问题与封闭式问题

封闭式问题是设置了答案的问题，开放式问题则没有设置答案。封闭式问题的答案可能是设计者设置的，也可能不是，有些问题的答案本身就没有太多可选项。例如，下面的问题 1 就是由设计者设置好了答案的问题，而问题 2 虽然没有设置答案，但调查对象仍然知道，只有两种答案可以选择。

问题 1：假如您爱上一位异性，会主动追求吗？

（A）会大胆主动追求

（B）会有所暗示，不太会主动

（C）什么都不做，等待对方追求自己

（D）不知道该怎么办

问题 2：你是学生吗？

问题 2 没有设置答案，但实际上的答案只有两种，“是”或者“不是”。所以问题 1 和问题 2 都是封闭式问题。显然，封闭式问题是让调查对象非常青睐的问题，因为非常好回答。但是，封闭式问题不能获得详细的多样化的资料。所以，这一类问题主要运用在统计调查的问卷中，作为对一般性的、概括性的资料的搜集。

开放式问题是没有标准答案的问题，如询问大学生“你为什么会选择这个专业”“拿到录取通知书的那一刻，你当时的心情是什么样的”，其答案五花八门，不利于标准化分析，因此很少运用在统计调查的问卷中，但由于能够获得非常丰满、详细的资料，所以在质性访谈中非常适合使用。

如果在访谈中大量运用封闭式问题而不是开放式问题，可能的结果是拿不到有深度的资料，短短的几分钟后，访问员与受访对象都无话可说，即所谓的“把天聊死了”。看看下面的例子，就知道开放式问题在质性访谈中有多重要。

关于"贵州大学学生阅读情况"的访谈提纲

① 你现在是大几的学生？

② 你坚持每天阅读吗？

③ 你喜欢电子书籍还是传统书籍？

④ 你每天花在阅读上的时间有多少？

⑤ 你喜欢阅读自己专业的书籍吗？

⑥ 相比专业书籍，你是否更偏爱于课外书籍？

⑦ 你是否经常去图书馆借阅与自己专业相关的书籍？

（贵州大学公共管理学院公共行政系《质性研究方法》课程作业）

随便找一个受访对象，试着运用上面的访谈提纲来进行访谈，体会一下封闭式问题与开放式问题的异同。

质性访谈偏好开放式问题，但并不是说，质性访谈中就不能有封闭式问题。质性访谈中偏向于结构访谈的半结构访谈，就会在访谈提纲之前设置一些类似于问卷中询问对象的人口学特征的问题，以了解受访对象的基本情况，这些问题就是封闭式问题。另外，在访谈提纲的主体部分中，也会出现封闭式问题，如下面的例子：

您和孩子关系好吗？

（如果好），请您谈一谈和孩子关系好的表现。

（如果不好），请您谈一谈和孩子关系不好的表现。

"您和孩子关系好吗？"是一个封闭式问题，答案只有"好"和"不好”两种，询问这个问题拿不到丰富的资料。但是，如果不询问这个问题，就没有办法询问后面的开放式问题“请您谈一谈和孩子关系好 / 不好的表现”。所以，质性访谈仍然可以询问封闭式问题，不过在主体部分询问的封闭式问题往往是开放式问题的前置问题，以引出后面的开放式问题。

（二）直接性问题与间接性问题

访谈中可以询问直接性问题，也可以询问间接性问题。直接性问题是直接要求受访对象说出自己的观点、看法，间接性问题则询问受访对象“其他人是怎么看的”，或者“某个群体怎么看的”。如果访问员与受访对象已经建立了信任关系，访谈问题是受访对象比较熟悉的，也不涉及隐私等，就可以提问直接性问题，如下面的例子：

① 为了防止家畜传染病的发生，您家采取了哪些相关的措施？

② 您作为家长是如何看待“双减”政策的？

③ 您在购买农副产品时主要考虑哪些因素？

当访谈问题涉及受访对象的隐私，直接询问就可能得不到有信度的信息，这种情况下就可以将直接问题转换为间接问题。倒如，一项关于大学生性行为的访谈，不要直接询问受访对象“你在大学期间有过性行为吗？”“你如何看待开放的性行为？”这一类问题，因为受访对象可能会认为，这些问题的某种真实答案会涉及研究者对自己有不好的道德判断，从而提供模糊的或虚假的信息。因此，将上述的直接提问转变为间接提问，“你觉得大学生们如何看待开放的性行为？”受访对象才可能开诚布公地给出真实的想法。

注意，如果能够询问直接性问题，尽量询问直接性问题，因为间接性问题一方面信息量可能会比较少，另一方面可能是受访对象不太了解的问题，从而不好回答。如上面的例子，受访对象可能会理解为询问其他大学生而不是自己的看法，而他不一定知道别人的想法，答案就可能是“不知道”。

另外，尽量创造从间接性问题过渡到直接性问题的契机，当受访对象对间接性问题的回答比较坦诚时，就可以抓住机会，顺势询问直接性问题。

访问员：你觉得大学生们如何看待开放的性行为？

受访对象：我周围的同学，不太能够接受这种开放的性行为。比如我就不接受。性和爱情应该要关联吧？爱情有排他性吧？怎么可能接受什么开放的性行为！

访问员：那你是如何看待开放的性行为呢？

受访对象：我认为这种关系可能是生活空虚的表现。一个人有许多男朋友、女朋友，有精力做点别的不好吗？干吗要到处撒谎、到处演戏，我不理解。两个人白头到老，多让人羡慕啊！

（三）研究问题与访谈问题

研究问题是研究者要通过访谈来回答的问题，更加具有学理性，是研究者运用理论性语言来表达的达到研究目的的问题。访谈问题则是研究者与受访对象进行沟通时使用的运用日常用语来表达的问题。一般来说，受访对象无法直接回答研究问题。因此，访问员必须将研究问题转化为受访对象可以回答的访谈问题。

如果研究问题是“家庭的二孩生育决策是怎么做出来的”，那么可以分解为以下访谈问题：

① 关于要不要生二孩的问题，你是怎么想的？

② 你家里人对此分别有什么意见？

③ 你如何知道他们有这些意见的？

④ 如果你和丈夫（或其他人）的意见不统一，后来是怎么协调的？

假如直接问研究问题，而不对研究问题进行分解，受访对象可能就不太理解访问员的意思，从而搜集不到需要的资料。可以设想，如果访问员问“你家的二孩生育决策是怎么做出来的”，可能的答案就是“没怎么做”“顺其自然”“我们都不想生”等模棱两可且没有细节的回答。

对于初学者，很容易犯将研究问题与访谈问题混为一谈的错误。例如，一篇题为《成都高新综合保税区海关通关监管模式研究》的论文，运用了质性访谈法，其针对成都高新综合保税区管委会及海关相关人员的访谈提纲列有如下问题：

① 请您谈谈成都高新综合保税区通关监管现状。

② 目前高新综合保税区发展的制约因素有哪些？

③ 请您谈谈成都高新综合保税区通关效率的影响有哪些？

④ 请您谈谈成都高新综合保税区通关监管政策调整的方向。

（贵州大学公共管理学院公共管理专业某学生的开题研究设计）

很明显，“成都高新综合保税区通关监管现状”“保税区发展的制约因素”“保税区通关效率的影响因素”“保税区通关监管政策调整的方向”等问题，都是研究问题而不是访谈问题，应该是研究者通过对访谈问题答案的整理来回答的问题，而不能直接询问受访对象。这些问题受访对象也不知道该如何回答，需要研究者的分析来完成。而如果一个研究问题可以通过直接询问受访对象来获得答案，就说明这不是一个好的研究问题，至少是一个研究深度不足或缺乏学理性的问题。

三、试访谈

访谈提纲制定好了以后，可以随意在受访对象中挑选 3 ~ 4 人作为访谈对象来进行试访谈，通过访谈对象的反馈及对访谈资料的整理评估访谈提纲。需要评估的问题有：

（1）受访对象能否立即理解访谈问题——问题是否有歧义，是否含糊不清。

例 1

你的父母是否会对你进行偏执的纠正?

分析：受访对象不知道这个问题指的是“你的父母是否很偏执，纠正了你本来正确的行为”，还是“你的父母是否纠正过你偏执的行为”。问题含糊不清，具有双重含义，受访对象不能理解问题，就无法很好地回答问题。

例 2

父母会有意培养你的兴趣爱好吗，有哪些?

分析：前半句的问题受访对象比较容易回答，但后半句的问题则不好理解、不好回答。受访对象不知道“有哪些”问的是“自己有哪些兴趣爱好”，还是“父母在培养自己的兴趣爱好方面有哪些行为”，就可能给出没有效度的回答。

（2）受访对象是否有足够的信息储备来回答这些问题——是否询问了受访对象没有能力回答的问题。

例 3

××社区在公共文化活动中扮演着什么样的角色？

分析：混淆了研究问题与访谈问题，受访对象不知道××社区在公共文化活动中扮演着什么样的角色，这个问题的答案应该是研究者通过询问受访对象其他的具体问题，如××社区开展了哪些活动、如何开展的，等等，然后对受访对象的回答进行归纳、梳理而得出。

例 4

您在家里扮演一个什么样的角色？您与家人相处的模式怎么样？

分析：在家庭中扮演的角色及与家人的相处模式应该是研究者询问其他问题来归纳的，是研究问题而不是访谈问题，受访对象不知道该怎么回答，直接询问就只能得出没有消息量的答案。如“您在家里扮演一个什么样的角色”，答案可能是“子女的角色”，而“您与家人相处的模式怎么样”，答案则可能是“相处得很好”，这实际上没有获得任何有价值的资料。

（3）相关词汇及语言习惯是否根据受访对象背景进行了调整——问题是否针对受访对象来组织词汇和语言。

例5

您如何评价社区的社会资本水平（主体间的信任、归属感、联系程度、资源链接）？

分析：受访对象不理解“社会资本水平”具体指的是什么，访谈者运用了试探问题进行澄清，这很好，但试探问题没有根据受访对象进行调整，比如物业管理人员，就不知道社区主体包括哪些。应该将“主体”转换为“物管与业主”“业委会与业主”“居委会与业委会”等具体对象。

例6

请评估下你家孩子的心理健康素养水平？

分析：这是一项关于“留守经历与农村儿童健康状况”的访谈，在访谈对象是农村留守儿童家长的情况下，询问“请评估下你家孩子的心理健康素养水平”就不合适，因为措辞没有根据受访对象的身份进行调整，受访对象不理解什么叫“心理健康素养水平”，无法给出答案。

（4）问题的顺序是否合理——问题顺序与事件的推进顺序必须一致。

在访谈的过程中，应该尽量依事情发生的实际次序来提问，才符合受访对象的思维习惯。如果询问受访对象组织乐队的过程，就应该先问开始组织乐队时的情况，再问乐队组织期间的情况，最后问乐队解散的情况。下面的例子就没有按照这一顺序来提问，所以不妥当。

例 7

年轻人自组乐队的原因和心态

① 你们如何认识？之前有没有参与另一队乐团？如有，为何结束？之前玩什么类型的音乐？何时开始玩音乐？

② 有什么音乐人影响你们？

③ 你们何时开始自组乐团 ？是否与以前生活经历有关？

④ 除了乐团练习之外，有无一起活动？

⑤ 在乐团表演过程中，有哪些令你印象深刻的事情？

⑥ 你们何时开始玩 Brit Pop？ Brit Pop 哪里好玩？

⑦ 好多青少年自组乐队，你认为是什么原因？

（资料转引自浙江师范大学教师教育学院王丽华老师的教学素材，原作者不详，见 https：//www.taodocs.com/p-26673765.html）

（5）搜集到的信息是否可以解答研究问题——问题是否有效度。

有时候，研究者觉得自己就是围绕着研究主题来设计访谈提纲的，但收集到资料准备分析的时候，却觉得根本就没有可以用的资料，一个原因就是问题没有效度，搜集到的信息没有办法解答研究问题。

例 8

《家庭关系与大学生的自我认知》访谈提纲

① 您的家庭关系和睦吗？

② 您的家人经常陪伴你吗？

③ 您认为您在家里扮演了一个什么样的角色?

④ 家庭在您的成长道路上帮助大吗?

⑤ 您认为家庭给您带来的有什么? 您怎么看待老一辈的经验论?

⑥ 您认为什么是家庭?

⑦ 您会主动构建一个家庭吗? 为什么?

⑧ 如果会,您会构建一个怎样的家庭,是跟现在一样的吗?

(贵州大学公共管理学院公共行政系“调查报告撰写方法”课程作业)

分析:上面的访谈以“家庭关系与大学生的自我认知”为主题。虽然问了很多问题,访谈问题与研究问题看上去也有一定关联性,但实际上访谈问题基本上不涉及“自我认知”,无法获得有效答案。该访谈提纲明显存在效度不足的问题。

(6)访谈耗时是否过长 / 过短 ——提纲是否太长或太短,是否应该追问的问题没有追问。

如果试访谈半小时左右就结束了,研究者就拿不到丰富的细节类的资料,这种情况下可以考虑再增加提纲的内容。如果初学者不能很好地判断,就看看转录的文本。一次访谈转录文本的字数低于 8000 字,就可能有很多重要信息被遗漏。

如果访谈耗时太久,则可能引起受访对象的反感,或受访对象很疲倦,就可以考虑去掉一部分效度不高的问题。

四、访谈提纲举例

下面是一份关于家庭二孩生育决策的访谈提纲,通过这个提纲,理解一下访谈提纲设计的思路和要求。

①您带着孩子，又上班，忙得过来吗？

②如果没有生育政策、经济压力等所有的客观条件限制，您想要生育几个小孩？

③对孩子性别的期待是什么？为什么有这种想法？

④如果受访者的答案是生育一个小孩，接下来询问“为什么想要生育第一个孩子？”“为什么不生育二孩？”如果受访者的答案是生育两个小孩，则分别问“为什么想要生育第一个孩子？”“为什么想要生育第二个孩子？”依此类推。

⑤当知道政策允许再生育一个孩子时，您的想法和感受是什么？

⑥您所知道的其他家庭成员对于生育二孩的看法和意见（按照家庭成员分别询问），以及您如何知道他们的看法和意见的？

⑦抚养第一个孩子时，有些什么花费？

⑧孩子的照顾任务是如何安排的？

⑨家里的家务是如何安排的？

⑩家里的财务是如何安排的？

⑪从结婚开始，双方老人对小家庭有些什么支持？

⑫请描绘一下您的工作。

⑬您对工作有什么样的感受及期待？

⑭能不能给我们描绘一下家庭日常一天的时间安排？平时是什么样的？周末又是什么样的？

⑮如果打算生二孩，目前做了什么样的准备？

⑯打算什么时候生？为什么？

上面的例子是笔者的博士毕业论文搜集资料时设计的针对育龄妈妈的访谈提纲，内容上有一些微调。问题①是开场问题，通过询问“您带着孩子，又上班，忙得过来吗？”来表达对职场妈妈的理解，提供情感方面的支持，以获得受访对象的共鸣。

问题②～⑤是考察受访对象的生育意愿。

其中问题③的设置，是考虑到之前的文献提到了生育的“地板效应”（Floor Effect）这一概念。[1] 与生育第一个孩子相比，生育第二个孩子会受到更多的外部条件的约束，绝大多数个体生育第一个孩子更像是一个自然的生物学过程，随着生育孩子数量的增长，生育行为更多地展示了社会经济制度及意识形态对个体的影响，是从生物学过程向社会学过程的演进，对二孩生育决策的探讨也就能够更好地理解个体的社会处境。

生育第一个孩子对许多人来说是一种生物学需求，也很难看出生育背后的社会经济及其他境遇，而生育第二个孩子则不一样，能够清晰剥离出生育的原因，因此就没有在封闭式问题②询问以后追加“为什么”来补充细节，而是用问题③来进一步澄清受访对象的看法。

问题⑥是考察受访对象的家庭成员对于受访对象要不要生二孩的看法和意见。一方面，在欧美的家庭生育决策研究中只考察了夫妻双方，我们想询问在中国的家庭生育决策中更多的家庭成员的情况来进行比较。另一方面，通过询问家庭成员的看法及各种看法的表达过程，了解中国家庭的生育决策是怎么形成的。

问题⑦～⑩的设置，是因为之前的许多文献都认为，经济压力和时间精力是育龄夫妇生不生二孩的重要考量，所以设置这些问题以便与其他文献对话。

[1] 赫希曼（Hirschman）提出，即使养育孩子的成本非常高，绝大多数的家庭仍然期望有一个或两个孩子。至少有一个孩子就像是个体生物性的内在的需求，很少会被外在的阻力和约束条件所改变，因此绝大多数个体要有至少一个孩子的现象被称为“地板效应”。见 HIRSCHMAN C. Why Fertility Changes［J］. Annual Review of Sociology，1994（20）：203–233.

问题⑪的设置，同样是因为之前的文献呈现出东西方差异，个体主义文化浓厚的西方文化中家庭生育决策只涉及夫妻双方，而在集体主义文化浓厚的中国，生育决策可能会涉及祖辈。一些文献也提出，祖辈帮不帮忙是一些家庭要不要生育二孩的重要考量，因此设计了“从结婚开始，双方老人对小家庭有些什么支持？”的问题。

问题⑫～⑭的设置，则是考察工作—家庭冲突在个体的生育决策中起到了何种作用。许多文献认为，职场妈妈的工作—家庭冲突抑制了她们的多孩生育意愿，因此设置这些问题，一方面是与文献对话，另一方面是澄清现有文献中一些模糊的看法。

问题⑮～⑯的设置，从正面考察什么条件会成为受访对象打算生二孩的加分项。

从这些分析可以看出，访谈提纲的设计，要注意以下方面：尽可能多地设置开放式问题，研究问题必须转换为访谈问题。另外，访谈问题不仅要围绕着主题进行，还要围绕着与其他文献的对话来进行。

第四节　质性访谈中的提问与追问

一、提问的类型

在具体的访谈中，为了获得丰满的高信度的信息，访问员会随机应变，根据不同的情境采用不同的提问方式。

（一）导入性问题

导入性问题的提法非常宽泛，一方面是要试探受访对象的一些基本的观点和经历，从而进一步确定接下来的访谈策略；另一方面是减少受访对象的回答难度，提升受访对象对访谈的兴趣和接受度。下面的这些问题就是导入性问题：

您能不能告诉我关于彩礼的一些看法？

您觉得什么算是成功？

您觉得考研需要做哪些准备？

从访谈提纲的结构来看，导入性问题不一定是开场问题，也可能出现在访谈的中间环节。例如，当访谈的内容有几个板块时，每一个板块的第一个问题就可能是导入性问题。

（二）追踪性问题

追踪性问题不一定需要直接追问，大多数时候通过点头、简短回应（哦，嗯）、沉默或者重复刚刚回答中的重要词句等方式来追问。

通过点头、简短回应、短时间的沉默并注视受访对象的眼睛，或者简单重复受访对象回答中的重要词句，访问员给受访对象传递了一个信息："这个问题我很感兴趣，相关的内容还有很多你没有告诉我，请继续。"

这种方式不会占用太多访谈时间，也不会限定受访对象如何回答而降低开放性，同时还增加了访问员与受访对象的互动，从而提升了访谈对象的兴趣，在访谈中经常使用。

需要注意的是，如果在访问员点头、沉默后受访对象没有进一步提供信息，访问员则需要明确提问。访问员适时的沉默是有效的策略，访问员点头、简短回应或简短重复受访对象刚刚回答的词句以后，受访对象有一段时间的沉默和思考也是正常的，但沉默太久是不可取的。这个时候，访问员就要直接追问。下面是一个追踪性问题的例子，是笔者在做家庭二孩生育决策访谈时的访谈文本。

受访对象：我不打算再生孩子了，就算我家儿子想要（弟弟妹妹）的话，我们也不太会去生（犹豫），（想了一下）不生，还是不生。

访问员：还是不生？

受访对象：不生。不生的原因，一是经济上，还有一个是我这个人本身就爱玩……

（三）探索性问题

在受访对象给出例子的时候，可能该例子只能说明部分问题，还有一些信息是空白点。例如，询问受访对象在带孩子时家庭成员有没有矛盾，受访对象给出的例子只能说明自己和母亲带孩子的矛盾，没有说明夫妻之间或其他家庭成员之间带孩子的矛盾；或者只能说明日常生活习惯方面的矛盾，没有说明教育思想方面的矛盾或其他方面的矛盾。这时就可以运用探索性问题，让受访对象给出更多的例子，更深度地理解抚养孩子时家庭成员之间的矛盾。下面的探索性问题的例子，是笔者在做家庭二孩生育决策访谈时的访谈文本。

访问员：那你们带孩子有矛盾吗？

受访对象：有，带孩子都会有矛盾，这是很正常的。

访问员：那这个怎么解决呢？有矛盾的时候。

受访对象：有矛盾的时候就是以他们为主导。因为我妈是很强势的，她觉得我既然把孩子给她带了，第一要放心让她带；第二要以她的思想和意见为主，不要再废话啰唆了，如果你觉得不满意可以自己去带。我随便举个例子。像这个天，我们年轻人就穿一两件衣服，我妈她就穿毛衣，昨天她来我家都穿毛衣。她给孩子也捂得很多，她会给孩子穿一个棉毛裤或秋裤，再穿一个外裤。昨天我妈来我们家还说："哎呀，你怎么给平平就穿一条裤子呢！要穿两条，棉毛裤怎么能脱呢！"

访问员：关于带孩子的矛盾，还有没有其他的例子？

（四）解释性问题

当受访对象给出答案以后，访问员对答案的理解与受访对象的回答之间可能是有差距的。为了澄清是否存在这种差距，访问员可以陈述自己的理解，让受访对象进行解释。下面是笔者在授课时和学生一起做的关于"对大学生来说什么是成功"的访谈文本。

访问员：列举一个你认为成功的人，可以是任何人，身边的、媒体中的、故事中的，说一说为什么你认为他（她）是成功的？

受访对象：我想一想，成功的人，关于成功的人，我想到一个，奥黛丽·赫本。

访问员：奥黛丽·赫本？

受访对象：对，对。

访问员：那为什么你认为她成功？

受访对象：因为她，呃，就是职业的，她在那个，呃，她的影视方面就是她是个电影明星嘛，在那一方面其实是达到一定高度，她演的很多电影都是《罗马假日》《窈窕淑女》，就是她还有那个嗯《蒂芙尼的早餐》，就她演的电影都是很经典的电影，而且是一直能够给我们品味，就是细细品味，就是无论看多少遍都会有不同的感受的。

访问员：所以取得很高的职业成就就等于成功是吧？

受访对象：不是，她取得很高的职业成就，但是我觉得，取得很高的职业成就，也不是那个成功的必备因素。……她的精神，她也做过很多公益嘛，她的这个品质给人留下很深刻的印象、很美好的印象。

在上面的例子中，访问员要求受访对象举例说明什么人是成功的人，受访对象认为奥黛丽·赫本是成功的人，因为奥黛丽·赫本演的很多电影很经典。访问员就认为受访对象把职业成就和成功视为同一种特征，于是通过询问“所以职业成就就等于成功是吧”来确定自己的理解是否正确。最终的答案为“不是”，访问员的理解是错误的。对受访对象来说，职业成就只是成功中的一种类型，访问员通过解释性问题澄清了受访对象的看法。如果没有这一解释性问题，访问员就会存在对受访对象的误解。

二、提问方式与追问

（一）确定提问方式的要素

在向受访对象提问题时，是直接提问还是间接提问，是小心措辞还是随意发挥，取决于三方面的因素。

第一，问题本身的性质和特点。一般来说，如果询问的是复杂和敏感的问题，应该小心谨慎、委婉迂回地提出问题；如果询问的是简单、普遍的问题，则可不必顾虑，从正面直接提出即可。

第二，调查对象的个性及其他特征。对于性格孤僻、思想上顾虑多或理解能力较差的人，访问员需要更多的耐心，逐步深入地提出问题。对性格开朗、无顾虑或教育程度高、理解能力强的人，则可以开门见山、单刀直入地提出问题。

第三，访问员与受访对象之间的关系。在访问员与受访对象还没有建立起信任关系的情况下，应耐心、慎重地提问。如果双方已较熟悉，则可直截了当地提问。

注意，提问的方式没有一成不变的模式，应该根据实际情况选择恰当的提问方式。在访谈中需要注意以下两点：一是顺其自然，二是随机应变。

（二）如何追问

访谈中的追问非常关键，决定了访谈是否能够获得丰满的信息。由于追问取决于访问员随机应变的能力，对于初学者来说，追问也是比较困难的。一些初学者往往把访谈提纲中的问题问了以后就无话可说，有时候一次访谈下来不到20分钟，转录的文本不到1000字。这样的访谈是失败的，因此，学会追问非常重要。

① 紧接话题续问：紧接着发生了什么？之后是如何处理的？他们对这件事的反应如何？

② 追问有关细节：您能否将事件从头到尾详述一遍呢？ 能否详细描述一下上个星期六从早上起床到晚上睡觉期间您家的家务安排？

③ 追问事件牵涉的人和组织：当时还有什么人在场呢？他们当时正在做什么？ ××事件（或其他事件）发生以后，有哪些单位的工作人员介入？他们做了什么？

④ 追问人际关系及动态：您是否就这事征询过其他成员、队员的意见呢？关于要不要再生一个孩子的问题，您和其他家庭成员是如何沟通的？

⑤ 当事人的心理反应（情绪、思想、感受）：您当时觉得怎样？您当

时有什么感受？心里是怎么想的？

另外，质性访谈与定量研究的问卷访问不同，问卷访问的调查对象是匿名的，质性访谈的调查对象则没有办法匿名，因为访问员与受访对象要建立信任关系，双方有所了解。所以，问卷访问是一次性的，如果没有拿到准确、真实的信息，之后很难弥补。访谈不一定是一次性的，如果没有通过追问获得所需要的信息，还可以联系好受访对象再次访谈。但是，太多次的访谈会增加受访对象与访问员的负担，也会让受访对象非常厌倦，所以尽量在追问的环节获得足够的信息。

三、质性访谈提问的注意事项

（一）尽量询问开放式问题

开放式问题是没有统一的标准答案的问题，封闭式问题则正好相反，是预设了答案的问题。“你是共青团员吗？”就是一个封闭式问题，答案只有“是”和“不是”两种。“你和你丈夫在育儿方面是如何分工的？”则是一个开放式问题，没有明显可选择的答案。在问卷中要多用封闭式问题，因为比较好回答，也比较容易使用统计软件进行分析。在质性访谈中则要多用开放式问题，因为开放式问题才能提供多元、丰富的细节。

质性访谈中也会用到封闭式问题，但一般都是开放式问题的前置问题。例如，“大学期间您是否参加过社团活动？为什么要参加或为什么没有参加呢？”前一个问题就是封闭式问题，只有“参加过”或“没有参加过”两种答案。通过对这个问题的提问，引起后一个开放式问题。

（二）问题应当简短明了

问题尽量使用短句子，尽量不用否定形式提问，这样受访对象更容易理解，交流的障碍也会减少。如果问受访对象“你是共青团员吗？”答案就简单清晰。如果问受访对象“你不是共青团员吗？”答案就含混晦涩。如果回答“是”，到底指的是“是，我是共青团员”，还是指“你是对的，我不是共青团员”，是不清楚的，受访对象就会迷糊，不知道该怎么回答。如果问受访对象“你会怎样安排自己的学习和娱乐时间，还是由父母监督？”问题太长，就容易引起歧义，受访对象也不知道该怎么回答。

（三）应尽量使问题具体化，避免询问抽象问题

访谈中要尽可能询问能够给出细节的问题，而不是让受访对象进行概括，否则，就会牺牲丰富的信息。例如，一项关于家庭教养的访谈，询问青少年受访对象“当你犯错时，你父母的态度是怎样的？”就不够具体。因为青少年本人犯错的程度不一、情境不同，父母的态度就会不一样。如果是打碎了一个碗，父母可能轻描淡写地批评一下；如果是撒谎了，父母可能会严厉地批评；如果是偷东西，父母会严厉惩罚。就偷东西来说，如果偷的是自己被宿管阿姨没收了的课外书，或者偷拿了同桌的一个栗子，惩罚就比较轻，甚至没有惩罚；如果是偷了别人的钱，惩罚就比较重。因此，询问受访对象“当你犯错时，你父母的态度是怎样的？”就是要求受访对象在各种犯错程度及情境中抽象出一般的态度，不仅增加了受访对象的回答难度，也拿不到有用的信息。如果要问这样的问题，后面就要进行补充，请受访对象描绘一个具体的例子。

（四）应始终保持中立态度，尽量避免使用具有感情色彩的词句

在访谈中只有保持中立的态度，才能避免呈现倾向性。如果让受访对象感受到访问员认为什么是对的，什么是好的，什么是正确的，什么是合适的，他就会给出正面的答案，或者给出他认为访问员想要的答案，从而

表现为访问员的观点影响到受访对象，资料就被“污染”了。

一项关于“大学生对国产运动品牌产品态度、偏好及评价”的访谈，询问了“如果您需要购买运动品牌产品，您是否对国产运动品牌（如李宁、安踏、鸿星尔克等）或国外运动品牌（如阿迪达斯、耐克等）有偏好？”就没有保持中立，运用了“偏好”这一具有感情色彩的语言。对国外产品有偏好通常具有崇洋媚外的嫌疑，这种问法会使受访对象给出“对国外品牌没有偏好”的答案，资料的信度下降了。因此，恰当的做法是询问受访对象有哪些运动品牌的物品，然后询问受访对象为什么选择这种而不是那种，从中分析出受访对象是否有偏好及有什么样的偏好。

一项关于家庭关系的访谈询问受访对象“你的家庭健全吗？”也非常不妥当。这个问题涉及不正确的价值判断，传递给受访对象的信息是，如果不是父母都在的家庭，就是糟糕的“问题家庭”，从而使得受访对象比较紧张，阻止受访对象给出丰富的中肯的信息。

（五）不要问受访对象不知道的问题

受访对象只是某一个方面比访问员知道得多一些，这并不意味着他们无所不知。因此，在询问受访对象问题时，访问员一定要先问一问自己，受访对象有没有能力回答这些问题。如果受访对象没有能力回答访问员提出的问题，结果是受访对象要么无法回答，要么给出信度与效度都很低的答案。下面的几个问题就是访问员询问的受访对象不知道的问题。

① 当前我国为何没能出现足以影响国内外的精品游戏？

② 您认为不同教育方式对孩子认知有什么不同影响？

③ 您觉得家庭关系的好坏会在哪些方面对自己造成影响？

④ 您认为女性在现如今的社会中能够扮演哪些角色？

（六）注意非言语交流

在访谈中要有表情管理，访问员的表情要适应受访对象回答的内容，要对受访对象表达出的喜怒哀乐表示出同理心。提问时，访问员要面向受访对象，目光要直接与其交流，不要只顾照着访谈提纲念问题，全然不看受访对象。当感觉受访对象的谈话有所保留时，或者感觉到受访对象在梳理、组织自己的思维和语言时，访问员就应该适时保持沉默。但沉默的时间不宜过长。如果是前者，大约 5 秒以后受访对象仍然没有说话，访问员就应该通过追问来获得更丰富的信息。访问员要耐心地倾听，认真倾听受访对象的话语，会给受访对象传递出其提供的信息非常重要、访谈员非常感兴趣的信号，从而鼓励受访对象提供更多的信息。

梅约提出了访谈中的要求，其中就包括访谈的一些注意事项，列出来供大家参考。

1. 全神贯注的态度对待受访者，并将其表现在外。

2. 不要说话。

3. 永远不要争论；永远不要给出建议。

4. 倾听：

（1）他想要说什么。

（2）他不想说什么。

（3）在没有得到帮助的情况下他不会说什么。

5. 在你倾听的时候，要尝试着对你面前的原型（人）做出描述并不断做出更改。为了对其进行验证，要随时概括被试的话语并说出来以听取对方的意见（比如，“这是否就是你之前所说的？”）。每当这样做时都要极其谨慎，即以不添加或歪曲的方式澄清问题。

6. 切记所说的言论要顾及个人隐私并对他人保密。

（转引自：斯丹纳·苛费尔、斯文·布林克曼《质性研究访谈》，范丽恒译，北京：世界图书出版公司，2013 年，第 48 页）

本章要点

★无结构式访谈又称“非结构访谈”或“非标准化访谈”，事先不制定统一的问卷、表格和访问程序，只给访问者一个题目（或主题），让受访对象就这个题目自由交谈。

★质性研究最关注的是两类事物：一是意义及对意义的理解、解释，二是具体的以细节呈现的事件的过程。

★挑选访谈对象必须考虑的四项条件：经验、意愿、表达能力、关系单纯。

★访谈地点的确定有两个原则，一是受访对象觉得方便，二是访谈不受干扰。

★访谈之前必须了解受访对象的基本情况。

★访谈提纲包括四个部分：介绍、开场问题、关键问题、结束问题。

★学会区分研究问题与访谈问题。

★问题应当简短明了。

★在访谈中要有表情管理，访问员的表情要适应受访对象回答的内容。

练习

练习一

以下的访谈提纲存在问题吗？如果存在问题，存在哪些问题？请予以纠正。

关于“贵州大学学生对上网课的感受”的访谈提纲

1. 您目前的年级是几年级？

2. 您听课的电子设备主要是什么？

3. 您在上同一节课时最多使用过几个App上课？

4. 您是否有固定的独立学习空间？

5. 您上网课的网络信号如何？

6. 您上网课的时间是否与其他活动冲突？

7. 您认为在上网课过程中，多长时间应该课间休息？

8. 您喜欢上网课的授课方式吗？

9. ① 如果答“喜欢”，接着问：您认为上网课有什么优点？

② 如果答“不喜欢”，接着问：为什么不喜欢上网课呢？

10. 您上课之前的预习情况怎样？

11. 您上课之前会提前准备哪些学习工具？

12. 您的签到情况如何？

13. 上网课过程中最让您觉得困扰的地方在哪里？

14. 您对自己网课学习的满意程度如何？

练习二

通过第二章对文献的阅读、梳理、分析，你已经有了足够的准备，有了自己的选题和一些研究问题，现在你需要做的是：

1. 就你的选题和研究问题制定一个访谈提纲。

2. 明确你的访谈对象。

3. 进行访谈，并运用扎根理论分析访谈资料。

第五章　参与观察法

考虑到其他研究人员在了解完整故事时遇到的困难，我们决定从人类学家朋友那里吸取经验，我们中的一人（埃丁）在东卡姆登租了一间公寓。

在她和家人住在那里的两年半时间里，埃丁加入了当地的一个教堂，并在“课后和暑期青年就业计划”中做志愿者，从而与当地家庭建立了联系。她与当地企业的老板进行了数十次对话，与教师、社会工作者、公共卫生护士、警察，以及其他县市官员进行了交谈，并征求了市议员、神职人员和基层社区组织者等社区领袖的意见。她在当地商店购物，在当地餐馆吃饭并参加社区活动。

共享当地的日常生活为观察社区居民的生活和亲身体验社区生活的一些压力提供了许多机会。埃丁学会了小心地照看她好奇的三岁孩子，因为人行道上到处都是碎玻璃，或者是偶尔用过的避孕套、皮下注射针或装海洛因的小塑料袋。她的观察很快教会了她，几乎每个邻居都知道，争取单身母亲支持的最好方法就是得到她们孩子的喜欢……

（Edin，K.，Kefalas，M. Promises I can Keep：Why Poor Women Put

Motherhood before Marriage . Berkeley：University of California Press, 2011，pp. 67–68）

第一节 参与观察法的伦理

一、科学研究的伦理

所有的研究都关注伦理问题，以避免对参与者造成伤害。例如，菲利普·津巴多所做的斯坦福监狱实验，因为研究伦理问题，本来预计实验要进行15天，却在进行到第6天时就被叫停了，原因就是该实验对扮演囚犯的实验者造成了极大的精神伤害。斯坦利·米尔格拉姆所做的从众实验，因实验设计的高效度、实验结果对人们的认知的颠覆，以及实验涉及的伦理问题，在学术界造成了很大的争议。

米尔格拉姆设置了一个场景。在这个场景中，一名从当地社区招募的志愿者事先被告知，研究人员正在调查惩罚对学习的影响。然后该志愿者被带到实验室环境中，并被要求扮演“老师”的角色，负责向“学生”提问。如果“学生”答错了问题，穿着实验服的科学家就会指示“老师”对“学生”进行电击。“学生”每多答错一个问题，“老师”就会被指示增加电击的电压。然而，志愿者们不知道的是，实际上并没有进行真实的电击。这项研究的真正目的是想看看“老师”或志愿者会在多大程度上服从科学家的指示。

在预先安排好的剧本中，“学习者”故意给出错误的答案，并在被

“电击”时假装痛苦。例如，当电击的电压显示为150伏时，“学生”会大喊“放我出去”；当电击的电压显示为270伏时，“学生”会极度痛苦地尖叫；当电击的电压达到350伏时，“学生”会没有声息。如果“老师”想停止实验，实验者会坚持让“老师”志愿者继续，并使用“实验要求你继续”“你别无选择，你必须继续”等说辞。米尔格拉姆多次重复这个实验，改变了23种不同的实验条件，如科学家的性别、科学家的数量及科学家是否进入受试者房间等，看看这些变化可能会产生什么影响。在实验5中，65%的志愿者一直持续到450伏，这是电击电压的最大值。

（Witt，J. Soc，6e. New York：McGraw-Hill Education，2020，p. 126）

因为研究中的伦理非常重要，许多研究学会制定了相应的伦理准则，以最大限度保护研究参与者。美国、英国、德国等国家的社会学学会都制定了伦理准则。墨菲和丁沃尔提出了一个“伦理理论”，主要有以下四个方面的要求：

① 无伤害性——研究者应该避免对被研究者造成伤害。

② 有益性——以人为对象的研究应该有积极性的、能鉴别出来的益处，而不只是为了研究的研究。

③ 自主与自决——被研究者的价值观和决定应得到尊重。

④ 公正性——都得到同等的对待。

（Murphy，E.，Dingwall，R.The Ethics of Ethnography. In P. Atkinson，A. Coffey，S. Delamont，et al. Handbook of Ethnography. London：Sage，2001，p. 339）

二、参与观察法中的研究伦理困境

虽然基本上所有的社会科学研究都关注伦理问题，但是，运用参与观察法进行研究时，处理伦理方面的问题尤其困难。这是因为，许多研究都是“事后研究”，在事情发生以后，通过某种研究设计再现情境或状态，因此研究者可以更大程度地通过改变研究设计来减少研究伦理问题。参与观察法则是“事中研究”，很难预料到在研究的过程中会出现什么，从而给研究者造成了应对伦理问题的困难。例如，如果研究者运用参与观察法来研究某些越轨行为或犯罪行为，就可能在越轨、犯罪行为升级时不知所措：应该更多地保护哪些对象？如何保护？应该让警方介入吗？还是单纯地凭借自己的力量去阻止？在具体的实践中，又应该如何做才能把伤害降到最低？

泰勒在观察受虐待的智障病人时就遇到了困难。如果报告了施虐行为，作为观察对象的施虐者肯定会受到惩罚，没有办法做到最大限度减少对观察对象的伤害。最重要的是，也不见得对受害者（智障病人）有好处，他们可能会失去照顾者。这样做还可能导致研究项目的中断。[1]

甚至，一些普通的以日常生活为对象的参与观察都会陷入伦理的两难。拉鲁在研究不同社会经济地位的家庭中儿童的成长过程时，就运用了参与观察法。她和研究助手定期进入招募的家庭中，观察他们的日常互动。在观察的过程中，观察者就目睹了一场一场家庭内部的暴力事件。她们的应对方法是，尽可能不去干扰，但内心却经历了剧烈的冲突。

我的经验是，除非有流血事件，或是有严重的迫在眉睫的危险后果，

---

[1] TAYLOR S J. Observing Abuse［J］. Qualitative Sociology，1987，10（3）：288–302.

否则我们就只是和他们“一起待着”，不作任何干预。研究助理们也采用这个方法。我还告诫我的研究助理们：不要做任何让他们感到不自在的事情。在研究现场的是他们，他们自己才是最终的决策者。

这种严格承诺——要尊重所有家庭及其日常行为——并没有让观察变得轻松。例如，当面对兄弟姐妹间充满紧张的敌对状态时，一个观察员写道：“既不干预也不（把那个孩子）按回到座位上，要想抵制住这种诱惑真是好难！”有时候，目睹家长那种对待孩子的方式也让人十分难受。

（Lareau，A. Unequal Childhoods：Class，Race，and Family Life. Berkeley and Los Angeles，California：University of California Press，2003，pp. 272-273）

三、观察者自我呈现的程度

观察者的坦诚也是一个程度的问题。研究伦理要求观察者对观察对象坦诚以待，同时参与观察本身又要求观察者与观察对象自然地互动。问题在于，观察者也是普通的个人，普通的个人在日常生活中也愿意表现出自己最好的一面，或者表现出让互动的另一方最舒适的一面，从而不同程度地进行了伪装。观察者在观察现场真实地表现自己，看上去是坦诚的表现，但是，过度坦诚也可能表现得愚蠢、情商低。适当（而不是过度）地伪装自己，是对他人的尊重和融入其他人的必不可少的能力。

丹尼尔描述了如下情况，作为一名女社会学家，在与军官们互动时，如何适当地表现自己的行为，而不是一味地坦诚以待。

某些行为被认为是不适合的，甚至某些女性的行为也可能被认为是无礼的：用力地鼓掌，面对面的直接目光接触，活泼的、效率高的气氛，平等地说笑话或开玩笑的行为都会起到相反的作用。最令人烦恼的是我天真地假设我们当然是平等的。重要的是学会等待，一直等到我被平等地对待。当我学会甜蜜地笑、保持我的眼睛向下看、无助地请求帮助、表现出了明显的女性行为时，我和睦有效地进行研究工作的能力就增加了。

（Daniels，A.K.The Low Caste Stranger. In G.Sjoberg ed.Ethics，Politics and Social Research. Cambridge，MA：Schenkman，1967，p. 275）

关于如何呈现自己的形象，怀特也进行过思考。由于参加当地人的选举时，被要求和其他人一起作弊，怀特经历了参与观察中一个煎熬的时刻。他认识到，要“保持自己一贯理智地保持的形象”。

我也必须认识到，作为一名实地工作者，不能只想着如何去迎合这个地区的其他人，还必须继续保持自尊心。如果一名参与观察者发现自己在从事他以前曾认为是不道德的行为，那么他就可能会自问，自己究竟是一个什么样的人。如果这位实地工作者不能保持自己一贯理智地保持的形象，他就很可能会陷入困境。

（威廉·富特·怀特:《街角社会：一个意大利人贫民区的社会结构》，黄育馥译，北京：商务印书馆，1994 年，第 406–407 页）

要求观察者展现自己最真实的一面，随时公布自己的研究目的、研究设计，遇到任何特殊情况都可以恰当处理，实际上只是一个不太能实现的理想状态。正因为参与观察法很难解决研究中的伦理问题，一些研究者提出，与实验方法不同，参与观察法没有故意去操纵参与者，而是观察自然情境中的人和事，就和普通的日常互动没有区别，因此研究者不需要承担更多的道德义务。[1]也就是说，尽管观察者可能会在某种程度上影响观察对象，但没有义务保证在观察的过程中不出现任何有害结果，只要这个有害结果不是由于观察而产生的，就不需要过度纠结。

另外，研究伦理还受到文化的影响，在一个文化中符合研究伦理的行为，在另一个文化中可能不符合。例如，研究中的参与者“知情同意”，在中国的文化中，许多人认为，一旦签署纸质版的知情同意书，在知情同意书上签了自己的名字，就意味着要承担某种可能的后果。因此，当研究者要求观察对象签署纸质版的知情同意书时，绝大多数人就会拒绝参与研究。但如果口头上要求他们同意，就会得到更多配合。而在欧美学术圈，要求有参与者的纸质版知情同意书才符合伦理准则。

四、如何遵守研究伦理

虽然研究者在讨论、分析观察伦理时可以非常冷静和理性，但在具体的观察情境中，还是会面临各种困扰。这和价值观的冲突是一样的，研究者必须秉持人文主义精神，不仅要避免研究本身给参与者造成的伤害，在目睹参与者受到其他伤害时，也应该施以援手。在研究设计中也要尽可能考虑参与者的立场，保证他们对研究有充分的了解（知情同意），用有利于他们福祉的方式来进行研究。例如，笔者在授课时，打算给学生布置一个参与观察的作业，让他/她们观察学生寝室里的日常互动，以“弄清楚为什么有些学生会被孤立”。布置这个作业时，笔者发现这项观察有可能会对那些被孤立的学生造成伤害，也可能会对寝室内部的关系及同学建构关系的能力造成损害。之后，笔者把观察任务更改为“弄清楚为什么有些

[1] 乔金森．参与观察法［M］．张小山，龙筱红，译．重庆：重庆大学出版社，2015：20.

学生独立于群体”，而不再是“弄清楚为什么有些学生会被孤立”，这样不仅使研究设计更加符合价值中立原则，也避免了对一部分学生可能造成的伤害。

总的来说，为了保证参与式观察符合伦理准则，在进入观察现场之前，观察者应该询问自己如下问题：

① 为了研究目的，我有权利欺骗观察对象吗？我有权利对观察对象隐瞒某些事实吗？

② 如果参与观察社会的一些不良行为人群，如吸毒者、流氓团伙、性交易者等，我应该采取什么角色？

③ 观察中可能会有哪些应激事件出现？如果在观察中这些应激事件出现了，我应该如何处理？

④ 在分析资料特别是关于少数群体、边缘群体、弱势群体的资料时，我做到了不偏不倚吗？

⑤ 观察本身有没有给观察对象造成额外的精神负担？如果有，如何让它最小化？

⑥ 同意参加研究的观察对象是否获得了充足的信息，以便能够做出对其而言“正确的决定”？

如果这些答案是模糊不清的，研究就应该暂时搁置，直到研究者明确地知道如何做是符合研究伦理的，研究才可以继续进行。

第二节 参与观察者的角色

有研究者把参与观察者的角色分为四种：完全的观察者、参与的观察者（观察多于参与）、观察的参与者（参与多于观察）、完全的参与者。[1]其他的一些研究者认为，这种划分夸大了观察与参与之间的冲突，观察与参与成为相互竞争的行为，好像完全参与就丧失了观察的能力，而完全观察就丧失了参与的能力。[2]

在日常生活中，个体往往扮演多种角色，在参与中观察是可以做到的，特别是对于受过严格训练的研究者，并不会因为参与程度的加深而逐渐丧失观察能力。在人类学中有一种独特的参与观察法，称为“自我民族志”，研究者观察的就是研究者自己的生活世界，既是完全的参与者，同时也是观察者，无法归入上面划分的四种角色中的任何一类。

考虑到上述情况，将参与观察者分为完全的局外人、完全的局内人，以及完全的局外人与完全的局内人两个极端点之间的由程度不同的局外人角色与局内人角色组合起来的谱系所构成的集合，就比较恰当。

另外，在一项具体的参与观察研究中，观察者并非只能扮演一种角色，而可能从完全的局外人过渡到完全的局内人，并在以不同的角色进行观察时完成不同的观察任务。

[1] JUNKER B H.Field Work［M］. Chicago：University of Chicago Press，1960.

[2] JOHNSON J M. Doing Field Research［M］. New York：Free Press，1975.

一、局外人

参与观察法感兴趣的是研究对象的所思、所为，研究者总是试图从研究对象的视角来看待世界。而许多群体的具体事务及想法只对内部人公开，在内部人与外部人之间有明显的边界。因此，完全的局外人角色可能会限制参与观察的效果。

但是，有些观察，无论观察者做了何种努力，都只能以局外人的角色来观察。例如，拉鲁进驻到不同家庭的观察，以理解不同经济状况的家庭的教养模式差异及其可能的后果。[1]拉鲁及她的研究小组就没有办法成为局内人，因为家庭有相对清晰的边界，观察者很难被观察对象视为家人。

不过，局外人身份也可能为观察带来某种便利，具有一定的优点。按照加芬克尔的观点，日常生活中人们会形成一种“想当然性”，有意无意地隐匿了许多重要的内在过程，从而看不到许多行为准则及其他规则。[2]局内人受到位置限制，往往对自己的行为及态度不敏感，认为一切都是理所当然，认为“大家都是这样的”，从而关注不到一些重要的资料，即所谓“不识庐山真面目，只缘身在此山中”。局外人恰恰可以克服这些问题，由于对局内人及其活动场景的陌生感，局外人能够看到一些局内人看不到或看到了却意识不到其研究价值的东西。例如，局内人更可能从具体的细节来看待自己及身边的事物，很少会关注特征、模式这一类抽象的内容，局外人则可能更清晰地看到这些内容。多拉德在运用参与观察法研究阶层关系时，就很懊悔在观察的初期没有很好地利用局外人身份优势所带来的研究便利。而一旦局外人身份消失了，研究者融入研究对象中，对现场的

[1] LAREAU A. Unequal Childhoods: Class, Race, and Family Life [M]. Berkeley and Los Angeles, California: University of California Press, 2003.

[2] 李猛. 常人方法学 40 年：1954—1994 [J]. 国外社会学，1997（4）.

新鲜感及与之相适应的一些敏感点也同时消失了。[1]

作为局外人进行观察，观察者无论如何都会形成对观察对象的干扰，因为“观察者”不可能是一种自然的角色，观察对象就可能有意无意地进行改变或掩饰。因此，观察者最好让观察对象将观察者的在场视为习惯，最理想的状态是观察者被视为“墙壁上的苍蝇”。

二、局内人

采取局内人的视角来看待现象，才可能真正理解研究对象的生活世界。因此，成为局内人，是许多参与观察者追求的目标。

局外人是由研究者强加给观察者研究现场的角色，局内人则是现场提供的自然角色。由于现场提供的自然角色是一个角色集合，观察者需要确定应该扮演哪一种局内人角色及如何扮演该种局内人角色，才能获得更好的观察。

应该扮演什么角色取决于两个条件，一是研究者的人口学特征及生活经历，二是研究目的。如果要了解“双减”政策对教育体系的影响，就可以扮演家长、学生、学校的老师、校外补习班的老师，以及教育行政部门的工作人员等角色。不同的角色对扮演者的要求是不一样的，学生、家长的角色有对年龄的明确限定，一个 50 岁的社会学教授到校外补习班，通过报名上课来扮演学生，以进行参与观察法的方式就明显不合适。同样，一个 15 岁的中学生来到学校，要求应聘学校的教师岗位，以便以教师的角色观察“双减”政策对学校的影响也是不合适的。

因此，要想成为局内人，除了研究者本人要不断努力寻找机会以外，

---

[1] DOLLARD J. Caste and Class in a Southern Town. New Haven［M］. CT：Yale University Press，1937.

也需要符合个体的特征，并需要有一些机缘。例如，兰波之所以能够以局内人身份研究脱衣舞娘，就是因为在成为社会学专业的研究生之前，她本人就是一个脱衣舞娘。[1]

研究目的也决定了观察者应该扮演什么角色。如果要了解社区在解决大学生就业问题中做了什么，以及为什么这么做，观察者采用普通社区成员的身份来参与观察就不如采用居委会或其他相关工作人员的身份有效。

完全的局内人角色要警惕的是“成为研究现象”。所谓“成为研究现象”，指的是局内人观察者越来越认同和陷入自己所扮演的角色之中，渐渐地忽略了自己观察者、研究者角色。例如，文卡特斯对街头帮派的观察，如果他采用加入帮派作为一名帮派成员的方式来观察，并在经历一段时间后爱上帮派刺激的生活方式，不愿意再回到学校完成他的博士论文，文卡特斯就“成为研究现象”。[2]我们假装是什么和我们真正是什么之间具有明显边界。一旦越界，研究者的身份及自我认同就会遭到威胁。

谢帕－修斯也有过“成为研究现象”的经历。在巴西东北部的一个小镇待了很多年以后，她渐渐习得了当地人的观念和视角，对暴力、死亡习以为常。

当时，在奥拓棚户区朋友们温和的指导下，我逐渐学会了与死亡“保持距离”，并像他们一样，重新开始并继续我在棚户区的生活和工作。和他们一样，我学会了“适应”，并告诉自己，毕竟，也许这是“命中注定的”。那些年（在邦吉苏小镇的观察）为文化塑造提供了有力的经验，直到我再次回到“家”后，我才恢复了对“恐怖及我所经历的恐怖”的情感

---

[1] RAMBO C A. Turn-Ons for Money［D］.Florida：University of South Florida，1987.

[2] 文卡特斯.城中城：社会学家的街头发现［M］.孙飞宇，译.上海：上海人民出版社，2015.

和道德愤慨。

（Scheper-Hughes，N. Death Without Weeping：The Violence of Everyday Life in Brazil，Berkeley：University of California Press，1992，p. 16）

部分地成为研究现象是参与观察法的一个策略，可以最大限度地理解局内人的生活，然而，如果过度地成为研究现象，不仅会丧失看待现象的价值中立立场，也极可能会丧失研究的兴趣。

三、局外人与局内人的组合

有些参与观察者兼有局外人与局内人身份，是一种局外人与局内人组合的角色结构。乔金森在研究神秘主义文化时，参加了一些与塔罗牌相关的组织活动。开始，乔金森是以对神秘主义文化感兴趣的“探求者”角色来参加活动的。局内人认为，他是一个寻求精神上启蒙的人，是一个不懂得塔罗牌的外人。局外人则认为他是一个积极参加各种相关活动的塔罗牌内部人。探求者就是一个介于局外人与局内人的角色。[1]

潘毅在进入深圳富士康工厂观察流水线的一线女工时，也运用了局外人与局内人的组合的角色。潘毅一开始就公布了自己的研究者身份，所以，她不可能被研究现场的其他人视为一个货真价实的一线女工。但是，潘毅所实践的又是典型的一线女工的生活，她和女工们吃在一起，住在一起，从事的是和女工们一模一样的工作。刚开始的新鲜感过了以后，其他人对她的好奇心逐渐退却，潘毅越来越像一个局内人。

---

[1] JORGENSEN D L. Tarot Divination in the Valley of the Sun［D］.Columbus: Ohio State University, 1979.

1995年11月，我终于成为流星厂的一名全职工人。然而，想直接进入工人生活的野心却并没有给我带来什么益处。我尽量表现出自己是来学习工厂制度运作和了解女工生活的一名“实习生”，然而尽管如此，在最初的一个月里，大多数生产线上的工人并不信任我。相反，我倒是经常被管理人员们包围着，比如部门经理、管工和组长等。她（他）们对我的到来表现出极大的好奇和兴趣。比起生产线上的女工，她（他）们的教育程度比较高，能够想象出研究意味着什么。实际上，她（他）们经常运用想象力来引导和描述我的研究兴趣。她（他）们耐心地向我介绍工厂及工作的情况，我从她（他）们那里得到很多热情的帮助。然而，与管理人员们的密切关系却反而阻碍了我与工人们的交往。在工厂里，我总是被视为“特别嘉宾”，这无疑使我想成为一名“真正”的打工妹的梦想破灭了。

好在一两个月之后，管理人员对我的好奇心开始慢慢减退。随着时间的推移，我变成了“正常人”。线上的女工们开始和我说话了。或许是因为我也在生产线上工作，并且更加愿意去倾听她们的心声，她们向我倾诉自己的感受和痛苦，渴望我的理解。住在工人宿舍非常有助于我更好地融入女工群体。在宿舍里，没有私人空间，所有的空间都是共用的，一个人几乎不可能藏起任何东西。我和她们每天一起聊天、吃饭、看书和听歌，慢慢地打消了她们对我的怀疑，建立了信任。尽管她们大多数人可能永远也不会明白社会研究意味着什么，但是她们有她们自己的理解和想象。她们把我这个民族志学者的角色想象和描绘成一个小说家，一个专门描写打工者和穷人真实生活的小说家。于是，她们的辛酸和委屈（带有一点儿夸张或虚构）开始连珠炮似的向我这个永不拒绝倾听的人袭来。

（潘毅:《中国女工——新兴打工者主体的形成》，北京：九州出版社，2011年，第17−18页）

随着时间的流逝与关系的推进，观察者与观察对象逐渐建立了信任关系，局外人也能够转变为局内人，之前的局外人也能够获得许多内部人才掌握的信息。怀特刚进入科纳维尔时是一个完全的局外人，一个当地人也不认识。当怀特与当地的帮派领袖多克等人熟悉后，怀特作为一个原来的局外人，有越来越多的机会看到局内人才能看到的场景，也越来越像局内人，从而搜集到了丰富的、高信度的资料。[1]

为了既保持局外人视野，克服局内人的想当然性，又能获得局内人充分观察的便利，一些研究甚至构建了局内人与局外人的研究团队组合。在对三和人才市场的年轻务工人员的生活工作状态进行调查时，田丰与自己的学生林凯玄就构建了局内人与局外人的研究组合。林凯玄作为局内人，运用参与式观察法来搜集资料，田丰作为局外人，更好地保持了敏感性，指导和建议他如何进一步搜集资料。

四、研究内容对角色的限制

虽然成为局内人可以更清晰地理解内部人的真实世界，但是，不是所有的参与观察者都可以成为局内人，一个重要的原因在于研究内容对观察者扮演的角色有限制。

研究内容决定了可能的研究现场与观察对象。就研究现场来说，如果研究现场具有公共性，就比较容易成为局内人。例如，道格拉斯等研究者运用参与观察法研究裸体沙滩现象，只要找到一处裸体沙滩，脱下衣服就

[1] 怀特.街角社会：一个意大利人贫民区的社会结构［M］.黄育馥，译.北京：商务印书馆，1994：388-389.

成了沙滩上的裸体客人，立马就成了局内人。[1]一些现场具有私密性，要想成为局内人就困难重重。例如，要想研究贩毒集团的内部构成及其对效率的影响，成为局内人就不容易。其他一些研究现场介于公开与私密之间，如授课的教室，观察者则可以通过一定的努力成为局内人。

总体而言，观察现场从公开到私密的过程就是成为局内人的从易到难的过程。以下是依据公开—私密程度来排列的场景，最前者最容易进入，观察者也最容易成为局内人；最后者则最难进入，观察者也最难成为局内人。如果要想成为后者的局内人，观察者一定要有某种机缘才有可能。

公共场景（沙滩、游泳池、餐馆等）——特殊群体的日常活动场景（授课的教室等）——普通群体的后台场景（餐馆或其他部门的工作人员的人际关系网络等）——特殊群体的后台场景（董事会的非正式关系等）。

就观察对象来说，一些研究内容决定了观察对象必须是某一类型的人，这就意味着，观察者永远都无法成为局内人。例如，弗洛拉在探究因纽特人的自杀现象时，观察的对象就是因纽特人。[2]无论研究者做何努力，她都不可能成为一名因纽特人，因此也不可能以局内人的身份来进行观察。维斯佩莉是一个年轻的女人类学家，研究的是社区中贫困的高龄老人。同样，她通过自身的努力，是没有办法短期内成为观察对象的一员的，也就不太可能以局内人的身份进行参与式观察。[3]

---

[1] DOUGLAS J D, P K RASMUSSEN, C A FLANAGAN.The Nude Beach［M］. Beverly Hills：Sage，1977.

[2] FLORA J. The Lonely Undead, and Returning Suicide in Northwest Greenland.［M］// L BROZ，D MUNSTER.Suicide and Agency：Anthropological Perspectives on Self-destruction, Personhood and Power. London：Routledge，2015.

[3] VESPERI M D.City of Green Benches［M］. Ithaca，NY：Cornell University Press，1985.

研究内容对观察者角色进行了限制，反过来，观察角色也限定了观察者能够看到什么，即使成为观察现场的局内人也是如此。例如，如果以老师的身份进入学校观察，学生的许多行为就是不可见的，而以学生的身份进入学校，则老师的许多行为是不可见的。受观察视角的限制，观察者总是只观察到某些内容。因此，组建一个不同身份的观察者团队是有益的。

参与观察的目的是理解局内人的行为、观点、态度，因此，无论观察者采用哪一种角色，都必须试图从局内人的视角看待现象。如果做不到，参与式观察就是失败的。

第三节　进入观察现场并与观察对象建立信任关系

一、进入观察现场

（一）确定现场

进入实地观察之前最重要的一个任务是确定观察现场，即去哪里观察。无论是做什么样的研究，观察现场都是有限的，研究者在进行正式观察之前，都会确定几个可能的观察现场，然后再最终选择一两个具体的观察现场。确定观察现场有两个考虑因素，一是有没有机会进入现场，二是在该现场能否深入观察到所要研究的现象。

许多观察现场对局外人是隐匿的，如犯罪集团的运营模式、单位里私密的非正式团体的互动，等等。想要进入这些观察现场，必须有现成的私人关系，有在研究现场说得上话的人引荐，如果没有，就只能放弃。

许多年以前，一个同学打算运用参与观察法研究艾滋病携带者的生活及他们的支持体系。在开题时，他的研究计划就被老师叫停了，一个理由就是他没有机会进入观察现场。他本人不是艾滋病携带者，但有一个朋友是红丝带志愿者，他曾因为该朋友的关系而接触过一个艾滋病携带者。想要观察艾滋病携带者的日常生活，就必须与他们建立信任关系，但作为一个艾滋病携带者眼中的外人，可能终身都没有机会建立这种信任关系，而且即使有可能建立信任关系，也一定要经历一个漫长的时间。考虑到距离毕业论文答辩的时间只剩下半年，而他还没有一个可以称得上朋友的观察对象，老师认为他在短时间内没有进入观察现场的机会，也就不必冒险继续该选题。

一些观察现场不一定对局外人封闭，但要进入内部、看到一些细节，同样需要观察对象的同意。如果观察对象不同意，就必须置换观察现场。拉鲁就遇到了这种情形。她本来打算在两个学校招募 12 个种族、社会经济地位不同的家庭作为观察现场，以尽可能保持其他要素上的一致性而方便进行比较。但是，有 3 个家庭拒绝她进入观察，她不得不寻找其他的家庭作为替代。[1]

另外，所选择的观察现场能否深入观察到研究现象也是一个重要问题。一般来说，研究之前，观察者往往需要非正式地考察几个现场，最后才能确定哪一个或哪几个现场能够获得丰富的信息。怀特在进入科纳维尔观察时，开始打算选择旅馆作为观察现场，但后来发现行不通，才决定转换到其他观察现场。[2]

---

[1] LAREAU A. Unequal Childhoods：Class，Race，and Family Life［M］. Berkeley and Los Angeles，California：University of California Press. 2003：265.

[2] 怀特：街角社会：一个意大利人贫民区的社会结构［M］. 黄育馥，译 . 北京：商务印书馆，1994：375-376.

（二）进入观察现场的方式

观察现场可以是一个村庄、一个组织、一个亚文化群体、一个家庭或者一群有着某种特殊经历的人的生活、互动或其他场景。无论如何，参与观察者进入观察现场都是一个艰难的过程，因为观察者必须考虑如何赢得观察现场的人们的最大限度的合作，核心任务是消除观察对象的疑虑，减少观察者效应。所谓观察者效应，指的是当观察者在现场时，被观察者会或多或少改变或掩饰自己的行为，从而呈现出来的不是最“自然”、最“真实”的一面。

有两种进入观察现场的方式，一种是公开进入，另一种是隐蔽进入。绝大多数的观察者都公开进入观察现场，也就是说，他们向观察现场中的其他人公开了自己的观察者身份。

公开进入观察现场会影响资料的信度，因为观察者通常不是观察现场中自然的角色，观察者的在场会导致被观察者不自在，后者或者故意呈现或不呈现出某些行为。要克服这个问题，一个重要的策略是观察者持续与观察对象互动，观察者逐渐成为观察对象生活中一个“自然”的组成部分。

公开进入观察现场有一个好处是有利于搜集资料，因为观察对象知道观察者在做研究，如果观察者表现得和现场中的其他人不一样，如反复、仔细询问一些与研究相关的问题，认真、详尽地观察某种细节，别人也不会过于警惕。相反，如果观察对象不知道观察者的研究者身份，观察者表现出上述行为就会让观察对象反感，从而阻碍资料的搜集。

公开进入观察现场还有利于保护观察者，丁瑜在调查时就发现，如果公开自己的身份，不仅可以避免尴尬，还可以防止自己卷入一些高危的活动。

尽量让尽可能多的有关人员知道我是谁，我在做什么，避免由于不知情带来的尴尬或误会。比如对夜总会同一个包厢里的人，不管认不认识，也不管他们是不是我的访谈对象，我都会在聊天的时候让他们知道我的情况，我其实并不是他们团队中的一员，我有自己明确的目的和任务，所以诸如陪酒、嗑药、赌博、提供性服务等我是不会参与的。

（丁瑜：《她身之欲——珠三角流动人口社群特殊职业研究》，北京：社会科学文献出版社，2016 年，第 81 页）

公开进入观察现场，一个最重要的问题是找好“守门人”。一些研究者进入观察现场前先找到“守门人”，如潘毅就在进入工厂观察之前取得了工厂负责人的许可和帮助；一些研究者则是进入观察现场后再找“守门人”，如文卡特斯和怀特。文卡特斯进入奥克兰之后才与“守门人”J.T. 联系上，如果没有取得 J.T. 的信任和帮助，要想了解黑帮的日常生活世界，基本上是不可能完成的任务。怀特同样是进入科纳维尔一段时间后，才和“守门人”多克联系上，这为他的调查打开了大门。

我在工作中，与多克的接触多于与其他任何人的接触。与此同时，无论研究哪个群体，我还总要去找它的领袖。我需要的不仅是他的担保，还需要他更积极地在研究中与我合作。由于这些领袖在社区中的地位使他们对正在发生的事情观察得比其随从者们清楚得多，也因为一般来说他们的观察本领大大超过他们的随从者，我发现，通过更积极地与他们合作，我会学到很多东西。

（威廉·富特·怀特：《街角社会：一个意大利人贫民区的社会结构》，黄育馥译，北京：商务印书馆，1994 年，第 302–303 页）

还有一种进入现场的方式是隐蔽进入。由于涉及违背研究伦理，这种方式越来越少被使用。不过，一些研究的参与观察现场就是公开场所，研究者用不着公开身份，仍然可以用这种方式进入观察现场。

林凯玄围绕三和人力市场对三和青年的参与观察，运用的就是隐蔽进入的方式。因为三和青年不是一个封闭的边界清晰的群体，三和青年居住的环境——主要是三和人力市场周围的小旅店——是公开的，甚至有些三和青年晚上就睡在大街上。观察者只要带了行李，来到三和人力市场去寻找工作，随时可以转换成三和青年，所以可以隐蔽地进入观察现场。

二、与观察对象建立信任关系

进入观察现场以后，要想获得高信度的详尽的资料，就必须取得观察现场中的人的信任，有四种策略有助于建立这种信任关系，分别是自我暴露、发现共同点、坦诚（有同情的分歧）、持续的互动。

（一）自我暴露

日常生活中的行为总是涉及某种利益互换，我们只和我们认为值得的人交往，并且在交往中如果自己付出了什么，就会期待有所回报。参与观察对他人进行了干扰，因此，作为回报，观察者应该尽可能让观察对象多了解观察者的个人情况，以及观察者在做什么。怀特正因为运用了自我暴露的方法，让街角帮派的领袖们熟知研究者本人及其研究内容、研究计划，才获得了丰富的资料。

我刚到科纳维尔不久，就听说无论研究哪一个群体或组织，至关重要的是取得其中的关键人物的支持。所以，我没有逢人就解释自己的情况，而是向他们的领袖（如多克）更多地介绍自己的研究，其信息量大大超过了向普通街角青年介绍的情况。我总是努力给人造成这样一种印象，即我很愿意，而且迫切地想把我的研究尽量告诉一切想知道的人。

（威廉·富特·怀特:《街角社会：一个意大利人贫民区的社会结构》，黄育馥译，北京：商务印书馆，1994 年，第 388–389 页）

关于研究本身，观察者披露的信息通常与观察对象接收到的信息不一致。例如，在怀特详尽地介绍了自己的研究后，观察对象理解的是“他在写一本关于科纳维尔的书”，而文卡特斯给 T.J. 及其他人介绍了自己的研究后，观察对象理解的则是“他在写一本关于 T.J. 的书”，存在这种误解是因为许多观察对象不是学术圈的人，没有做过社会研究，也不知道社会研究是什么，因此用自己的方式来理解研究者的研究行为。存在误解是正常的，而观察者之所以给观察对象介绍研究的内容，目的是取得他们的信任，而不是要他们精准地把握研究（这是研究助手的任务），因此，只要获得了观察对象的信任，就没有必要对误解进行澄清。

除了更多地披露研究的信息，研究者的私人信息也尽可能根据情况与观察对象分享，让观察对象知道研究者私人信息的潜台词是：“我信任你，我不介意你知道我的感受和故事。同时，我期待获得你的信任。”让观察对象更多了解观察者的私人信息或“底细”，还可以增加他们的安全感，从而放心地把自己的相关信息展现给观察者。

如果他们对我有一点兴趣，那么他们往往会向我提一些问题，关于研究、关于我自己、关于念书、关于留学生活等，我也会问他们有什么问题要问我，可以是任何他们好奇或想知道的事情。通过这样的“信息交换”，研究者与被研究者之间的地位会产生微妙的变化——被“设定”的发问与回答的角色被互调过来，他们便不再处于传统调查研究中的“被动”位置；而当他们按自己的思维习惯向我提问，知道了关于我的更多的“底细”，他们就会觉得较为安全。

（丁瑜:《她身之欲——珠三角流动人口社群特殊职业研究》，北京：社会科学文献出版社，2016 年，第 88 页）

披露私人信息除了有助于更多、更快地获得观察对象的信任和共享信息，还有利于观察对象从其他侧面了解观察对象，从而增加资料的丰满程度。

同吃同住，分享化妆品，分享衣服，八卦明星侃社会，聊朋友、聊感情，都是女孩子们爱做的事情。这样的互动能让我从各个侧面了解她们的性格、生活方式和想法，达致在别的场合较难达到的深度。

（丁瑜:《她身之欲——珠三角流动人口社群特殊职业研究》，北京：社会科学文献出版社，2016 年，第 85 页）

（二）发现共同点

共同点可以拉近观察者与观察对象的距离。发现并凸显共同点，是观察者的研究能力的一个体现。共同点有许多方面，如共同认识某些人、共同的经历、共同的行为及其他共同的特征。

在参与式观察中，观察者与观察对象最普遍的共同点是共同认识某些人。绝大多数参与观察都是由某个人的引荐才得以进行，引荐人就是观察者与观察对象共同认识的人，因为有这个共同认识的人存在，观察者的信用得以背书：如果观察者有不良行为，引荐者必须承担道德责任。欧爱玲通过宋罗兰的引荐进入月影塘，宋罗兰是欧爱玲与她的观察对象共同认识的人，正因为宋罗兰，欧爱玲取得了宋罗兰亲属的信任，搜集到了丰富的资料。

经过宋罗兰的引荐，我才得以来到月影塘。罗兰小姐是我在印度加尔各答华人圈内一位好友的妹妹，此前我在加尔各答做过些研究工作。……1993 年夏天，罗兰陪我去月影塘，这是一次简要介绍式的参访。1995 年与 1996 年，当我重新回到那里进行一段更长期的田野调查时，她又安排我与她在村里关系最近的亲属一同居住。那是 1995 年，我住进了她亲戚宋玲与包力夫妇的家……那几年时间里，他们成为我获取知识的宝贵源泉，与我分享了许多关于这个村子及其诸多传统信仰的信息。

（欧爱玲:《饮水思源：一个中国乡村的道德话语》，钟晋兰等译，北京：社会科学文献出版社，2013 年，第 6–7 页）

如果缺乏引荐者，观察者与观察对象没有共同认识的人，则观察者可以创造出共同的行为。例如，文卡特斯第一次接触到街头黑帮——“黑暗之王”的时候，注意到他们有喝啤酒的习惯和行为。第二次来到“黑暗之王”的地盘，文卡特斯特意带来了啤酒，这立即获得帮派的头领及其他黑帮成员对他的亲近感。不仅是因为文卡特斯给他的观察对象带来了礼物，还因为他带来的礼物传递了某种信息：我们都共同喜欢同一样东西，我们有相似性。

几个小时之后，J.T. 回来了。有几个人跟着他，每人手里都拎着一个杂货袋。更多的啤酒。夜有点深了。人人都显得有些昏沉。气氛变得沉闷，有几个年轻人一直都想知道他们什么时候可以离开。不过在这个时候，啤酒似乎可以安定人心。……我在下午两点左右到达。这次我带来了六瓶装的啤酒。大约有十几个年轻人在4040号楼前面，站在他们的汽车周围。有些人开始冲着我指指点点。其他几个人正在把网球丢向大楼，以此方式玩着手球。在我靠近的时候，他们全都转过身来看着我。

（素德·文卡特斯:《城中城：社会学家的街头发现》，孙飞宇译，上海：上海人民出版社，2015年，第22-25页）

除了共同认识某个人与共同的行为可以拉近观察者与观察对象的距离，其他的一些共同点也有类似的效果，如共同的经历、特征。共同做某件事或有共同特征容易生产出“我们”感，有助于建立起把观察者包括在内的群内人与其他人的边界。丁瑜在对性工作者进行研究时，因为与观察对象具有共同的年龄、性别特征，这使她们有更多的共同话题，“分享化妆品，分享衣服”[1]，从而有机会了解到观察对象的隐蔽世界。潘绥铭也是性研究工作者，但他与观察对象缺乏这种共同性，为研究增加了障碍。年龄与性别是造成观察者与观察对象之间社会距离的一大原因。

（三）坦诚及“共情的分歧”

由于参与式观察是一个长期的过程，坦诚地与观察对象交往，是顺利进行参与式观察的保障。丁瑜在总结如何向观察对象解释自己的研究、如何树立良好的形象并与观察对象建立融洽关系时，一个重要的点就是要对观察对象展示自己的友好和真诚。

让对方感觉到你对他们并非单纯索取然后转身离开，而是抱有真诚的意愿去了解他们的生活和他们作为个人的需要。在介绍自己研究的时候，

[1] 丁瑜．她身之欲——珠三角流动人口社群特殊职业研究［M］．北京：社会科学文献出版社，2016：85.

我都会告诉他们，做这个研究最终的目的也是让更多的人能了解这一行，减少偏见和成见，这也是传播新知识的一个重要途径。这样才能让他们感受到自己也可以真正成为研究的一部分，而且有人愿意走进他们的生活，倾听他们的故事，愿意为增进他们的福祉出一份微薄之力。在整个研究过程中我都在想如何才能让他们真正从这个研究中得益，我感觉到得益不一定只是物质上的，更多的是他们能从研究过程中多认识自己，对自己的生活有更多的反思和想法，从而更了解自己，更清楚自己的选择和可能的发展路向。

（丁瑜:《她身之欲——珠三角流动人口社群特殊职业研究》，北京：社会科学文献出版社，2016 年，第 77 页）

需要注意的是，坦诚意味着不能总是赞同观察对象的观点，或随时随地附和他们。例如，戈登公开反对教民对信仰问题的看法，但最终成功地与他们建立了融洽的信任关系。他使用的是他称为“共情的分歧”（empathetic disagreement）策略。[1] 只要情感上是共通的，观点的一些不一致反而让观察对象感受到你的真实性。一味地附和讨好，只能让观察对象怀疑你的动机不纯，认为你虚伪、你在表演，从而也可能采用同样的方式来对待你。怀特也遇到过类似的情况。他认为参与式观察必须入乡随俗，就采用了观察对象的语言方式，但收获的是观察对象的反感。这让他认识到，只要观察者对观察对象呈现出友好的态度，对观察对象的生活、工作及其他内容表现出兴趣，观察对象就会接纳观察者与观察对象之间的不一致，不仅不反感，反而是感兴趣，“感到很有意思，很高兴”。

[1] GORDON D F. Getting Close by Staying Distant［J］. Qualitative Sociology，1987，10（3）：267-287.

起初，我集中精力在科纳维尔做到入乡随俗。但不久，我就遇到了这样一个问题，即我打算在多大程度上使自己融于这个地区的生活。我是在一个晚上，和诺顿帮一起在街上散步时偶然遇到这个问题的。由于想参加到他们的闲扯中去，我信口说出了一大串不堪入耳的脏话。这时，大家都不再往前走了，而是惊讶地停下来望着我。多克摇着头说："比尔，你不该说这样的话，这可不像是从你嘴里说出来的话呀！"

我努力解释说，我只不过是用了街角的人们常用的说法。但多克仍然坚持说我和他们不一样，而他们愿意我与他们不一样。这一课绝不仅仅限于讲脏话的问题。我从中了解到，人们并不希望我和他们一模一样；事实上，只要我对他们很友好，感兴趣，他们见我与他们不一样，反而会感到很有意思，很高兴。因此，我不再努力完全融入他们的生活中去。

（威廉·富特·怀特：《街角社会：一个意大利人贫民区的社会结构》，黄育馥译，北京：商务印书馆，1994 年，第 392 页）

（四）持续的互动

与观察对象持续互动、陪伴、在一起聊天、有目光的接触、在语言上进行回应，是建立融洽关系的基础。因为持续互动本身就是一种特殊的共同经历，可以一点一点地拉近观察者与观察对象的距离，丁瑜称为"混个脸熟"。

我明白只有放下面子、多给时间、细心耐心，才可能做到"混个脸熟"，只有混了脸熟才可能赢得信任。因此，尤其需要在进入之初多花时间与耐心考察、熟悉周遭的环境和人员，做好踩点和准备的工作，而不祈求一开始便有什么收获。

（丁瑜：《她身之欲——珠三角流动人口社群特殊职业研究》，北京：社会

科学文献出版社，2016 年，第 83 页）

持续的互动不仅可以拉近观察者与观察对象的距离，还可以让观察者成为研究现场的一种背景，观察对象视观察者的存在为理所当然，对观察者高度信任，从而自然地、毫不掩饰地呈现自己的行为，增加资料的信度。拉鲁在进入家庭内部观察时，经历了互动初期观察对象的拘谨和后期的常态化过程，由于持续的互动，观察对象呈现出最真实的一面。

前几次拜访非常尴尬。似乎没有人明确知道该做些什么（包括我们自己）。毫不奇怪，每个家庭都觉得需要和我们寒暄打招呼，特别是我们刚进门的头几分钟。他们问我们路上顺不顺利，并总是给我们提供饮料。而孩子们通常都在做某件事或打算做某件事。所以，我们经常会和他们一起在地板上坐下来看电视，或者去外面打球。在家长和孩子们出去办事的时候，我们也经常会坐在车里，跟着他们一起到处转。家庭成员逐渐习惯了我们的存在。我们发现紧张的气氛变轻松了，特别是从第三天开始，到了第十天的时候，气氛就更加轻松了。孩子们都还小，对他们来说，很难长时间保持“在客人面前的礼貌”。我们感觉到，在拜访的过程中，常规的家庭生活节奏又恢复了。

（Lareau，A. Unequal Childhoods：Class，Race，and Family Life. Berkeley and Los Angeles，California：University of California Press，2003，p. 269）

第四节　观察的内容

进入观察现场后，就进入了具体的观察过程，和观察对象建立信任关系与观察的实施实际上是同步进行的。在观察现场，能够很好地解答研究问题的可观察的情景总是有限的，而观察者的精力同样是有限的。为了能够高度精准地捕捉到有用的资料，观察者必须根据研究主题，敏锐地识别出现场中需要更多关注的重要内容。

观察现场是由多维的要素构成的，初进入观察现场的个体容易眼花缭乱。一般来说，参与式观察要做的事情与中小学通过观察来写作文比较相似，作文关注的是时间、地点、人物、事件，参与式观察也需要关注这些内容，但略有不同。参与式观察重点关注的是空间、人物、活动，以及其他的一些要素，如参与者的感受、时间、关系，等等。

一、空间

参与式观察的空间既包括宏大的自然地理空间，也包括微观的住宅、房间这一类空间。费孝通在开弦弓村的参与式观察，就详尽地描绘了该村甚至该村所属的镇的地理环境。“在开弦弓以南约 4 英里，坐手摇船单程约需两个半小时。震泽地处太湖东南约 6 英里，大运河及苏嘉线以西约 8 英里。目前，可乘轮船或公共汽车到达苏嘉线的平望站。通过现有的铁路线，可在 8 小时以内从震泽到达上海。”[1] 费孝通不仅描绘了开弦弓村的空间环境，还绘制了地图。

笔者的学生金家旺在对学校的图书馆进行观察时，就对图书馆的空间进行了如下描绘。

观察地点在贵州大学西校区智华图书馆 3 楼北阅览室、9 楼北阅览室及 3 楼、9 楼北阅览室靠近贵州大学西校区东门的楼梯间。图书馆 3 楼配置的是比较高级的棕色书桌，椅子是带有软垫的，桌子中间有挡板。挡板安装了插板、台灯，并配置了两个 USB 插口及两个 CAT.5E 网线插口。图书馆 9 楼搭配的是原木色的普通桌子，桌子中间没有挡板，椅子也没有软垫，坐在座位上，可以看见阅览室的所有人。图书馆 9 楼的书架相比于图书馆 3 楼较少，所以图书馆 9 楼的桌子比图书馆 3 楼的多，9 楼空间显得宽敞。3 楼、9 楼的楼梯间都没有灯，唯一的灯光是贵州大学西校区东门或该图书馆馆内照射进来的灯光。灯光较暗，略显阴森。在 3 楼、9 楼，我主要是在书架前查找并翻阅书籍；而在楼梯间，我主要是倚在窗子前的围栏上眺望。

（贵州大学公共管理学院行政管理专业 2020 级学生金家旺观察记录）

文卡特斯在第一次进入观察现场时，则关注到现场的微观环境：楼道的空间。他发现，楼道里有一长排金属信箱，已经被损毁的许多信箱门都消失了。楼道里到处在滴水，进入入口通道以后，里边一片漆黑，甚至找不到电梯的按钮。[2] 通过对这些微观环境的观察，文卡特斯准确地揭示了

[1] 费孝通．江村经济——中国农民的生活［M］．北京：商务印书馆，2001：28.

[2] 文卡特斯．城中城：社会学家的街头发现［M］．孙飞宇，译．上海：上海人民出版社，2015：14.

其研究对象——街头黑帮——所处的恶劣环境，同时也揭示了街头生活环境的窘迫和凋敝。

拉鲁在进入家庭进行观察时，也仔细地观察了这些家庭所处的微观环境。

房子里有一扇面向街道的大型落地窗，透过落地窗可以俯览窗外宽阔的绿色草坪。前院的中间是一棵大树，一个白色的粗绳子吊着秋千挂在树的枝干上。在通向车库的沥青路旁有两根杆子，一根撑着篮球筐，另一根则支起一个小黑板，小黑板上装饰着美国职业篮球联赛的会标。这两根杆子的正后方是一张 2.1 米长的伸展开来的黑色细孔拦网，以防止没有投准的球会掉到邻居家的灌木丛里。一扇木制的大门通向由篱笆隔开的宽大的后院和游泳池。

（Lareau，A. Unequal Childhoods：Class，Race，and Family Life. Berkeley and Los Angeles，California：University of California Press，2003，pp. 39-40）

拉鲁的这些观察和描写，呈现了典型的美国中产阶级家庭所处的社区环境，同时也与之后的家庭教养模式联系了起来。

每一个空间都具有某种寓意，例如，家庭内部厨房的空间，会经常看到一个劳作的女性身影。因为厨房里面的操作台面、抽油烟机的高度、拿取重要物品的高度及最重要物品的高度排序，就是按照普通女性的身高来设计的。因此，尽管家庭中丈夫也承担了部分家务——这是中国双职工家庭的惯常的分工模式，但他从来不洗碗，因为洗碗的水池太矮，每一次要半弯着腰洗碗，让他非常疲惫。通过对厨房空间的观察，就可以更清晰地描绘家庭内部的性别分工。

二、人物

观察现场中有什么人、什么物，也是参与观察者关心的问题。参与观察中充斥着对现场出现的人物的描写，“走在前面的是一个大家伙，强壮有力，却有着一张娃娃脸”[1]，“塔林格先生是一个高个子（刚刚过 1.8 米）宽肩膀的男人，有着稀疏的略带红色的金发。上班时他喜欢穿昂贵的西装，周末则穿高尔夫球衫和卡其布的短裤”[2]。通过对人的观察和描写，可以更好地理解观察对象的个性、社会经济地位及社会处境等背景信息。

对物的观察也很普遍。艾德里安观察到她的一个台湾朋友挂在卧室里的婚纱照，大约有 3 英尺高；还有一个巨大的相册，里面也有结婚照。通过对这些照片的仔细观察和描绘，艾德里安发现了台湾社会所发生的广泛的社会经济变化。[3]

三、活动

参与式观察还要重点观察现场中人所实施的一系列相关的行为。关于活动，研究者需要回答的是：人们做了什么？如何做的？是被动的行为还是主动的行动？不同的活动之间有没有关联？具体还有哪些细节？

汽车、摩托车和涂着鲜艳油漆的木质卡车，载着他们用甘蔗生产的货

---

[1] 文卡特斯．城中城：社会学家的街头发现［M］．孙飞宇，译．上海：上海人民出版社，2015：18.

[2] LAREAU A. Unequal Childhoods：Class，Race，and Family Life［M］. Berkeley and Los Angeles，California：University of California Press，2003：40.

[3] YIN R K. Qualitative Research from Start to Finish［M］. New York: The Guilford Press，2010：235.

物，至少停了两个街区，等待游行的终点——州卫生局的两名卫生工程师穿过博恩·耶稣的主要街道。与此同时，在以欧几里德·达·库尼亚命名的忧伤的小广场上，这支由24人组成的“九月七日”乐队身着普通的褐色制服，摆放了自己的小凳子。一坐下，乐队成员就开始演奏苏萨进行曲中的第一个不和谐的音符，这让乐队看台下的愤怒人群感到沮丧。易怒的音乐大师弗洛里亚诺意识到了自己的错误，皱了皱眉，突然结束了进行曲的演奏，使得后排的高个子苏若昂跟不上趟。但当乐队在音乐大师弗洛里亚诺的推动下，演奏出一首更为熟悉的、狂野的诺德斯蒂诺的和弦时，观众就赞赏地欢呼起来。气氛迅速回暖，人们开始摇摆不定，尽管酷热难耐，需要争夺空间，但仍有少数人成功地跳了起来，以诺德斯蒂诺人特有的轻松和放纵的姿态扑向空中。即使在5月下旬的明显淡季，他们也乐于参与狂欢。

（Scheper-Hughes，N. Death Without Weeping：The Violence of Everyday Life in Brazil.Berkeley：University of California Press，1992，p. 65）

通过对仪式活动的介绍，谢帕－修斯呈现了宗教领袖与世俗领袖之间的紧张关系，以及神圣的宗教世俗化的状况及表现。

聂丹在对黔西北农村的丧葬仪式进行观察时，详细地介绍了具体的过程。

临死时，死者必须从床上扶到椅子上，从睡姿变换为坐姿，子女必须围在死者身边送终。有几个子女在身边送终就称有几个子女，不在身边的，乃为享不到某某的福，就不算是其子女，是不孝顺的表现。死亡后，家里人首先给死者擦洗身体，换寿衣。寿衣俗称“老衣”，质地是丝绸的，式样是清代的对襟大褂，寿衣件数必须是单数，以免重丧（三个月之内再死人）。收拾停当后入殓，必须停放在堂屋里，不能放在正中。根据男左女右的原则，男性偏左边，女性偏右边。接着就去请总管（丧葬仪式负责除道场和选墓地之外所有事情的总指挥）。总管也是村里人，请总管不需要支付报酬，仅象征性地赠送一些小礼物就行，通常是一斤白糖和一瓶价值与白糖相当的白酒。请到总管后家里的一切事务都由总管安排，死者的家属就退出了主角的地位，仅专注于对死者的悼念仪式。

（聂丹:《黔西北农村丧葬仪式中的工具性功能初探》,《贵州民族研究》2009 年第 5 期）

四、其他

观察现场中其他的一些要素也很重要，如观察对象的感受、观察对象从事某种活动的时间、观察对象从事该活动的目标、观察对象的日常对话方式、观察对象之间的关系，等等。这些要素也是观察者需要关注的内容。

感受是观察者观察到的观察对象感受到的或者通过身体语言表达出来的情感。秦璐瑶观察从图书馆走出的同学时，就观察到了他们的感受和情绪。

在走出图书馆的同学中，第一类是结伴的男生。这类男生走出图书馆时几乎不会携带书包等其他物品，少数男生会背着斜挎包或是胸包。他们出来的时候会走在一起说笑，从神情看出他们十分开心。

第二类是结伴的女生。她们出来的时候大多没有背书包，但是会拿着水壶、伞、一两本书。有些会边走边吃苹果，或是喝牛奶。大部分女生是肩并肩走的，有些会互相搂在一起，相比结伴的男生会靠得更近。她们边走会边说话，并且笑得很开心。

（贵州大学公共管理学院行政管理专业2020级学生秦璐瑶观察记录）

需要关注的观察对象从事活动的时间有两个方面的内容，一是事件什么时候发生的，二是事件发生的先后顺序。拉鲁通过关注塔林格夫妇5月中每一件事的时间，注意到了这个家庭忙碌的日程安排，从而揭示出美国中产阶级、工人阶级和贫困家庭三类不同家庭的教养模式。

塔林格夫妇俩5月都要去外地出差。在5月9日的这个星期里，被安排去西海岸办事的塔林格先生回来得很早。他乘坐星期三半夜的飞机，周四早上到家，睡上几个小时后再去上班。在那天晚上，他带着加勒特参加足球训练。

5月23日这个星期，塔林格女士星期二整个夜晚都在外面，星期三晚上10：00前一点点才回到家。5月26日，塔林格女士要赶早上6：30的飞机去外地，晚上8：00回家。后面的一个星期塔林格女士还是如此安排，星期三出差，星期四很晚才到家。第二天又要去外地。

光是这些活动的数量本身就足以增加各个活动之间重叠和时间冲突的可能性。因此，所有的活动——包括带萨姆外出——都必须事先安排好。

（Lareau，A. Unequal Childhoods：Class，Race，and Family Life. Berkeley and Los Angeles，California：University of California Press，2003，p. 44）

观察对象之间的关系也是观察者需要关注的内容，金家旺在学校图书馆注意到，一些来图书馆学习的同学具有亲密关系，因为他们之间有亲密的肢体接触，这些动作是普通朋友之间很少有的。

第四类是谈恋爱的同学。这类同学都是坐在相邻的位置上。有的是女生在看书学习，男生在看手机，而有的则反过来。我观察到，无论是男生还是女生，他们在看手机时，都会主动与认真学习的另一方发生肢体接触。有的是手会搭在对方的脖子上，有的是把手放在对方的大腿上，而有的会倚在对方的肩膀上，主动学习的那一方总会任由其做出各种动作。

（贵州大学公共管理学院行政管理专业 2020 级学生金家旺观察记录）

如果要想观察到观察对象之间更隐秘、更复杂的关系，一次的观察是不够的，甚至单独的观察也是不够的，还要辅助其他搜集资料的方法，如访谈等。文卡特斯通过对街头帮派的参与式观察，发现了帮派与其所嵌入的社区中的各种人际关系：帮派保护大楼里的擅居者，而擅居者向帮派支付费用，两者是保护者与被保护者的关系；帮派支付费用给租户巡逻员，租户巡逻员则给大楼里的租户和擅居者提供各种帮助，帮派和租户巡逻员是合作者的关系。

在 5 楼，我们遇到了三个老人，正在聊天说笑。

J.T. 看了看他们，“你们都是 11 楼的，是吗？”他问。“不”，一个人说，没有抬头，“我们搬到了 1206。”

“1206，哈？谁说你可以那么做了？”没有人回答。“如果你住在 1206，那你就需要付清账单，因为你原本住在 1102 的，对吧？”

这些人默默收起了他们的啤酒罐，低着头，接受斥责。

J.T. 招呼他的一个马仔，“格雷普，把这些人带到排骨佬那里去。”我知道“排骨佬”是 J.T. 的一个好朋友，也是个帮派的高级官员。

我们重新开始攀爬的时候，我问 J.T. 刚才发生了什么。

“擅居者，”他说，“你看，许多住在这里的人并没有租约。他们只是在楼梯里厮混，因为外面太冷了，或者他们只是需要一个安全的地方——他们可能正在躲避警方，要么就是欠了某人的钱。我们为他们提供保护。有时候他们会失去控制，但是绝大多数人都很安静。无论如何，他们只想在这里求个安身之所。”

“帮派保护这些擅居者？”

“是的，如果他们在这里待着，没人会理会他们。我会确保这一点。但是我们无法收容两百万的人，所以我们要讲规矩。他们要付给我们钱。”

在我们继续攀爬的时候，偶尔会路过某位穿着蓝色租户巡逻夹克的老太太。J.T. 说，在每栋楼里，大约会有十几位这样的女人。“她们确保老人们的安全，有时候我们会帮助她们。”大约在 13 楼附近，J.T. 看到了一位租户巡逻妇女正在弯腰看一个男子。而后者正在地上蠕动。J.T. 停下了。

（素德·文卡特斯:《城中城：社会学家的街头发现》，孙飞宇译，上海：上海人民出版社，2015 年，第 46 页）

五、根据观察任务确定观察内容

参与式观察与日常生活中漫无目的的观察具有核心的区别，即参与式观察必须确定观察任务，并根据观察任务来确定观察内容，而不是漫无目的的观察。

观察任务的确定是一个逐步推进的过程，在观察的初始阶段，观察任务来源于文献的阅读及文献与现实之间的差距。这一点，在前面第二章已经有过相应的介绍。

欧爱玲在月影塘的观察，最初就来自一些文献的启发。由于西方媒体中涉及中国的叙述形成了一个关于中国的刻板印象。但这不是一个真实的中国，而是一个西方社会想象中的中国。据此，部分西方学者想要了解，在集体主义秩序正在瓦解而全球化的资本主义与消费主义逐渐兴盛的背景下，中国是否存在着及存在什么样的道德准则。为了回应这些问题，欧爱玲初步形成了自己的观察任务：“希望通过这项研究，至少可以了解生活于中国广袤农村一个角落的人们，如何在一个文化、社会与政治各领域都发生巨变的时代讲述自己与日常生活情境相关的道德责任。”❶

在进入观察现场以后，之前的观察任务会根据观察的推进及所搜集到的资料不断地分解和具体化。通过一段时间的观察，欧爱玲的观察任务具体化为：“对月影塘居民道德概念的探究将聚焦于他们日常话语表述的方式”、“对于道德话语的探究将集中于村民们在家庭内表述道德责任想法的方式”。❷

谢帕－修斯在阿尔托多克鲁塞罗棚户区的观察也根据不同的观察任务确定了不同的观察内容。

最初，谢帕－修斯在阿尔托多克鲁塞罗棚户区目睹了婴儿的大量死亡，她想要知道，这种可怕境遇背后的人性、道德和社会关系是什么样的，特别是长期的饥饿、疾病、死亡和丧失如何影响到上述主题。

为了回答这些问题，谢帕－修斯将观察的重点确定在各种资源的匮乏和人类所经历的折磨上，如干旱、饥饿、疾病、死亡。同时，谢帕－修斯也观察各种呈现阶级地位的社会设置，如不同阶层居住的房屋的差异，以呈现“不平等”这一永恒的研究主题。

下面是谢帕－修斯的观察内容，有活动、建筑、地理环境，等等。体会一下这些观察内容回应了什么观察任务。

---

❶ 欧爱玲．饮水思源：一个中国乡村的道德话语［M］．钟晋兰，等译．北京：社会科学文献出版社，2013：4.

❷ 欧爱玲．饮水思源：一个中国乡村的道德话语［M］．钟晋兰，等译．北京：社会科学文献出版社，2013：4-5.

阿尔托多克鲁塞罗的女性每天排两次队（早上4点到6点，晚上又排一次队），装满5加仑的锡罐，然后优雅地用头把它们带回家。那些迟到的人，或者排到了长队的最后的人，往往空手而归，被迫在化学和工业污染的卡皮巴里贝河的岸边取水。卡皮巴里贝河流经小镇，从糖厂、当地医院和邦吉苏镇的制革厂运来了垃圾。对于那些住在阿尔托多克鲁塞罗山顶附近的居民来说，背着沉重的水罐上山的负担每天都是痛苦的来源。这是人们提到日常生活中最常想到的事情。

我们路过，但没有进入种植园主的现代卡萨格兰德建筑群，那里有许多天井、雕塑花园、游泳池和网球场……工厂工人的住房是几排小的、方形的水泥砖房子。没有铺好的道路，只有泥泞的小路。

“死者的名字？”多纳·莱昂娜厉声说道。我看到一位父亲焦急地转向他的嫂子，问她：“我们的小菲亚波（一个普通的绰号，意思是什么都没有）叫什么名字？”在回答官僚问题“街道和门牌号”时，解释一个人住在哪里可能会让人觉得很累。没有官方的房屋编号，只有描述性和非正式的昵称，这些昵称呈现了罗拉多雷人在克鲁塞罗上城建造家园的许多土路和山坡。生活安排通常是非正式的，夫妻之间经常不知道对方的姓氏。有一次，当一位父亲无法说出他的妻子的全名时，他的同伴低声对他说：“好吧，那就算她是阿劳乔·达·席尔瓦吧。”

公共汽车被两个站在空旷而贫瘠的公路边上的人挥手拦停，他们除了一把破旧的黑色雨伞外，没有任何东西遮挡暴晒的地方。其中一位是年轻的女士，穿着一件长袖、朴素的棉质连衣裙。她从纸袋里取出一双结实的鞋子，在公共汽车停下来的时候穿上。她旁边是一位穿着塑料凉鞋戴着草帽的老人。他非常虚弱，特别的瘦。

母亲的唯一责任是将蜡烛插进垂死婴儿的手中，帮助他照亮通往来世的道路。在匆忙埋葬了这样一个婴儿后，组成葬礼队伍的大孩子们回到家里，换上衣服，去除所有被污名化的疾病痕迹。与此同时，死去婴儿的衣服和尿布被焚烧或掩埋，圣水或最喜欢的古龙水被洒在角落和屋顶梁上，以净化房子。

（Scheper-Hughes，N. Death Without Weeping：The Violence of Everyday Life in Brazil，Berkeley：University of California Press，1992，p. 9，55，293，374，383）

第五节　观察的阶段、资料搜集与注意事项

一、观察的三个阶段

和质性访谈一样，参与式观察也是在与研究对象的接触中寻找研究问题的答案。与质性访谈不同的是，参与式观察会经历较长的时间，因此是一个研究问题及答案逐渐显现、逐渐清晰、逐渐具体化的过程。通过长期的观察，观察的视角从开始的漫无目的的观察，慢慢聚焦在对研究问题而言重要的那些方面，因此呈现出“描述性观察”“聚焦性观察”“选择性观察”三个清晰的阶段。[1]

其中，描述性观察是在刚进入观察现场时对观察现场进行的非特定观察，聚焦性观察则是将观察焦点集中于对研究而言十分重要的过程和现象之上的观察，而选择性观察的目的性更强，往往运用在观察的末尾阶段，

[1] SPRADLEY J P.Participant Observation［M］. New York：Rinehart & Winston，1980：34.

主要是为聚焦性观察中所发现的各种类型的行为方式或过程寻找进一步的证据和例子。

（一）描述性观察

描述性观察存在于参与式观察的初始阶段。由于对研究现场还比较陌生，也不明确研究现场中的哪些内容有助于研究者回答研究问题，因此描述性观察往往是开放性的，提供的是一般的、非特定的描述。观察者尽可能多地搜集资料和把握观察现场的复杂性，尽可能全面观察现场中的各种细节。通过描述性观察，研究者可以发展出更加具体的研究问题，并形成进一步的“观察方向”。

观察时间从晚上8点到10点，看到的人主要有3个（其余室友今晚没打游戏），分别称为室友A、B、C。第一个是室友A，他从我回到寝室之前就一直待在宿舍，直到晚上8点15分左右才拿出手机开始打游戏。他穿着一身休闲的睡衣，穿着人字拖，他在一开始首先是将身子的重心全部靠在椅子靠背上，双腿向前伸直，手机则端在小腹上。大约过了40分钟，也许是游戏结束了，起来站了会儿，但是还在和队友沟通游戏战术，同时又伸了个腰，扭了扭脖子，放松一小会儿，便拉了拉凳子，坐姿变得端正起来，将双手搭在桌子上，继续打着游戏。在打游戏的过程中，室友会因为队友的操作而生气，并开麦指导其操作。9点10分左右，室友A又回到了最开始的坐姿，并说了句“还是这样坐着舒服些，更好操作”，同时拿起了桌子上的水杯喝了口水，并一边嗑着瓜子一边打着游戏，一直持续到观察结束。在这一段时间中，室友A有时会因为自己的失误而捶捶桌子，有时会给队友提供信息，指挥战斗。

第二个是室友B。由于只玩端游，他的坐姿就比较正常，与平常的坐姿相差无几。今晚他穿着灰色的短袖，米色的直筒休闲裤，没有穿鞋——而是将拖鞋放在地上，两只脚踩在上面。桌子上放着一个小型风扇对着电脑吹，他说是为了给电脑散热，为了更好的游戏体验，也许是感冒了的缘故，见他经常拿纸擤鼻涕。室友B从头到尾也没有换过坐姿，只是会偶尔抱怨队友“太菜”，有时会说网络有点卡及电脑性能不好，容易发热等，除此之外，没有别的动作及行为。

室友C相比于前面两位室友，则更加活跃，他是在晚上8点半左右回到寝室的，回来时穿着一件白色的外套，里面搭了一件浅蓝色短袖，穿着一条浅灰色牛仔裤。看见前面两位室友在打游戏，便也投入游戏当中去了。由于是晚上学习后回到寝室的，回来稍显疲惫，刚回来打开游戏的时候便拿出平板电脑放着周杰伦的歌。在等待游戏期间会锻炼——拿起旁边的小哑铃在锻炼手臂力量。在游戏角色死亡等待复活期间偶尔会起来走走，捶捶肩膀。大概在晚上9点40分，室友C便不打游戏了，换上比较休闲的衣服做力量训练和肌肉放松。

（贵州大学公共管理学院行政管理专业2020级学生袁玉清观察记录）

（二）聚焦性观察

聚焦性观察是已经有了一定的观察思路后，将观察焦点集中于一些对研究而言更重要的过程、现象和问题之上的观察。

经过第一阶段的描述性观察后，观察者不仅对观察现场有了整体性的把握，还发展出了进一步的观察方向，知道接下来应该重点观察什么。如上面的观察，开始是对男生寝室的几个同学打游戏的状态的观察，通过对观察资料的梳理，逐渐聚焦到“大学生参与电子游戏的基本情况”“电子游戏对大学生来说是精神毒品还是体育运动”“大学生参与电子游戏与他们的健康素养”等问题或现象上，然后就会对这些问题和现象进行聚焦性观察。

基于上面的这些通过描述性观察梳理出来的焦点问题，就可能有如下更聚焦的观察。

2022 年 11 月 1 日 20：00 以后，我又在 1219 进行了观察，由于整晚只有室友 D 和我在寝室，观察对象就是我的室友 D。我和室友 D 一起打游戏《王者荣耀》，我一边打游戏，一边观察他的行为。室友 D 今晚打游戏时把鞋和袜子脱了以后，**拿洗脚盆接了一盆热水来泡脚**（每晚都有泡脚的习惯），**坐姿比较端正**，把双手搭在桌子上玩，还拿着散热器给手机降温，平板电脑放着音乐（音乐比较舒缓），他说这是**为了放松放松**。室友 D 在打游戏时不会生气，也不会有任何因为队友而导致心态失衡的行为。每局游戏结束后，他都会在**等待重新开局的时间段里起来拉伸，活动活动**，不会一直坐在座位上。今晚我们并没有连续打游戏，他说要休息会再打。但是后续他没有继续打游戏了，而是换上衣服**去体育场跑步**（每天晚上都有去跑步锻炼的习惯），回来后洗了个澡，**在 11 点 20 分左右上床睡觉了。**

（贵州大学公共管理学院行政管理专业 2020 级学生袁玉清观察记录）

上面的观察聚焦于“电子游戏”和“健康”两个主题，特别是后一个主题（加粗的字都是关注于健康的观察）。相对于第一阶段的观察，内容明显更紧凑，焦点更为明显。

（三）选择性观察

选择性观察被用在资料搜集的末尾阶段，旨在为聚焦性观察阶段发现的各种类型的行为方式、过程或可能的规律寻找进一步的证据和例子。

例如，上面关于大学生玩游戏与健康素养的观察，如果发现人生目标在其中有着某种关联，即“有着清晰人生目标的大学生更少玩游戏上瘾、有更高的健康素养”，就可以特意去选择打算考研的大学生、不打算考研的大学生，以及打算考研的大学生在考研之前的两年、一年、半年等不同情境来进行观察，以验证“有着清晰人生目标的大学生更少玩游戏上瘾、有更高的健康素养”的假设是否正确。

二、资料搜集

（一）观察并记录

进入观察现场，就开始观察，然后记录。记录的观察资料被称为“田野笔记”或“观察日志”，是对研究现场所发生的或存在的事物进行系统、完整、准确和详细的记录。研究人员需要将他听到的、看到的、闻到的、感觉到的、想到的一切都记录下来，以供研究报告写作时使用。

观察资料分为三类：基础性笔记、方法论笔记、分析笔记。其中，基础性笔记所占分量最大，是对全面观察的客观记录；方法论笔记是观察者的心得体会；分析笔记则是对基础性资料初步的分析。也就是说，做观察记录，不只是被动地记录观察现场发生的事实，还需要观察者积极地对事实进行阐释并创造意义。

记录的方式有两种，一种是观察现场中的速记；另一种是当日的观察结束以后，观察者通过回忆来记录观察到的内容。有时候也不一定当天完成，但最好不要超过第二天，因为观察现场的信息量繁多，观察过后几天甚至下一个月才开始记录，堆积起来的工作就是一场灾难，而且容易遗漏信息。

速记能够让观察者捕捉到观察者当时觉得有趣的、有意义的情景、行为、事件，毕竟，随着时间的流逝，观察者越来越融入现场，越来越认同观察对象，可能就不再觉得有趣或有意义，而只觉得是日常生活中普通的一幕。速记也可以帮助观察者留住转瞬即逝的启发性的想法，在需要处理大量新信息的情况下，这些启发性的想法一旦失去了就非常可惜。

观察者面临着什么时间、什么地点、什么情景应该速记的艰难选择。如果不速记，有些重要的信息可能会丢失；而速记，则可能会破坏观察时的气氛，打断正在进行的事件，观察对象可能会停下来，好奇地看看观察者在记录什么，或者认为观察者并不是真正关注自己，只不过是把自己作为一个素材罢了。因此，到底要不要速记，什么时间、什么地点、什么情景进行速记，速记什么，完全由观察者自己凭直觉判断。也就是说，观察者必须随时做出判断，要在尽量多地记录信息和尽量不干扰观察对象之间取得平衡。文卡特斯为了避免速记干扰到观察对象，通常都选择不速记，而是离开观察现场后再做记录。

尽管这样的对话精彩十足，但是我很少在J.T.面前做笔记。因为我不想让他在说话的时候小心谨慎。所以我会在回家之后，再写下我能够回忆起的一切。

（素德·文卡特斯：《城中城：社会学家的街头发现》，孙飞宇译，上海：上海人民出版社，2015年，第31页）

离开现场后再做回顾性的记录，会遗漏一些重要的信息，但因为没有其他人在场，观察者可以认真思考现场中的各种因素及发生的情节，因此，记录下来的信息相对更系统、更有条理，甚至有些记录下来的内容可以稍作修改直接用在正式的研究报告中。

观察现场是多维度的，同时发生的事件多。而记录本身却是线性的行为。因此，观察者在记录时也面临选择：记什么？从什么时候开始？什么内容相对重要，什么内容相对不那么重要？从谁的视角来切入？

一般来说，以下的几类内容都需要记录下来：观察者最初的印象，观察现场发生的核心事件、事件的完整过程，观察者与其他人的认识与感受。而观察视角则可以采用第一人称，也可以采用第三人称，甚至也可以采用第二人称。这取决于如何做能够更好地呈现信息，不过，第一人称应该是运用最多的。下面是一个田野笔记的示例。

哈里森街学校田野笔记—

1972 年 5 月 14 日　上午 9：00—12：00

当天下午录制

查尔斯汤普森情绪障碍儿童班年度会议

她领我走出办公室，沿着大厅来到一个房间，房间里铺满了亮蓝色的地毯，还有许多实验室设备。我进了房间，她则沿着大厅走了。在房间里，我认出校长普莱斯太太和南区指导诊所的主任伍德太太，她俩正站在一起交谈（注：看到她们俩在一起，我很惊讶，因为我不知道两人认识，也不知道伍德太太会出席会议）。两人都用友好的方式迎接我。普莱斯太太对我说："很高兴再次见到你，戴斯太太。"然后她看着伍德太太说，"既然你有人陪伴，我就先离开了。"她离开了房间，几乎立刻就和维修工乔一起回来了。乔提着一张折叠桌，竖着放在房间中央。普莱斯太太问道："你能清洁一下顶部吗？"乔穿着灰色的工作服，和我上次见到他时穿的衣服一样。普莱斯太太穿着蓝色的连衣裙，脖子上挂着一串珍珠（注：我以前从未见过她戴过珠宝）。

这时我抬头看了看时钟，时间是 9 点 7 分。简·德维特向我介绍的是，会议定于9点整开始（注：这是我参加的第三次安置会议，她们都迟到了至少15分钟）。

（Robert Bogdan.Participant Observation. Peabody Journal of Education，Jul.，1973，Vol. 50，No. 4，pp. 302−308）

（二）参与式观察中的访谈

杰克森提出，参与式观察法不是一种可以单独使用就可以有效地搜集到资料的“技术”[1]，这种说法是正确的。质性研究最关注的两个主题是主观的意义和客观的过程，或者也可以称为“主观的解释”和“客观的活动”。质性研究中搜集这些资料的两大方法是质性访谈和参与式观察。质性访谈可以单独使用，参与式观察则不能单独使用，还必须有其他方法的辅助。原因在于，质性访谈既能够通过询问来获得受访者的意义建构、对现象的理解和解释等主观信息，也可以通过受访者的描述来再现已经发生了的过程、行动等客观信息，所以可以单独使用。而单纯的参与式观察只看得到过程、行动等客观的信息，看不到意义、理解、解释等主观信息，必须运用其他方法作为补充。

可能有读者会问，既然质性访谈既能够通过询问来获得受访者的意义建构、对现象的理解和解释等主观信息，也可以通过受访者的描述来再现已经发生了的过程、行动等客观信息，而单纯的参与式观察只看得到过程、行动等客观的信息，看不到意义、理解、解释等主观信息，那么，为什么还要选用参与式观察来搜集资料，而不是只运用质性访谈呢？我们都知道，参与式观察法还有一个缺点，就是费时费力，往往要耗费研究者相当长的时间。怀特在科纳维尔的参与式观察花了六个月时间，谢帕－修

[1] PETER JACKSON. Principles and Problems of Participant Observation［J］.Geografiska Annaler. Series B，Human Geography，1983，65（1）：39−46.

斯在邦吉苏小镇的参与式观察前前后后花了二十五年。而质性访谈相对来说，耗费的时间要少得多。

之所以有许多研究者采用参与式观察法，原因有两方面。一方面，有些问题是没有办法单独通过访谈来获取的。当弗洛拉不断访谈那些家人或朋友中有自杀经历的因纽特朋友:“他们为什么会自杀?”得到的答案基本上都是“不知道”“(自杀)就这么发生了”“(自杀)很正常”。显然，除了访谈，还必须参与观察，才能够理解因纽特人高自杀率背后的逻辑。[1]

另一方面，只有与研究对象长期在一起生活、互动，才能够更好地理解意义、文化等与对方相关联的生活世界。特别是对于文化背景与访问员不同的受访对象，他们的语言系统可能有某种不为外人理解的含义，仅仅用质性访谈法就拿不到相应的资料。例如，谢帕-修斯在描绘巴西东北部一个棚户区中的母子关系时，创建了一个奇特的词汇——(M)other Love[2]。她用括号把字母M隔离开来，没有字母M以后，这个词的意思就变成了“(母爱之外的)其他爱”，表达的是她对“母爱”这个词的质疑:在极端缺失的情景下是否还有母爱这种东西?母爱是不是中产阶级臆想出来的一种神话?如果不理解这个词，就很难理解她所表达的深邃的微妙的思想、观点和情绪。而要理解这个词，最好的方法就是运用参与式观察法参与进对方的生活。

就算研究的是和访问员运用同一种语言的受访对象，由于社会环境、经历的不同，两者共同使用的词汇会有完全不同的含义，而访问员如果只知道其中的一个意义就以为自己理解了调查对象，就可能造成误解。

---

[1] FLORA J. The Lonely Undead, and Returning Suicide in Northwest Greenland [M] //L BROZ, D MUNSTER.Suicide and Agency: Anthropological Perspectives on Self-destruction, Personhood and Power. London: Routledge, 2015.

[2] SCHEPER-HUGHES N. Death Without Weeping: The Violence of Everyday Life in Brazil [M]. BERKELEY: University of California Press, 1992: 340.

就因为参与式观察能够更深刻地理解研究对象的生活世界，一些看上去用质性访谈法可以很好地进行研究的主题，研究者也采用了参与式观察。埃丁等研究者打算探讨为什么贫困的女性更多地未婚先孕，访谈了162位符合条件的年轻母亲，就算是这样，研究者仍然在这些受访对象居住的地区做了5年的参与式观察，以便更好地理解受访对象，更好地揭示现象背后深层次的社会、经济、文化原因。[1]

总的来说，质性访谈是参与式观察法中运用最多的辅助方法。在运用参与式观察法的研究中，充斥着各种质性访谈资料。下面是谢帕－修斯在巴西东北部一个贫民窟运用参与式观察法历时25年做的民族志研究，里面就有大量的质性访谈内容。

姐姐一发消息，埃琳娜就赶到城里辨认并认领了儿子的尸体，这意味着她又一次进入了地狱！埃琳娜在讲述时仍然止不住地颤抖："南希，这是一个没有人愿意进入的地方，一次都不想进。但是，我进去了两次……"

她的一个安慰是，她的朋友们已经找出了一堆（疑似的）尸体，这样埃琳娜就可以从停尸房找到儿子的尸体，然后回到邦吉苏那里举行一个合适的葬礼，一个合适英俊的年轻人的葬礼。她说，这个年轻人，是她"年老"时的快乐。埃琳娜当时42岁。

"如果你没有钱，会发生什么？"

"那些能支付葬礼费用的人可以把尸体带回家，那些做不到的人，就丢掉它。"

"那尸体去哪儿了？"

"医生那里，他们能够拿到他们想要的东西。"

---

[1] EDIN K., KEFALAS M. Promises I can keep: Why Poor Women Put Motherhood Before Marriage. Berkeley: University of California Press, 2011: 67–68.

“剩下的呢？”

“谁知道呢？也许是秃鹫吃了。这是穷人的命运，南希。Nern donos do corpo deles，eles sifo（他们甚至都不能保全自己的尸体）。”

（Scheper-Hughes，N. Death Without Weeping：The Violence of Everyday Life in Brazil，Berkeley：University of California Press，1992，pp. 265−266）

（三）参与式观察中的问卷

在参与式观察中，也经常会用到问卷。特别是民族志研究在运用参与式观察时，由于观察点往往是一个相对封闭的异文化的村庄，有上百户甚至更多的人家，为了掌握整个村庄的信息，经常会用到问卷，通过问卷搜集定量资料。如欧爱玲在月影塘村对客家人的参与式观察，为了从村民的婚配模式中挖掘出可能的道德话语，她通过问卷搜集了相关的资料（表 5.1）。

表 5.1　1997 年月影塘村的婚配类型

年龄群组	恋爱型（人数 / 占比）	介绍型（人数 / 占比）	童养媳（人数 / 占比）	未知类型（人数 / 占比）	总计（人数）
19 ~ 30 岁	10（24%）	31（76%）	—	—	41
31 ~ 45 岁	19（17%）	93（83%）	—	—	112
46 ~ 65 岁	13（18%）	59（82%）	—	—	72
65 岁以上	≠ 3（4%）	41（58%）	18（25%）	9（13%）	71
总计	45（15%）	224（76%）	18（6%）	9（3%）	296

资料来源：欧爱玲 . 饮水思源：一个中国乡村的道德话语［M］. 钟晋兰，等译 . 北京：社会科学文献出版社，2013：89.

参与式观察法会用到问卷，实证主义的定量研究也会用到问卷。一般来说，两种问卷还是有一些区别的。最明显的区别是，参与式观察用到的问卷题量比较小，问题简单，甚至可能只有两三个问题。而定量研究主要运用问卷法搜集资料，所使用的问卷比较复杂，内容更丰富，问卷的设计也更讲究，这往往是为了回应一组研究假设而设计。二者的问卷表面上都是一组问题，但后一种问卷有理论工具的支撑，或内在地包含着各种文献的对话，与参与式观察法中使用的问卷完全不同。

三、观察中的注意事项

（一）把观察与解释区分开

我们观察到的事实与我们以为的事实有清晰的边界，对于初学者来说，混淆这一边界是常有的事。也就是说，初学者不经意间会把观察与自己的解释混为一谈，以为自己所解释的就是自己所观察到的，下面就是一些典型的例子。

寝室卫生**十分干净，空气清新**，墙壁粉刷成白色，地面铺了瓷砖，每个床位都会有一张凳子，桌子上都会放着电脑——这是他们打游戏时用的，桌子上都有一些自己的装饰，**来为寝室氛围增添了一番别样的风景**。

第二个是室友 B。由于只玩端游，**他的坐姿就比较正常，与平常的坐姿相差无几**。

第三类人是食堂内的学生。他们从宿舍门口或街边走进食堂，几乎都穿着**休闲服饰**。

上面的黑体字部分都是观察者的解释，在观察的彼时彼地，观察者会认为自己已经捕捉到了足够的信息，但过了一段时间，可能观察者本人都很疑惑，到底当时自己看到了什么。例如，对于室友 B 的观察，过了一段时间以后，观察者可能会问自己如下问题：

为什么只玩端游坐姿就比较正常？

当时是如何判断观察对象坐姿正常的？

什么样的坐姿是正常的？

什么样的坐姿不正常？

观察对象当时的坐姿到底是什么样的？

观察对象平时的坐姿是什么样的？

注意，这里不是说在参与式观察中不能有观察者的解释，而是说解释必须建立在观察的基础上。下面的观察日志中观察者的解释就更多建立在观察的基础上，因此，观察者或者其他人不仅可以根据观察内容评判解释是否正确，还能够看到更多丰富的信息。如果把下面所观察到的内容转换成“这些女性穿着很性感”，只有解释，不做细节的介绍，观察就是失败的。

咖啡馆的另一类顾客是女性，她们的穿着与咖啡馆里的其他人明显不同。她们穿着紧身衣，裸露背部或肩膀，足蹬高跟鞋，佩戴色彩鲜艳的珠宝，带着手提包。她们化了很浓的妆，发型也很显眼（例如，染过的头发、大辫子、大的假发或大发卷）。

（莫妮卡·亨宁克、英格·哈特、阿杰·贝利：《质性研究方法》，王丽娟、徐梦洁、胡豹译，杭州：浙江大学出版社，2015 年，第 161–162 页）

（二）观察时保持价值中立

进入观察现场之前，观察者本身就具有一定的价值观和立场。进入观察现场后，又要求观察者必须更好地融入观察对象中，学会运用观察对象的价值观和立场来看待现象。因此，观察者保持价值中立，对于保障观察者的自我认同，保障观察者能够游离于现场内、现场外，既有局内人的熟悉感、又有局外人的敏感性，就显得格外重要。

观察时保持价值中立，首先要如实记录、呈现观察到的内容。尤其需注意，不要只关注职位高的群体，而关注不到职位低的群体。可能有读者会认为，参与式观察法关注的许多现象就是主观的内容，主观的内容怎么如实记录呢？注意，研究对象的主观性一旦被呈现出来，就一定程度上成了某种客观的东西。如实记录是做得到的。

下面的观察内容是图书馆中的人物，既观察到了图书馆中职位高的工作人员，也观察到了职位低的工作人员。

我看到的人可以分为两类：图书馆工作人员和像我一样来自习的同学。第一类是图书馆工作人员。可以根据工作人员差异显著的制服将他们分为三组。图书馆监管人员统一身着黑色的保安服，上衣肩膀上有徽章，下边是黑色长裤，并且基本上都是女保安，她们主要分布在图书馆唯一的入口处，负责监督入馆同学口罩佩戴、扫码、测体温、刷卡等活动。图书馆卫生工作人员也以女性为主，她们统一着灰色保洁衣服，主要负责公共区域如大厅、厕所等的卫生保洁。书籍管理员身着便装，没有统一的制服，主要坐在前台负责解决同学们借书、还书的问题。她们活动的范围基本上都以自己的工作区域为主，很少离开自己的工作区域。

（贵州大学公共管理学院 2000 级学生夏敏观察记录）

如实记录中最难的一个部分是，当观察者做了不合适的事情时，是不是也要如实记录，怀特就遇到了这种情景。

在完成这项任务的过程中，我觉得要紧的是应尽可能对自己实事求是。这意味着不要把那些使我显得很蠢的事件删去，比如，我曾枉费心机地想在斯科利广场的那家小酒店里结交一名女孩子，或者我曾参与了一次违反联邦宪法的犯罪活动（在一次选举中投了4次票）——虽然我的几位同事曾劝我不要承认这后一件事。我如实写出了自己的所作所为，不仅是为了净化我的灵魂，而且更重要的是为了帮助今后的实地工作者懂得：尽管可能干一些蠢事，犯一些严重的错误，但仍然可能完成一项有价值的研究。

（威廉·富特·怀特：《街角社会：一个意大利人贫民区的社会结构》，黄育馥译，北京：商务印书馆，1994年，第453页）

虽然心怀忐忑，怀特最后还是客观地呈现自己，把自己不好的一面也如实描绘了出来，这是大学者应该有的胸怀，也是值得我们学习的。另外，保持价值中立，还要求观察者不过多卷入观察对象的内部事务，对观察对象予以尊重，特别是尊重他们的文化、习俗、意识形态等。

（三）给出具体、准确、充满细节的信息

观察的场景是转瞬即逝的，因此，为了抓住更多的信息，许多观察者会运用概述的方式来观察和给出信息。这样做实际上不合适，因为在概述的信息中，细节被过滤掉了，许多一手的重要信息也就没有了。另外，在写作研究报告时，没有细节的信息作为论据也没有说服力。

例如，观察者看到了当地人打水的情景，如果记录的是“三个衣衫褴褛的女人去打水”，就不如下面的记录有价值：

三个女人一边聊天一边向前走，头上顶着打水用的水罐。水罐是空

的，所以她们走得很快。她们的衣服都很破旧，衣服原来的鲜艳的颜色已经变得灰扑扑的，每个人的衣服都打上了补丁。

显然，没有细节的观察和记录就像是没有营养的剩菜剩饭。工作做了，没有收获或收获很少，就比较可惜。下面是笔者的学生做练习的观察记录，可以看出，许多细节被忽略了，而代之以概述类型的描述，如“我们寝室的状态经常是晚上熬夜，早上不醒”，“经常是闹钟已经‘夺命追魂 call’了很久，就是叫不醒”。注意，只要看到“经常”“一般来说”“常常”等话语，就要警惕是不是用概述替代了细节。

9 月 19 日，周一，我们寝室其余三位同学早上都有课，由于前一天凌晨 1 点多窗帘里面还在“发光”，我推断凌晨 1 点多了寝室依旧还有人没睡，早上寝室四个人的闹钟，每一个闹钟都响了很多次，7 点 55 分的时候终于有了声响，该起床上网课了。我们寝室的状态经常是晚上熬夜，早上不醒。上网课能够在上课前 10 分钟起来签到的都是英雄。坚持一贯的宗旨“不到最后一分钟绝不起床”。经常是闹钟已经“夺命追魂 call”了很久，就是叫不醒。在宿舍上网课，当然是“怎么舒服怎么来”。能架腿就架腿，能躺着绝不坐着。能在床上绝不会起来坐在书桌前。一边躺着一边听着课堂语音，我上着课的时候一个室友叫我声音小一点，没过多久就又再次进入梦乡。

（贵州大学公共管理学院 2019 级学生龙丽敏观察记录）

本章要点

★参与式观察法的“事中研究”程序使得研究伦理更难解决。

★参与式观察者的三种角色：完全的局外人、完全的局内人，以及局外人与局内人的组合。

★两种进入观察现场的方式：公开进入与隐蔽进入。

★公开进入观察现场的关键是找好“守门人”。

★与观察对象建立信任关系的四种策略：自我暴露、发现共同点、坦诚（有同情的分歧）、持续的互动。

★根据观察任务来确定观察内容，而不是漫无目的地观察。

★参与式观察的三阶段：描述性观察、聚焦性观察、选择性观察。

★观察资料分为三类：基础性笔记、方法论笔记、分析笔记。

★参与式观察法不能单独使用，必须辅以访谈或其他资料搜集方法。

★注意把观察与解释区分开。

★观察者尽可能保持价值中立。

★观察时给出具体、准确、充满细节的信息。

练习

观察大学寝室内的互动行为，在观察的过程中可以根据观察到的内容进一步追踪不同的议题。比如：

为什么有些人会被其他人排斥？

互动有什么样的性别差异？

亲密关系是如何建构的？

人数的多少会对关系造成什么样的影响？

新成员是如何融入群体的？

不同学院学生混住的寝室和全部都是同一个学院学生的寝室在互动上有什么不同？

针对上面的议题，应该如何观察？另外，就这些议题来说，如何进行局内人观察或局外人观察的研究设计？

第六章　质性研究报告的写作

无论是以书面形式或是以口头形式，都要求研究报告以令人信服的、有吸引力的方式来准确地呈现研究中的发现和结论。呈现研究报告的目的不仅仅是展示一项研究，而是要将研究的内容传达给特定的受众。在这一项工作上，与其他研究相比，质性研究报告的呈现面临更大的压力，因为质性研究要求在报告中纳入研究者的陈述性和自反性叙述，从而增加了额外的负担。

（Robert K. Yin.Qualitative Research：from Start to Finish，2nd ed，New York，London：The Guilford Press，2016，p. 271）

第一节　质性研究报告的结构

一、质性研究报告与定量研究报告在结构上的不同

一般来说，质性研究报告用自然的方式来呈现研究内容，因此，与定

量研究报告相比，质性研究报告的程序性、结构性程度更低。表 6.1 和表 6.2 分别是定量研究报告与质性研究报告的文献标题及章节标题，试着比较一下两种研究报告在结构上的区别。

表 6.1 定量研究报告的文章标题与章节标题

结构	详细信息			
	吴愈晓、王鹏、黄超	风笑天	许琪	郑晓冬、方向明
标题	家庭庇护、体制庇护与工作家庭冲突	从两个到一个	儿子养老还是女儿养老？	居住模式、居住距离与农村老年人主观福利的关系研究
副标题	中国城镇女性的就业状态与主观幸福感	城市两代父母生育意愿的变迁	基于家庭内部的比较分析	无
第一部分	引言	有内容，无标题	研究问题	有内容，无标题
第二部分	文献综述	文献回顾	文献回顾	文献回顾与研究假设
第三部分	理论视角和研究假设	研究设计	数据、变量和模型	数据、模型与变量
第四部分	数据、变量和分析步骤	结果与分析	分析结果	实证结果与分析
第五部分	数据分析结果	结论与讨论	结论和讨论	结论与启示
第六部分	总结与讨论	—	—	—
来源	《社会学研究》2015 年第 6 期	《南京大学学报》2017 年第 4 期	《社会》2015 年第 4 期	《华中农业大学学报》2018 年第 5 期

表 6.2 质性研究报告的标题

结构	详细信息			
	珍妮尔·泰勒	严霞、王宁	林晓珊	聂淼、风笑天
标题	承认、关怀与痴呆症	“公款吃喝”的隐性制度化	母职的想象	中国城市女性的抚育实践与二孩生育决策
副标题	无	一个中国县级政府的个案研究	城市女性的产前检查、身体经验与主体性	无
第一部分	有内容，无标题	问题的提出	问题意识	有内容，无标题
第二部分	“她还认识你吗？”	已有研究回顾	母职初体验：阿霞的产检故事	文献回顾与研究设计

续表

结构	详细信息			
	珍妮尔·泰勒	严霞、王宁	林晓珊	聂淼、风笑天
第三部分	“她还认识你吗？”	“公款吃喝”的空间：正式制度的漏洞与正式制度软约束	“透过身体思考”：身体经验、技术诊断与母职想象	家务及育儿分工：协作表象下的性别差异
第四部分	“她还认识你吗？”	“公款吃喝”的人情逻辑	“怀孕的肉身化”：女性主体性的异化	家庭还是职场：不愿做全职主妇的中国城市女性
第五部分	“她还认识你吗？”	“公款吃喝”的隐性制度化	结论：重新思考“母职神话”	结论与思考
第六部分	“她还认识你吗？”	两种制度间的抉择	—	—
第七部分	“她还认识你吗？”	结论与讨论	—	—
来源	Medical Anthropology Quarterly，Vol. 22，Issue 4，pp. 313－335	《社会学研究》2013 年第 5 期	《社会》2011 年第 5 期	《中国青年研究》2021 年第 5 期

通过对定量研究报告与质性研究报告的标题特别是章节标题的比较，可以看出，定量研究报告的结构更稳定、更程序化，通常遵循如下的五阶段结构：

第一阶段：前言（引言 / 导论 / 问题的提出 / 研究问题 / 无标题）；

第二阶段：文献回顾（文献综述 / 国内外研究现状 / 文献综述与研究假设 / 理论视角和研究假设）；

第三阶段：研究设计（研究方法 / 资料的搜集与分析 / 数据和变量 / 数据、变量和分析步骤 / 数据、变量和分析方法 / 数据、变量和模型 / 数据说明与模型设定）；

第四阶段：研究结果（结果与分析 / 数据分析结果 / 分析结果）；

第五阶段：结论（结论与讨论 / 总结与讨论 / 结论与启示 / 结论与思考）。

其中，如果某个阶段的内容过多，就会分为两个部分来讨论，这种情况通常出现在第二阶段的文献回顾和第三阶段的研究设计部分，如表 6.1 中的第一个例子，就把文献回顾部分分为“文献综述”“理论视角和研究假设”，从而使文章呈现出六阶段结构。

质性研究报告的结构则有着很大的弹性，既可能遵循定量研究报告比较稳定的边界清晰的五阶段结构，也可能从标题上完全看不出任何结构，如表 6.2 中的第一个例子。在第一部分采取有内容无标题的前言的写法，之后的每一部分的章节标题都是用双引号引起来的同一句话“她还认识你吗？”这样标题重复的章节一共有十三个，限于篇幅，表 6.2 中只列出了六个。

二、质性研究报告的构成元素

虽然从章节标题上不一定能够看出质性研究报告的结构，但与定量研究报告一样，质性研究报告也具有类似的构成要素。只不过，定量研究报告按照这些构成要素来安排报告的结构，而质性研究报告则不一定按照这些构成要素来安排报告的结构。

前面介绍过，定量研究报告按照“前言 + 文献回顾 + 研究设计 + 研究结果 + 结论”来组织报告的写作，这五个部分就是定量研究报告的构成要素。与定量研究报告相比，质性研究报告也有五个构成要素，大部分的构成要素都既出现在定量研究报告中，也出现在质性研究报告中。

不同的是，定量研究报告中有的“研究结果”，在质性研究报告中却很少出现，而在质性研究报告中有的“研究发现”，也在定量研究报告中很少出现。之所以有这种差异，是因为定量研究往往有清晰的研究假设，研究结果就是回应这些研究假设是被证实了还是被证伪了，所以称为“研究结果”；质性研究的研究逻辑不是归纳性的，而是演绎性的，通常不太可能证实或证伪研究假设，而是通过研究来形成可能的研究假设，因此，质性研究报告中呈现的内容就更可能是“研究发现”而不是“研究结果”。

简言之，质性研究报告的构成元素主要有“前言＋文献回顾＋研究设计＋研究发现＋结论”五个部分，与定量研究报告不太相同的只有第四个部分。不过，不能一概而论，有些质性研究报告也有“研究结果”这一部分，如《我国业余马拉松跑者社会互动质性研究》[1]，由于运用的是质性研究方法中程序化程度最高的扎根理论，所以内容的呈现中出现了“研究结果”这一部分。

质性研究报告的构成要素主要有前述五个部分，但报告的撰写没有按照这些部分来分别罗列，那么，这些部分出现在哪里呢？以文献《承认、关怀与痴呆症》作为例子，我们看一看质性研究报告是如何呈现这些要素的。

我母亲患有进展性痴呆症。我父亲去世后，大约是三年半前，我一直在认真照顾她。

我一直在倾听，因为我正在写这些话语而不是说它们，我听不到你的回应，但我在倾听这个问题，正如我所了解的，这个问题总是会出现。

我向周围的朋友、同事和其他人谈论我的母亲和她的状况，就像我公开谈论家庭生活的其他重要方面一样。随着时间的推移，我注意到，当提到痴呆症、记忆力减退或老年痴呆症时，几乎无一例外，每个人的反应，都是会问同样的问题：

[1] 霍兴彦，郇昌店，郝海亭．我国业余马拉松跑者社会互动质性研究［J］．首都体育学院学报，2018（4）．

“她认得你吗？”

当然，也有一些其他的类似说法：

“她还知道你是谁吗？”

“不过，她知道你吗？”

“但至少她还知道你的名字，对吧？”

无论措辞如何，问题始终是我母亲是否认识我，意思是，她能否说出以下“事实”：我是谁，我的名字是什么，以及我与她有什么关系？

频繁的重复让我觉得这个问题很奇怪。作为一个女儿，我了解到，当你爱的人一遍又一遍地问你同样的问题时，这很可能是痴呆症的症状。然而，作为一名人类学家，我确信，当许多人一遍又一遍地问同一个问题时，这可能是社会生活中一些重要的悬而未决的问题的症状。如果仅仅提到痴呆症就经常引发关于“认知”的特殊问题，那么在我看来，这似乎是一个值得反思的社会事实。

在这篇文章中，我以这些问题为切入点，探讨承认与照料之间的联系，以及这些联系对痴呆症患者以及我们其他人来说意味着什么。我们其他人，这些“暂时有能力的大脑”，今天与痴呆症患者共享同一个世界，未来也可能加入他们。

我在这里报告的这项研究的内容是我没有机会选择的，是改变了我生活的一种损失，如果有可能的话，我肯定会尽力避免，但从中我学到了很多东西。作为一名医学人类学家，我所受的训练使我对发生的事情有所触动，对于重要的对话、事件和经历，我记笔记，做观察记录，搜集相关的材料和文件，搜索和阅读学术文献及对痴呆症的个人描述。因此，下面的描述运用了“自我民族志”的方法。从这个意义上讲，它涉及社会世界的某些方面，这些方面对我来说已经变得可见和有趣，因为我是一位可爱的、深受爱戴的患有晚期痴呆症的母亲的女儿。从我现在的立场来看，这是一种试图说出真相的尝试。

（Taylor，J. S. On Recognition，Caring，and Dementia，Medical Anthropology Quarterly，2008，Vol. 22，Issue 4，pp. 313–335）

上面的内容是《承认、关怀与痴呆症》一文的前言，但是，很明显，黑体部分实际上是研究设计，报告作者搜集了哪些资料，以及以什么立场来搜集资料。也就是说，研究设计被揉进前言了。

下面的内容是该文的第二个部分，标题是“她认识你吗？”。这个部分事实上是文章的理论视角，也就是说，作者沿用哲学家保罗·里科尔的“承认”框架作为观察的理论工具。那么，这些内容，就更像是文献回顾的一个部分。

“她认识你吗？”

人们很容易将目光投向这个问题的背后，寻找任何特定的个人提出这个问题的意图。我认为，拒绝从个人层面来解释是合适的，但是，要有足够长的时间来思考这个问题所采取的非常具体和广泛共享的形式，把这个问题作为对“承认”的质疑。

哲学家保罗·里科尔（Paul Ricoeur）在《认知过程》中，试图发展一种哲学方法来理解“承认”，以便涵盖这个词的所有含义。从字典中列出的定义开始，里科尔考虑了将一种意义上的“承认”与另一种意义上的“承认”联系起来的词源和语义重叠点。在这种意义扩散的基础上，他确定了三个重要的语义集群，并将其解释为辩证法中的不同时刻，从（对事物的）识别开始，经过自我认知，最后以他者的承认结束（译者注：Recognition 可译为“识别、认知和承认”）。正如他所展示的，关键的转变发生在从第一个时刻到最后一个时刻的运动过程中：“承认”从主动声音转变为被动声音，从认知和智力问题转变为伦理和政治问题。开始于主权自我对外部物体的积极的“认知”，结束于嵌入社会和政治的主体被动接受他人给予的“承认”。

我发现，里科尔的“承认”框架具有广泛的范围，对我来说非常有用。当一位朋友、熟人或同事问我，“她认识你吗？”用里科尔的话来说，他或她是在“认知过程”中三个不同的“时刻”中的第一个时刻发出声音：这个问题涉及我母亲作为一个独立的自我，在她周围的物体和人之间具有积极区分的智力能力。然而，我开始思考，在这一点上，里科尔提到的第三个也是最后一个“时刻”也受到了威胁，因为涉及能否获得他人的社会层面和政治层面的承认。

通常在我的生活中，当有人问我一个让我为难的或粗鲁的问题时，我会用自己的疑问来回答：“你为什么要问？”里科尔的分析帮助我用类似的方式回答人们总是在询问的关于我母亲是否认识我的问题。那么，对社会层面和政治层面的“承认”的声明如何与所“承认”的人和事物的能力相联系？或如何作为其前提？当患有痴呆症的老年人遭受认知困难时，如何对这些变化做出决定，以确定他们是否以及如何被“承认”为完全社会化的人和社区成员？

当每个人都在问我“她认识你吗？”我相信这个问题实际上应该是——“你和我还认识她吗？我们允许她被认识吗？”

可以看出，虽然质性研究报告都有“前言+文献回顾+研究设计+研究发现+结论”五个部分，但不一定以这些部分作为标题并在报告中展开，而是会把不同的部分糅在一起，上面的例子呈现的就是前言和研究设计糅在一起，而文献回顾和研究发现糅在一起。

看上去质性研究报告的章节安排非常混乱，结构上毫无规则，但实际上，不同的部分为什么会杂糅在一起，仍然会有某种逻辑。质性研究报告中的不同章节的内容，是被一条绳子串在一起的。这条绳子，就是“自然性”，即自然地、用讲故事的方式来呈现研究内容。

三、质性研究报告的常见结构

质性研究报告不像定量研究报告那样有清晰的结构，但这并不意味着质性研究报告像一盘散沙，把资料随意地堆砌在一起。质性研究报告也是有结构的，以下几种结构就比较常见。

（一）前言 + 文献综述 + 研究设计 + 研究发现 + 结论

一些质性研究报告采用了“前言 + 文献综述 + 研究设计 + 研究发现 + 结论”的结构，这种结构与定量研究报告的结构非常类似，甚至有些质性研究报告的研究发现直接由研究结果替代，因此研究报告的结构和不同要素的呈现非常清晰（表 6.3）。

表 6.3 “前言 + 文献综述 + 研究设计 + 研究发现 + 结论”的质性研究报告

结构	详细信息			
	熊欢、王阿影	余卉、胡子祥	赵红丹、彭正龙	徐敬宏、张如坤
标题	性别身体的挑战与重塑	寒门再难出贵子？	基于扎根理论的强制性公民行为影响因素研究	未来已来：开放科学与定性研究
副标题	健身场域中女性身体实践与反思	社会资本双重属性下青年就业的质性研究	无	对 30 位中国传播学者的深度访谈
前言	问题的提出	有内容，无标题	引言	引言
文献综述	理论依据	文献回顾及综述	文献综述	文献综述
研究设计	研究对象与方法	研究对象与研究方法	研究方法与研究设计	研究设计

续表

结构	详细信息			
	熊欢、王阿影	余卉、胡子祥	赵红丹、彭正龙	徐敬宏、张如坤
研究发现	研究结果与分析	社会资本双重属性下青年就业质性分析	研究结果	研究发现与结论
结论	讨论	研究结论与建议	结论	结论
来源	《上海体育学院学报》2020 年第 1 期	《中国青年研究》2019 年第 12 期	《管理评论》2012 年第 3 期	《现代传播（中国传媒大学学报）》2022 年第 4 期

（二）前言 + 文献综述 + 研究发现 + 结论

一些质性研究报告采用“前言 + 文献综述 + 研究发现 + 结论”的结构，研究设计则可能放进前言部分，也可能放进文献综述部分。另外，文献综述和研究设计也可能同时出现在同一章节的标题中（表 6.4）。

表 6.4　“前言 + 文献综述 + 研究发现 + 结论”的质性研究报告

结构	详细信息		
	聂淼、风笑天	董云芳、范明林	刘诗谣、陈光金
标题	中国城市女性的抚育实践与二孩生育决策	女性农民工的生命轨迹与职业流动	社会记忆、认同重塑与生存策略
副标题	无	生命历程视角的分析	一项对资源枯竭型城市下岗工人的质性研究
前言	有内容，无标题	相关研究与问题提出	引言
文献综述	文献回顾与研究设计	理论视角与研究方法	文献回顾
研究发现	家务及育儿分工：协作表象下的性别差异 / 家庭还是职场：不愿做全职主妇的中国城市女性	女性农民工的生命轨迹 / 女性农民工向上流动的促发因素及作用机制	作为身份认同重塑基础的社会记忆 / 社会记忆基础上的身份认同建构实践 / 身份认同重构的结果：不同生存策略的选择
结论	结论与思考	结论与讨论	结论与讨论
来源	《中国青年研究》2021 年第 5 期	《华东理工大学学报（社会科学版）》2020 年第 4 期	《社会发展研究》2020 年第 1 期

（三）前言 + 经验资料 + 研究发现 + 结论

一些质性研究报告采用了“前言 + 经验资料 + 研究发现 + 结论”的结构，将文献回顾放在前言部分，将研究设计放在经验资料部分（表 6.5）。

表 6.5 “前言 + 经验资料 + 研究发现 + 结论”的质性研究报告

结构	详细信息	
	林晓珊	沈费伟
标题	母职的想象	农村环境参与式治理的实现路径考察
副标题	城市女性的产前检查、身体经验与主体性	基于浙北获港村的个案研究
前言	问题意识	参与式治理：实现农村生态环境善治的理论框架
经验材料	母职初体验：阿霞的产检故事	个案选择与村庄介绍
研究发现	“透过身体思考”：身体经验、技术诊断与母职想象 / “怀孕的肉身化”：女性主体性的异化	农村环境参与式治理的实现机制 / 农村环境参与式治理的问题呈现 / 提升农村环境参与式治理绩效的对策建议
结论	重新思考“母职神话”	简短的结论
来源	《社会》2011 年第 5 期	《农业经济问题》2019 年第 8 期

（四）前言 + 研究发现 + 结论

一些质性研究报告采用“前言 + 研究发现 + 结论”的结构，研究设计通常放进前言部分，文献综述则既可能放在前言部分，也可能糅进研究发现部分（表 6.6）。

表 6.6 “前言 + 研究发现 + 结论”的质性研究报告

结构	详细信息	
	珍妮尔·泰勒	聂焱
标题	承认、关怀与痴呆症	工业化时间与职场母亲的生育体验
副标题	无	基于自我民族志的考察
前言	有内容，无标题	引言

结构	详细信息	
	珍妮尔·泰勒	聂焱
研究发现	“她还认识你吗？”/“她还认识你吗？”/……（重复 12 次）	生育年龄：加速的工业化时间与生育延迟 / 怀孕与孩子的出生时间：工业化时间对自然时间的霸凌 / 产假：个体需要让位于社会经济发展的性别化工具
结论	“她还认识你吗？”	结语
来源	Medical Anthropology Quarterly，Vol. 22，Issue 4，pp. 313 - 335	《青年发展论坛》2022 年第 5 期

总的来说，质性研究报告采用什么结构有两个考虑因素。一个因素是要按照时间、地点、逻辑来自然地呈现内容，如《承认、关怀与痴呆症》，侧重于从各个维度澄清 Recognition 这一词汇的含义，特别是对于痴呆症患者这一特殊对象而言的含义，因此每个章节的标题都用了同一句话：“她还认识你吗？”

另一个考虑因素则是不同要素的篇幅，如果篇幅少，就糅进其他部分，如果篇幅多，就自成一个部分。其中，前言、研究发现和结论这三个部分是必不可少的，基本上在所有的质性研究报告中这三个部分都独立存在，而研究设计与文献综述则视情况而定。如研究设计，在大多数的质性研究中，因为研究者就是研究工具，重要的是研究者在现场的应变能力，进入研究现场之前的研究设计相对比较简单，或者难以详细介绍，往往被放进前言部分。但是，如果质性研究采用了扎根理论等方法，则研究设计相对复杂，并有清晰的程序，所以在相应的质性研究报告中，研究设计会单独用一个章节甚至不止一个章节来介绍。

另外，无论如何处理，当质性研究报告以论文的形式呈现时，章节通常都是五个，最好不要少于四个。如果研究设计与文献综述篇幅小，放进了其他部分，那么，研究发现的部分就应该相应增加，以免质性研究报告显得非常单薄。当质性研究报告以专著的形式呈现时，章节则可能更多。以下是素德·文卡特斯所著的《城中城：社会学家的街头发现》一书的章节标题，该研究通过参与观察法来搜集资料，是典型的质性研究报告。

前言

第一章　作为穷困黑人的感觉怎么样

第二章　联邦街的最初时光

第三章　谁来罩着我

第四章　黑帮老大的一天

第五章　贝利女士的街区

第六章　混混儿与混迹

第七章　遍体鳞伤

第八章　团结的帮派

第二节　资料的嵌入

在质性研究报告的写作过程中，如何把各种资料合理地呈现出来，是研究者面临的一个挑战。其中，文献资料与经验材料如何嵌入质性研究报告，是质性研究报告写作的重点问题。

一、文献资料的嵌入

在质性研究报告中，文献资料主要有四个作用，分别是描述研究背景、提出研究问题、作为研究发现的佐证、提出与研究发现相对立的竞争性解释以深化对研究的理解。作用不同的文献资料，嵌入质性研究报告的方式也不太一样。

（一）描述研究背景的文献资料

文献资料的一个功能是介绍研究背景。这一类文献资料通常出现在前言部分。运用文献资料来介绍研究背景，以便让读者更清晰地理解作者为什么要进行该项研究，以及该项研究的实际意义或理论意义是什么。下面的文献探讨了农场女性在面对家庭破裂时的经历及应对方式，在前言部分，一开始就摆出了文献资料，以让读者了解研究背景。

前言

最近的农村和农业相关的研究关注性别权力结构或父权制权力结构与家庭农场之间的关系，并记录了妇女在农业领域中地位的持续变化。从无报酬的助手到完全像全职男性农民，她们要么就是成了全职农民，要么就是在农场外面的村庄或城镇承担了工作（Brandth，2002；Haugen，1994，1998；Bennett，2004；Riley，2009）。无论是在农场内还是农场外，今天的农场女性都有更独立的选择，并担任越来越明显的职位（O’Hara，1998；Shortall，1999；Riley，2009），围绕农业性别的论述正在被重新界定。然而，父权制的结构和关系尚未根除（Kelly & Shortall，2002；Brandth，2006；Pini，2007；Brandth & Haugen，2010）。事实上，一些研究人员发现，女性通过她们在农场之外的收入，在农场经济出现问题的情况下，使丈夫能够继续从事农业活动，从而对父权制结构的再生产产生了影响（Shortall，1992；O’Hara，1998；Bennett，2004）。家庭农场的父权话语很难抗拒，因为它深刻地塑造了农场家庭成员的认同感。在关注农民家庭破裂的过程中，本文探讨了父权制与离婚背景下女性地位变化之间的紧张关系。无论是在挪威还是在国际上，很少有研究关注农场夫妻分手后会发生什么。这篇文章讲述了挪威农场女性家庭破裂的经历，探讨了她们如何处理所涉及的紧张和困境，以维持而不是打破界定家庭农场的联系网。

（Haugen，M. S.，Brandth，B.，& Follo，G. Farm，Family，and Myself：Farm Women Dealing with Family Break-up. Gender，Place & Culture，2015，22（1），pp. 37–49）

不过，由于研究背景的内容比较丰满，也有一些质性研究报告在文献综述部分介绍研究背景。如《"严母慈祖"：儿童抚育中的代际合作与权力关系》一文，就是在文献综述中介绍的研究背景：儿童抚育的现代转型。

（二）提出研究问题的文献资料

如果质性研究报告中文献综述是单独的一个章节，提出研究问题的文献资料就往往出现在文献综述部分。当然，在质性研究报告中，有时候文献综述就在前言部分。

提出研究问题的文献资料主要有两类。一类是通过文献阅读来梳理理论，从而在理论的指导下提出研究问题，下面的例子就是先介绍了个性化理论与联系理论，然后指出在这两个理论的指导下，应该关注哪些研究问题。

个性化理论一直是当前解释家庭结构和实践中最突出的方法之一。正如吉登斯（1991；1992）和贝克夫妇（1995；2002）所阐述的，个体化理论假设早期社会规范和法律作为家庭生活调节机制的力量正在减弱。这一过程可以用文化自由化来描述，更加强调个人、自反性和个人选择。每个人都必须不断地决定如何过“自己的生活”，而不是做一直以来都在做的事情。

女权主义社会理论家批评了个体化理论，因为它忽视了做出选择的结构条件以及个人关系的连续性（Smart，2007）。一个相关的批评是，它低估了相互依赖和为他人着想的力量（Smart&Shipman，2004；Brannen&Nilsen，2005）。Smart（2007）引入了联系理论，以“将社会学想象置于与个体化理论不同的智力轨迹上”（Smart，2007：第189页）。她没有关注自主性，而是寻找“联系、关系、互惠情感、纠缠、记忆、历史等”的证据（第189页）。特别是对女性来说，个性化是一个矛盾的过程，它与“女性身份的具体方面相冲突，例如‘为他人服务’，以及她们在家庭和亲密关系中的护理工作和情感工作的责任”（Charles，Davies，Harris，2008：第7页）。个体化和对他人的道德责任之间的矛盾是分析农场夫妻分手的核心。我们询问妇女如何平衡她们的自身利益和分享农场资产的合法权利，以及她们对子女、前夫和农场继续经营的福祉和未来的担忧。

（Haugen，M. S.，Brandth，B.，& Follo，G. Farm，Family，and Myself: Farm Women Dealing with Family Break-up. Gender，Place & Culture，2015，22（1），pp. 37–49）

还有另外一类，则是通过梳理文献，说明现有文献存在的不足之处，并通过解决这些不足之处来提出研究问题。比如下面的例子，黑体字部分就是现有探讨生育这一主题的文献的不足之处，而这些不足之处，正是通过对文献的介绍呈现出来的。

关于女性的生育问题，目前形成了海量的研究成果。探讨各种因素与女性生育的相互关系是这些研究中的一个重要组成部分，并形成了两个分支：一是分析某种因素对女性生育的影响；二是反过来分析女性生育对某种因素的影响。前者主要探索各种结构性因素对女性生育的作用，比如，家庭结构、家庭社会经济地位、宗教信仰、社会政策、女性的受教育程度等对女性生育态度、生育意愿、生育决策的影响。后者则主要探讨生育对女性职业发展的制约，即生育的劳动力市场理论。

生育的劳动力市场理论普遍认可女性的生育行为——特别是儿童照料——与女性的职业发展之间存在负相关关系。比如，在社会主义国家进入市场经济的过程中，布朗纳等研究者观察到，与男性相比，妇女更多地受到这种政治经济转型的不当影响，并开发出了“双重负担”这一术语。王姮等研究者在河南省商城县进行了调查，结果也发现，幼儿照料明显地抑制了女性的非农劳动参与，从而阻碍了她们的职业发展。因此，许多研究者认为，母职，也就是女性所承担的生产及照顾儿童的社会角色，是维护男权社会及父权制社会的一种意识形态工具。

总的来说，现有文献对理解女性的生育行为做了重大贡献。但是，尚且存在一些不足之处。**首先，生育的相互关系研究过于强调结构性因素，多使用统计调查，很少运用质性方法，从而忽视了女性主体自身的体验。其次，这些成果中虽然有很多以中国为研究背景，但主要采用了西方研究者的理论框架，很少有研究者将其放在中国的独特文化下来进行考察。而中国的生育文化显然与西方有着极大的差异，中国的女性解放运动也有着与西方的妇女解放运动完全不同的路径，照搬西方的理论工具存在很大的局限性。**

考虑到这些因素，本文重点考察在儿童抚育中呈现出来的女性主体体验，以及这些独特的体验如何影响到她们的二孩生育行为，并将这一过程放在中国的独特文化背景中来探讨。

（聂焱，风笑天:《中国城市女性的抚育实践与二孩生育决策》,《中国青

年研究》2021 年第 5 期）

（三）作为研究发现佐证的文献资料

文献资料有时候作为研究发现的佐证，通常出现在研究发现部分或结论部分。一些质性研究报告不直接介绍佐证文献的内容，而是在描绘了研究发现以后，提出这种情况在其他研究者那里是如何被定义或如何处理的，以间接说明自己的研究发现是真实存在的。

作者也可以直接表达自己的研究发现支持了哪些文献，或者得到了哪些文献的支持，或者与哪些文献的发现相一致，从而证明自己的发现不是孤立的，这些文献就是研究发现的佐证。如下面的例子：

印象管理的这一例子支持了现有文献。这些文献认为，员工使用职业化——包括试图将自己与服务对象区分开来——作为一种策略，以远离与服务对象相关的污名（Baines 等人，1992）。同样，担任管理职位的员工对管理污名表现出了更大的信心，一些员工表示，随着时间的推移，他们的信心会增强。

（Phillips，R，Cecilia B，Helga H，et al.Courtesy Stigma：a Hidden Health Concern among Front-line Service Providers to Sex Workers. Sociology of Health & Illness，2012，Vol. 34 No. 5 ，pp. 681–696）

我们的研究结果与使用东欧国家（如保加利亚、俄罗斯、波兰和匈牙利）的数据一致，这些国家提供了最低的儿童保育服务，记录了支持网络与妇女生育更多孩子的意愿之间的重要关联（Bühler & Fratczak，2007；Büchler & Philipov，2005；Philipov etcl.，2006）。

（Kavas，S and de Jong，J. Exploring the Mechanisms through which Social

Ties Affect Fertility Decisions in Turkey.Journal of Marriage and Family，2020，Vol. 82 No. 4，pp.1250–1269）

（四）与研究发现相对立的竞争性解释

在研究发现部分或结论部分加入与研究发现相对立的竞争性解释，并说明这些竞争性解释为何与自己的研究发现不同，可以增加研究的深度，加深读者对研究问题的理解，也使得研究发现更有说服力，更能够立得住脚。与研究发现相对立的竞争性解释，就是其他研究者得出的与本研究不同的研究结论，自然以文献资料的方式出现在质性研究报告中。

下面的研究探讨的是女性独立与家庭的关系。作者发现，中国女性的独立与家庭并不必然是对立的关系，而可能是兼容的关系。许多女性追求独立的目的除了自我提升以外，还为了给自己的父母和兄弟姐妹提供支持，有能力保护孩子并给孩子提供榜样力量，有能力建构更好的夫妻关系。中国女性的独立是家庭本位的。而竞争性解释则认为女性的独立与家庭是对立关系，女性的独立就是从家庭中的独立，独立于家庭而不是独立于职场或其他领域。女性受到的最大压迫，就是来自家庭的压迫。作者在讨论部分加入了这些竞争性解释，并说明这些竞争性解释和自己的研究发现不一致的原因：一是处于不同社会发展阶段的女性具有不同的处境及诉求；二是这些竞争性解释对家庭的界定和理解与作者的研究不同。这就使得研究更有解释力。

关于中国女性的独立与家庭的关系，大多数研究都沿用了传统的理论框架，认为两者是对立和冲突的关系。博雷认为，中国传统的家庭空间安排将妇女禁锢在宅子深处，其作用就是为了防止女性不贞，可见家庭对女性的独立起到的是抑制作用。阎云翔在黑龙江下岬村历时十年做的人类学考察，同样发现正是通过国家权力对家庭的系统性破坏和瓦解，女性才得以从家庭中解放出来，投入到社会化大生产中。也就是说，只有当家庭被弱化，被破坏，女性才能获得独立。这些研究都将家庭与女性的独立对立起来，似乎与我们观察到的现象相悖。之所以存在这种情况，一个原因是处于不同社会发展阶段的女性具有不同的处境及诉求。当包办婚姻被法律禁止以后，当女性争取到进入劳动力市场的机会以后，当男性开始参与到家务劳动以后，女性与家庭的矛盾必然会减弱，家庭与女性独立的关系也就会随之发生变化。另一个原因，则源于对家庭的界定与理解不同。主张家庭与女性独立形成对立关系的研究，主要考察的是已婚女性夫家的父系大家庭，而当研究视角放到女性自己的小家庭或女性的娘家，情况就会有所不同。

（聂焱、风笑天：《中国城市女性的抚育实践与二孩生育决策》，《中国青年研究》2021 年第 5 期）

艾略特·列堡对美国无家可归妇女的研究也提供了一个很好的例子。作者想知道，这些女性为什么无家可归，“作为人类，她们是如何应对心灵和身体面对的持续性攻击的”[1]。列堡发现，这些无家可归的女性之所以无家可归，是因为美国的社会福利制度没有给陷入绝境中的人提供合适的住房支持。而竞争性的解释则是关于无家可归者的一系列刻板印象：她们酗酒、吸毒，受过精神上的创伤，有心理疾病，没有能力工作，没有能力建立良好的关系。但是，当列堡的经验材料显现，没有住房或者说社会福利制度存在问题才是她们无家可归的最核心原因，这些竞争性的解释就变得苍白无力，而作者的发现在与竞争性解释的比较中脱颖而出，从而更有

[1] LIEBOW E. Tell Them Who I am: The Lives of Homeless Women [M]. New York: Free Press, 1993: 25.

说服力。

下面摘录的内容来自作者对这些无家可归的女性在面临住房问题及（与家人）建立良好关系的能力两方面的比较，可以看出，住房问题是更有说服力的解释。

一些家庭在使女性无家可归方面起到了重要的负面作用。这些女性无家可归之后，她们的家庭就因为她们无家可归而不想与她们有任何关系。再后来，如果这些女性不再无家可归，她们会惊讶地发现，至少有一些家庭成员准备和她们修复关系。格蕾丝不仅对她的家人邀请她重新加入家庭感到惊讶，同时也很生气。"当我无家可归时，（和现在相比）我还是同一个人，"她说，"我没有变，只是我的处境变了。我现在有住的地方和财产。这是唯一的区别。"

（Liebow，E. Tell Them Who I am：The Lives of Homeless Women. New York：Free Press，1993，p. 114）

上面的内容说明，不是因为没有能力与他人建立良好的关系才使得这些女性无家可归（竞争性解释），而是她们没有住房这一事实使得她们没有办法与他人（甚至是家人）建立良好的关系（作者的研究发现）。通过加入竞争性解释并排除掉竞争性解释，作者的研究发现更加清晰，漏洞更少。从而，作者得出的结论"这些无家可归的女性之所以无家可归，是因为她们找不到住的地方"[1]，就不是无意义的同义反复，而有着深刻的实践意义与理论意义。

[1] LIEBOW E. Tell Them Who I am：The Lives of Homeless Women［M］. New York：Free Press，1993：223.

二、访谈资料的嵌入

在质性研究中，有两种质性经验资料，一种是通过参与观察获得的观察资料，另一种是通过质性访谈获得的访谈资料。参与观察获得的资料由研究者通过自己的角度进行描述，因此没有明显的规则。最常见的经验资料是对受访对象的访谈资料。根据不同的目的与场景，访谈资料嵌入质性研究报告的方式也有所不同。比较常见的有以下几种。

（一）用一整段的篇幅来插入某一个受访对象的话语

当研究者梳理经验材料，发现了某些现象时，通常会在归纳这些现象以后，用整整一段的篇幅来直接呈现某一受访对象的话语，作为论据来支撑研究者总结出来的论点。如下面的例子，通过大量的经验观察，研究者发现，在加纳，社会福利服务不足，家庭有照顾家庭成员——特别是家庭中的弱势群体的责任。因此，在照顾家庭成员时，往往得不到政府提供的报酬。为了证明这些发现不是作者自己杜撰的，作者接下来直接呈现了某个受访对象的话语，以支撑作者的研究发现。

护理人员负责麻风病人的日常护理，他们被问及在麻风病院提供的服务是否收到报酬时，照顾者们表示，他们没有因提供服务而获得报酬。在加纳，最常见的情况是，正规的社会福利服务不足，或甚至完全没有社会福利服务。因此，家庭有责任照顾其弱势成员。对弱势群体的照顾由家庭负责，这可以解释为什么家庭照顾者的服务得不到报酬。例如，一位女性家庭护理者是如此讲述的：

我和祖母一起生活了很多年，学习了一门手艺。由于她的病情，我不得不留下来照顾她。她很老了，所以我不能离开她。我没有得到报酬；我们靠她从政府和其他慈善家那里得到的微薄资金生存。她有孩子，但他们不来看望她，也不送钱来。

（Dako-Gyeke，M. Courtesy Stigma：A Concealed Consternation among Caregivers of People Affected by Leprosy. Social Science & Medicine，2018，Vol 196，pp.190–196）

在英文文献中，如果受访者的话语自成一段，就会用斜体来作出标识。如果是中文文献，则会变换字体。研究报告主体文字的字体通常是宋体，而受访者的话语通常是仿宋字体，以示区分。主体文字与访谈资料之间可以空出一行字的空间，也可以不空。另外，一些文献会在受访者话语后面用括号标出一些信息，如受访对象的基本情况介绍。除了年龄、性别这些一般性的人口学特征以外，还会介绍一些与研究主题相关的信息，如访谈时间、地点或受访者代号等信息。如下面的例子。

对他的影响不是太大。我是全身心投入，他就搭把手，也就是一个帮手的角色，所以就不存在对他造成太大的影响，就是对我的影响肯定是很大的。（禾惠，36 岁，8 岁男孩的妈妈）

（聂焱、风笑天:《中国城市女性的抚育实践与二孩生育决策》,《中国青年研究》2021 年第 5 期）

我晚点的时候很少，也没有被货主扣过钱，因为我跑得快呀！在路上经常都不吃饭，我饿着肚子干！最困的时候拿水浇到脸上、头上，为了清醒！开车需要体力但是我挺能熬的，我感觉自己很厉害，干了别人不能干的事！（2019 年 7 月福锦访谈资料）

（马丹:《“去标签化”与“性别工具箱”：女性卡车司机的微观劳动实

践》,《社会学评论》2020 年第 5 期）

（二）将访谈资料穿插到作者的叙述中

1. 直接引用

在作者的叙述中，直接将访谈资料穿插进来，会创造一种读者也在现场的身临其境的感觉。

在下面的例子中，作者描绘了和一个男孩讨论他父亲的死亡及去看望他父亲的墓地的情景。男孩的话语被直接引用，并被分成许多短句——甚至短语——穿插进文本中。这种语言风格使读者在阅读时，仿佛自己就在现场倾听男孩的话语。

我想知道，一个这么小的男孩怎么会如此专注于死亡和埋葬。一天晚上，乔玛的父亲在进他母亲家的时候，被一个不知名的人枪杀，这一消息并不需要太多的探究。市政当局已派人去寻找尸体，并将其埋葬在一个“慈善”机构中。“但肯定在一棵芒果树下的一个美丽的地方。”乔玛向我保证道，并擦去了脸上沾满污垢的泪水。那天晚些时候，我和乔玛去探望他父亲的坟墓，但当我们到达那里时，我们找不到他埋葬的地方。“他们甚至把尸体扔掉了。”乔玛愤怒地说。在我们回家的路上，乔玛“越过”我爬到了一个封闭的私人花园的墙头上。他拒绝回应我的呼喊。他告诉我，他在“摘芒果”。

（Scheper-Hughes，N. Death Without Weeping：The Violence of Everyday Life in Brazil. Berkeley：University of California Press，1992，p. 254）

2. 间接引用

研究者也可以通过间接引用的方式将访谈资料嵌入自己的叙述中，从而让读者从第三人的视角来客观地看待事实。

佩特拉说，她意识到，为了孩子和自己，她必须保持坚强和理智。分手时，她没有工作，没有钱，也没有自己的房子。她失去干了一辈子的工作，离开了她喜欢生活的和孩子们长大的地方，也不再相信爱。她感到痛苦和悲伤，并与前夫和前公婆发生了许多冲突。

（Haugen，M. S.，Brandth，B.，& Follo，G. Farm，Family，and Myself：Farm Women Dealing with Family Break-up. Gender，Place & Culture，2015，22（1），pp. 37–49）

不过，研究者在运用间接引用的同时通常也会插入一些非常短的直接引用，以便营造情节的真实感，提升访谈资料的信度。下面的例子中，作者主要从第三人称视角呈现受访对象刘奶奶的访谈资料，转述刘奶奶的话语。同时，也在最后加入直接引用，引号里面的“感到很满足”就是刘奶奶自己的话语，而没有经过作者的转述。

老人对子女“心疼”自己的表现总是记忆犹新，比如刘奶奶在访谈中喜形于色地说起，女婿看她和老伴打算下点面条将就午饭了，特意外出买了粥、手抓饼和两个菜给老人，“感觉很满足”。

（肖索未：《“严母慈祖”：儿童抚育中的代际合作与权力关系》，《社会学研究》2014 年第 6 期）

（三）多人的资料在同一段落呈现

1. 用于捕捉两个或更多人之间的交流

研究者可以在叙述中同时穿插多人的访谈资料，以便捕捉两个或更多人之间的交流，同样也是为了营造现场感，使读者感到身临其境。

“这对那些在医院里死去的穷人来说已经够糟糕了，”医院护工苏杰玛说道，“他们的家人必须来接他们，然后在家里叫醒他们。但那些在高速公路上或种植园受伤的人，他们被带到这里时没有任何证件，被扔在医院后面的石头上。几天后，市长的人带着班德加（一种里面刷上锡的棺材，会被还回市政厅）来了，把尸体带到墓地。他们甚至连坟墓都没有！那些穷得买不起自己土地的人，所有的‘无名氏’，都放在同一个地方。他们的骨头都混在一起了。”洛德斯打断了苏杰玛的话，焦急地问道：“你认为耶稣能在最后审判的那天把所有的问题都解决吗？”

（Scheper-Hughes，N. Death Without Weeping：The Violence of Everyday Life in Brazil，Berkeley：University of California Press，1992，p. 250）

2. 多人的资料同时作为某一研究发现的证据

研究者还可以在叙述某个研究发现时，同时呈现多个受访对象的访谈资料，以证实研究发现的可靠性。

当询问“如果没有任何生育政策，经济条件也许可，也有时间，没有任何客观条件的限制，您会想生育几个孩子？”受访者的回答五花八门，但核心都是相同的，就是想要两个孩子。

还没有（仔细）考虑这个问题，但还是觉得要生两个。（W16）

我觉得再要一个也挺好的。如果再要一个，有两个小孩是最完美的……我和我周围的这些朋友、同事都觉得，各方面的政策、条件都允许了，其实还是想生二孩。（H17）

如果没有这种生育政策的话，我最多生两个，我的底线是最多再生一

个。一是保证质量，二是没有必要生那么多。生得多累得多。（H10）

如果没有这个政策的话，我会想生两个孩子。（W6）

如果条件具备，当然想要二孩了。（H7）

（聂焱：《生育政策调整背景中的城市家庭二孩生育决策——基于23个家庭的质性研究》，南京大学博士毕业论文，2020年）

3. 在分析中引入访谈资料

还有一种情况，是研究者在呈现访谈资料的分析过程时，会同时呈现多个受访者的资料。如下面的研究，运用扎根理论了解女性在具有“不同性别气质倾向”的健身项目中的身体实践，在分析部分引用了不同受访对象的大量访谈文本（表6.7）。

表6.7　在资料分析中呈现多个受访者的资料

编号	原始语句列举	惯习行为倾向	所属范畴
Y04	没有病痛，保持年轻	健康状态	身体状态的偏好
Y02	希望自己体式的坚持时间更长，无论是柔韧性还是力量都会有突破	身体素质	
Y05	瑜伽里面讲求平衡和正位，身体一定要站得很直、很挺拔，才有气质。练了之后身材肌肉线条比之前更修长，我是想拥有看上去线条修长的瘦	追求纤瘦	

资料来源：熊欢，王阿影．性别身体的挑战与重塑——健身场域中女性身体实践与反思［J］．上海体育学院学报，2020（1）．

总的来说，访谈资料嵌入研究报告的方式多种多样，研究者可以只使用一种方式来嵌入访谈资料，也可以在同一份质性研究报告中运用多种方式来嵌入访谈资料，这取决于研究者的研究旨趣、习惯和所需要呈现的具体的情境。

另外，如果访谈资料是经过翻译获取来的，就可能在呈现一些重要的词句时保留本土的语言和翻译后的语言。例如，瓦尔德斯对来自墨西哥的移民家庭的研究，访谈资料以调查对象使用的原始的西班牙语和英文翻译同时呈现；[1]谢帕-修斯在巴西东北部对婴幼儿死亡现象的调查也做了类似的处理，许多重要的词句既用葡萄牙语（巴西的官方英语是葡萄牙语），也用英语呈现。[2]熟悉两种语言的读者可以深度解读对话的原意，同时通过西班牙语（或葡萄牙语）与英语的比较来对研究的质量进行判断和评估。还有一些研究，甚至会用到三种语言，如施泰因米勒在湖北恩施所做的关于赌博的研究，在重要词句上使用了英语、汉语普通话、恩施方言。[3]下面是施泰因米勒使用多种语言呈现的一些词句，标了 E 的表示是恩施方言，标了 P 的表示是汉语普通话，没有标字母的表示恩施方言和普通话共有的汉语。

noisy and hot（*E. naore*），恩施方言：闹热

take the plunge（*xia hai*），下海

wage labourers（*da gong*），打工

play（*wan*），玩

gambling（*du*），赌

"struggle against the landlord"（*dou dizhu*），斗地主

the "idle" period of the peasant calendar（*nongxian*），农闲

life/fate（*ming*），命

capabilities（*nengli or benshi*），能力或本事

[1] VALDÉS G. Con Respeto：Bridging the Distances between Culturally Diverse Families and Schools［M］. New York：Teachers College Press，1996.

[2] SCHEPER-HUGHES N. Death Without Weeping：The Violence of Everyday Life in Brazil［M］. Berkeley：University of California Press，1992.

[3] STEINMÜLLER H. The Moving Boundaries of Social Heat：Gambling in Rural China［J］. Journal of the Royal Anthropological Institute，2011，17（2）：263–280.

luck（*P. yunqi*），普通话：运气

flame（*P. huoyan*），普通话：火焰

luck（*E. huoqi and huose*），恩施方言：火气和火势

reciprocal relationships（*laiwang*），来往

lower seats（*xia wei*），下位

Fire-like luck（*P. yunqi*，*E. huoqi*），普通话：运气，恩施方言：火气

based entirely on luck（*wanquan shi huoqi*），完全是火气

just fun（*hao wan*），好玩

model worker（*laodong mofan*），劳动模范

spendthrift and "prodigal son"（*baijiazi*），败家子

fifilial piety（*xiao*），孝

loyalty（*zhong*），忠

benevolence（*ren*），仁

propriety（*li*），礼

the arcane language（*zhi hu zhe ye*），之乎者也

feudal superstition（*fengjian mixin*），封建迷信

第三节　前言与研究方法的撰写

前面已经介绍过，质性研究报告在结构上非常灵活，但基本包括前言、文献回顾、研究方法、研究发现、结论与讨论五个部分。由于文献部分在第二章和本章的第二节都有详细的叙述，而研究发现、结论与讨论两个部分的内容没有太多规则可循，因此，这里我们只探讨前言和研究方法

这两个部分如何撰写。

一、前言的撰写

质性研究报告前言的撰写主要有两种路径。一种是从宽泛的研究背景开始，运用演绎策略来写前言；另一种则是从某一个具体的事件、情节开始，侧重于介绍研究缘起，运用归纳策略来撰写前言。

（一）运用演绎策略撰写前言

许多研究通常通过呈现研究的背景来开启前言，这种模式是质性研究报告和定量研究报告共有的。先是比较宽泛的背景介绍，然后一步步通过演绎策略聚焦到研究的主题上来。列堡对美国底层成年黑人男性的研究也是这种路径。他先描绘政府和社会所面临的一般性贫困问题，这是一个宽泛的大背景，然后提出贫困问题中黑人的贫困问题最为严重，从一般的贫困问题推演到黑人贫困问题，范围有所收缩，再进一步提出，对黑人贫困现象的研究主要关注的是妇女和儿童，忽略了成年男性，从而把研究聚焦于自己的研究主题。

总体而言，低收入城市人口，特别是低收入黑人，面临的和造成的问题已成为一个国家重点关注的大事。我们已经向贫穷宣战，调用了公私资源，共同从国家生活中消除青少年犯罪和他们的依赖性。

关注贫穷人口不是一件新鲜事。一个多世纪以来，私人慈善机构，偶尔也有政府机构，尝试着向在我们的社会和经济系统中受到意外伤亡及其他损害的人提供帮助和安慰。在20世纪30年代，由于经济大萧条，蒙受损害的人的数量激增，慈善机构没有能力应对这样的问题；社会公正和个人权利被重新定义，使得某些贫困人群——尤其是老年人、残障人士、寡妇和儿童——能够获得救济，而救济成为一项权利而不再是对他们的施舍。

在人口快速增长、技术进步和向城市移民的共同刺激下，“二战”以来穷人的数量及贫困带来的问题持续增长。1963 年，贫困人口占了全部人口的 1/4，其中大约 30% 是黑人。……

然而，许多关于贫穷黑人家庭的认知都因为对妇女、儿童的重视和对成年男性的忽视而存在偏见。对底层男性的忽视主要是男性在家庭中的“缺位”的直接反映。在他们身后的是“基于女性的”或“以女性为中心”的家庭，通常由一代或两代女性及她们的孩子组成。男性缺位的一个结果是低收入城市群体的家庭研究往往只考虑“以女性为中心”的家庭，以至于人们一提到低收入城市社区想起的就是妇女和儿童。如果成年男性不是简单地被看着“缺位”的话，他们也不过是游离于其他家庭成员生活中的一个或多或少有点模糊的形象而已。

（艾略特·列堡:《泰利的街角：一项街角黑人的研究》，Little Brown 出版社，1967，pp. 3–4，5–6）

从研究背景开启质性研究报告的撰写，这个研究背景不一定是社会实践背景。有时候，前言也可以通过对一些抽象的概念问题的归纳引出一个宽泛但具有煽动性的问题来开始。这样的前言也可能很吸引人，如卡麦兹对慢性病人的话语及自我的研究，就从故事和沉默的实际意义及其研究情况开始，然后询问了两个具有煽动性的问题：故事包含了所有的经历吗？我们如何解释沉默？

故事和沉默同时构成了那些经历了混乱生活的人的意义，并随后为许多质性调查的内容提供了信息。社会科学中的叙事转向通过重新关注研究参与者的故事以及研究人员对他们的演绎和解释来支持这一研究。研究人员对研究人员如何表现参与者的故事并将读者带入书面叙事进行了大量的仔细研究。但故事包含了所有的经历吗？我们如何解释沉默？

（Charmaz，K. Stories and Silences：Disclosures and Self in Chronic Illness. Qualitative Inquiry，2002，Vol.8，pp.302−328）

（二）运用归纳策略撰写前言

前言的撰写还有一种比较典型的做法是，通过描述具体的事件或具体的情节来开启研究报告。这种归纳策略主要应用于质性研究中，因为质性研究本质上就是在“讲故事”。通过具体的事件或情节的介绍，容易吸引读者的注意力，也容易引入研究主题。

笔者对工业化时间及职场母亲的生育体验的探讨，就运用了这种方法。

自从儿子出生，我的生活以他为中心进行了系统性重组。他也成了我与朋友的一个重要谈资，朋友们总会询问的一些问题，如：他多大了？他几岁了？他哪一年出生的？他这个年龄应该上幼儿园了吧？他是在中班吗？按照他的年龄今年可以上小学吗？他几年级了？他什么时候上中学？

不同的人重复询问这些涉及时间的问题，当然是因为孩子的年龄与母亲的生活息息相关。但是，作为一个受过专业训练的学者，笔者敏锐地意识到，时间的意义远胜于此。人们不会无缘无故使用时间来频繁丈量个体的生活。如果这样做了，其中一定隐匿着某种没有被察觉到的社会事实。也就是说，为什么孩子的年龄对母亲如此重要，时间在家庭生活中起到了什么作用，这些并不像惯常理解的那样简单。对于职场母亲来说，时间一定形成了某种单独的、专有的体验，严格地约束了她们的各种可能性及社会境遇。因此，本文把时间与生育结合起来，通过分析职业女性在生育、抚养下一代中的时间安排，探讨时间作为一种工具如何规定、建构、重组个体的日常生活，同时还考察时间施加的限制对母亲职业发展产生的深远影响。

（聂焱:《工业化时间与职场母亲的生育体验：基于自我民族志的考察》,《青年发展论坛》2022 年第 5 期）

还有另一种方法可以用来撰写质性研究报告的前言，即提出一个易于理解的比喻，引用一些来源于其他文献的引人入胜的引述，或者是其他类型的文献对某个问题的报道。

埃丁和基法拉斯通过介绍《时代》杂志封面刊登的一本书来开启自己的研究。这本书讨论的是高社会经济地位的成功女性想要生育却没能生育的现象，而埃丁和基法拉斯想要讨论的，则是几乎与此相反的现象，即底层女性在基础教育没有完成、很贫困并且没有结婚的情况下，非自愿地怀孕和生育的现象。通过两个形成鲜明对比的现象的描述，勾起了读者的好奇心。

2002 年春天,《时代周刊》的封面刊登了一本有争议的新书，该书声称要向有野心的也想要生孩子的年轻女性“说实话”。这本书——《创造生活：职业女性与对孩子的渴望》(*Creating a Life*: *Professional Women and The Quest for Children*)——由经济学家西尔维娅·安·休利特（Sylvia Ann Hewlett）撰写，旨在与年龄相关的不孕不育问题上“打破沉默”。大多数职业女性认为，女性的生育能力要到 40 岁后才开始下降，但休利特声称她们大错特错。她报告说，令人震惊的是，生育能力下降的实际年龄是 27 岁，由于她们的误解，大量追求职业成就的女性非自愿地没有子女。生孩子“本来应该是件容易的事，对吧？”休利特讽刺道，“不想进入哈佛，不想有伴侣，孩子是大自然母亲的礼物，任何人都可以做到。辍学的高中生用婴儿背带带着孩子在商场里闲逛，这有什么难的？……”

（Edin，K.，Kefalas，M. Promises I can Keep：Why Poor Women Put Motherhood before Marriage. Berkeley：University of California Press，2001，p. 1）

二、研究方法的撰写

质性研究报告中，撰写研究方法的主要任务是介绍资料的搜集过程和分析过程。如果用参与观察法搜集资料，就要对观察点、调查对象，以及研究者如何进入现场等情况进行介绍；如果是质性访谈法，就要对受访对象的招募及受访对象的特征进行介绍。

至于质性资料的分析过程，由于质性研究中研究者就是研究工具，当然也就是分析工具。因此，除非使用的方法是扎根理论，否则研究者在质性研究报告中对资料的分析要么就是不介绍，要么就是简要地介绍，这里不再赘述。

（一）对参与观察法的撰写

参与观察法中作为研究现场的田野点格外重要，因为田野点的历史渊源、特征、空间状况等可能会与研究内容息息相关。如果研究方法采用的是参与观察法，那么，在研究报告中基本上都会对田野点进行详细介绍。谢帕－修斯在巴西东北部一个棚户区通过参与观察法进行调查时，就详细地介绍了这个棚户区及其所处的小镇。

这座小山坡在20世纪30年代首次被人“占领”。然后在20世纪50年代末，这个小山坡中的棚户区开始迅速发展。当时甘蔗产区的许多农业工人被迫离开他们作为“有条件的居住者”在种植园边缘的空地上生活了几代人的传统小屋。在糖业“现代化”的这一特别加速的阶段，棚户区在整个种植区不断扩张。

（Scheper-Hughes，N.Death Without Weeping：The Violence of Everyday Life in Brazil. Berkeley：University of California Press，1992，p. 6）

列堡在《泰利的街角》一书中也详细地介绍了参与观察的田野点：新政外卖店及其周围的社区。通过对这个街区破败、拥挤、贫困等状况的描述，读者可以大致理解生活在这一街区的黑人成年男性的社会境遇。

新政外卖店位于华盛顿特区中心的一个角落。如果有人愿意步行去那里，它离白宫、史密森学会和美国首都的其他主要公共建筑只有几步之遥，但从来没有人愿意去。在外卖店的街对面是一家卖白酒的商店。十字路口的另外两个角落被一家干洗店、一家修鞋店及一家管道用品批发店的展厅和仓库占据。

从外卖店向北走三四个街区，会经过一个相当均匀的混合住宅单元（通常是旧的三层红砖联排房屋，大部分后来都改成了租赁的住房），偶尔会有公寓和一些小的商业场所，如酒铺、杂货店、理发店、清洗店、洗衣店、美容院、游泳池、啤酒馆、旧货店、当铺等。住宅单元在街区中间最高，并且随着人们越走近街角——那里被商业接管了——就越少。

在中间区域走到街对面几乎都是住宅区。这里也是三层的砖制的联排房屋和不多的分隔开的房屋，但人们也可以在这里和那里找到一个角落里的杂货店，一个尖顶或平顶的教堂、停车场、殡仪馆或一些轻型商业。外卖店以南一个街区是一条宽阔的大道，大致将外卖店周围的社区与市中心的商业和购物区分隔开来。

外卖店周围的社区居民几乎都是黑人。从人口普查报告和其他公共资料中，不经意的观察者可以很容易地证实他的印象，即这是一个居住拥挤、贫困、犯罪、忽视儿童和依赖救济的高发地区。例如，这一特定地区在哥伦比亚特区卫生和福利委员会的《社区社会和经济剥夺指数》中占据了第一的位置。它获得公共援助的人数比例最高，没有得到产前护理的出生率最高，有资格获得食品救济的人数比例位居第二，以及有资格获得医疗援助的申请者比例位居第三。

（艾略特·列堡:《泰利的街角：一项街角黑人的研究》，Little Brown 出版社，1967，pp. 17–19）

除了田野点，资料搜集的其他基本情况也会在研究报告中被介绍，列堡就介绍了资料搜集的时间、调查对象的特征，等等。

这些数据是在 1962 年 12 个月的深度参与式观察期间收集的，并在 1963 年的前 6 个月断断续续补充收集。时间跨越了一年中的四季和昼夜的所有时间。

大部分材料来自二十多名黑人，他们把华盛顿第二警区的一个角落作为行动基地。这些人是非技术性的建筑工人、临时工、零售业或服务业的低级别工人，或者失业者。他们的年龄从二十出头到四十出头不等。有些是单身，有些已经结婚了。后者中的一些人与妻子和孩子住在一起，有些人则没有。

数据的主体包括这些人日常生活的记录，他们经常光顾街角、小巷、走廊、游泳池、啤酒店和附近的私人住宅。然而，从街角开始的社交活动经常把我带出社区，来到华盛顿、马里兰州和弗吉尼亚州或其他地方的法庭、监狱、医院、舞厅、海滩和私人住宅。

（艾略特·列堡:《泰利的街角：一项街角黑人的研究》，Little Brown 出版社，1967，pp. 11−12）

（二）对质性访谈法的撰写

如果研究方法采用的是质性访谈法，那么，受访对象的各种情况及访谈时间和访谈地点是重要的报告内容。科勒德和克什米尔想要了解某种新型亲属关系和兄弟姐妹关系，资料的搜集就是通过访谈来获得的。在质性研究报告中，他们重点报告了资料的搜集过程和受访者的基本情况。需要注意的是，受访者的基本情况除了人口学特征以外，要围绕着主题来提供。

我们自己所做的关于祖辈的儿童照料能否提升家庭的生育意愿的研究，使用的也是质性访谈法。在研究报告中对质性访谈方法进行描绘时，我们介绍了访谈的具体方法（半结构访谈）、访谈的个案数（23 个家庭）、访谈的时间（2016 年开始，每次访谈 1 ～ 3 个小时）、受访家庭的特征（全部是双职工家庭，孩子一到两个，大部分与祖辈共同生活），等等。

我们在南京和贵阳选择了 23 个育龄家庭进行半结构访谈。资料的搜集时间跨度比较长，从 2016 年开始，我们进行了多轮的资料搜集。在研究的过程中如果遇到新的疑问，我们就会开启重访。每一次访谈的时间从 1 小时到 3 小时不等。受访的家庭都是双职工家庭，有的家庭有两个孩子，有的家庭只有一个孩子。受访家庭中有 17 个家庭与祖辈生活在一起。有 6 个家庭虽然没有和祖辈生活在一起，但在孩子成长的过程中或多或少获得过祖辈的育儿照料支持。

（聂焱、风笑天:《祖辈的儿童照料能提升生育意愿吗？——基于 23 个城市家庭的质性研究》,《江淮论坛》2022 年第 6 期）

（三）质性研究方法中的自反性

质性研究报告中方法的介绍有一点需要重点注意，就是不断地进行自我观察并报告由于研究者的立场可能带来的影响。因此，有学者认为质性研究有两个自我，一个是描述性自我，另一个是反身性自我。[1] 描述性自我介绍研究者发现了什么、看到了什么、明白了什么，其内容主要在研究发现中呈现。反身性自我则介绍研究者是如何了解那些他（她）知道、学会、发现、懂得的知识的，其内容主要在研究方法中呈现。当然，也有研究者为了提升读者的阅读体验，从而把不那么有趣的研究方法后置到附录中，因此反身性自我也就在附录中出现。如拉鲁在研究家庭的教养状况时，不断详细地报告自己及研究团队的各种生活经历及立场，而这些内容就被她放在了附录部分。

人类学研究中的一个真理是，我们自己的生活经历会影响研究，尤其是我开始这项研究的原因和我们所看到的内容。在研究的时候，我和助理们都没有孩子。坦率地说，我自己从事这个项目的部分动机是长期以来希望更好地了解家庭的内部运作。当我还是个孩子的时候，我就渴望有一个“正常”的家庭。我父母不同寻常，甚至是古怪的性格，让我适应了家庭生活的变化。尽管我对正常家庭存在的幻想已经消退，但我童年的经历影响到当前的研究。我父母在每个孩子身上都培养了对阅读的热爱、幽默感、一种非传统的气质和一种坚持的模式。如果没有这些品质，我就不可

[1] YIN R K. Qualitative Research from Start to Finish［M］. New York，London：The Guilford Press，2016：280.

能如此顽强地努力招募家庭进行自然主义观察。童年留下的最重要的遗产是，在那些大喊大叫、情绪混乱、通过暴力来管教的家庭里，我没有感觉不舒服。这种与不同家庭互动的舒适感被证明是有价值的。

同样，对于研究助理来说，个人生活经历也有影响。例如，学生童年时家庭中的规训实践似乎影响了每个人在现场记录的值得注意的内容。一些中产阶级出身的研究助理对父母威胁“殴打”孩子感到不安。一位来自工人阶级家庭的助理对此并不感到困扰，但他对许多中产阶级儿童在与父母的日常互动中对父母的不尊重感到震惊。和一个爱发牢骚的四岁中产阶级孩子一起开车20分钟，让这位研究助理头疼不已，并感到厌恶（“我真想踢他妈妈的屁股，让他不要再号个不停。到底谁是父母？！”）。最后，随着时间的推移，一些研究人员发展出“最喜欢”的家庭，一些家庭发展出“喜欢”的研究人员。然而，总的来说，不同的研究人员所做的实地笔记非常相似。我相信这在一定程度上是因为有些事情对团队的所有成员来说都是“引人注目”的。然而，在我努力实现智力融合的过程中，我故意采取高压手段。整个小组每周都会举行会议，每个积极观察家庭的人每周都会参加团队会议。在多次实地考察后，我还与研究助理进行了长时间的电话交谈，并与他们讨论了当时他们应该在实地笔记中写下什么。

（Lareau，A. Unequal Childhoods：Class，Race，and Family Life. Berkeley and Los Angeles，California：University of California Press，2003，pp. 267–268）

实际上，其他的研究类型也有反身性自我，但只有质性研究最强调对反身性自我的介绍。原因在于，质性研究的方法具有很大的灵活性、开放性、变动性，研究者对自己每一步的选择进行观察和反思有助于提升研究质量。

另外，质性研究所持有的解释性取向并不认可研究者可以客观地描绘现象，相反，研究者与研究对象是相互嵌入的互为主体的关系，研究发现是研究者与研究对象共同建构的。因此，报告研究者本人的世界观、价值观，研究者本人的立场，以及研究者的世界观、价值观和立场对研究可能造成的影响，也是反身性自我的重要内容。这些影响不可能完全消除，但要尽可能揭示出来，以帮助读者理解研究者正在研究的现象。

反身性自我还可以报告研究者面临的窘境，如调查对象拒绝接受访谈、观察对象掩饰真实情况，等等。总之，研究者要尽可能多地揭示研究者在现场的研究过程。没有哪一项研究是完美的，但如果通过报告反身性自我，一方面会获得读者对研究缺陷的宽容，另一方面也可以控制研究质量。

本章要点

★一般来说，质性研究报告的结构更灵活、更开放，定量研究报告的结构更稳定、更程序化。

★质性研究报告的构成元素主要有“前言＋文献回顾＋研究设计＋研究发现＋结论”五个部分。

★文献资料主要有四个作用，分别是描述研究背景、提出研究问题、作为研究发现的佐证、提出与研究发现相对立的竞争性解释以深化对研究的理解。

★有两种质性经验资料，一种是通过参与式观察获得的观察资料，另一种是通过质性访谈获得的访谈资料。

★访谈资料嵌入质性研究报告的方式有多种。可以用一整段的篇幅来插入某一个受访对象的话语，也可以将访谈资料穿插到作者的叙述中；可以直接引用，也可以间接引用；在同一情境下可以只引用一个受访对象的话语，也可以引用多个受访者的话语。

★质性研究报告前言的撰写有两种主要路径：一种是从宽泛的研究背景开始，运用演绎策略来写前言；另一种是从某一个具体的事件、情节开始，运用归纳策略来撰写前言。

★描述性自我介绍研究者发现了什么、看到了什么、明白了什么，其内容主要在研究发现中呈现。

★反身性自我则介绍研究者是如何了解到那些他（她）已知道、正在学习或发现的知识的，其内容主要在研究方法中呈现。

练习

运用第四章的练习二和第五章的练习所获得的质性资料（在两份访谈资料中选择一份即可），试着撰写前言和研究方法，以及整篇质性研究报告。

参考文献

[1] 费孝通．江村经济——中国农民的生活［M］．北京：商务印书馆，2001.

[2] 风笑天．社会研究方法［M］．5 版．北京：中国人民大学出版社，2018.

[3] 陈向明．质性研究：反思与评论［M］．重庆：重庆大学出版社，2008.

[4] 欧阳康．哲学研究方法论［M］．武汉：武汉大学出版社，1998.

[5] 林聚任，刘玉安．社会科学研究方法［M］．济南：山东人民出版社，2004.

[6] 邓津，林肯．定性研究：方法论基础（第一卷）［M］．风笑天，等译．重庆：重庆大学出版社，2007.

[7] 利布里奇，图沃－玛沙奇，奇尔波．叙事研究：阅读、分析和诠释［M］．王红艳，译．重庆：重庆大学出版社，2008.

[8] 麦瑞尔姆．质化方法在教育研究中的应用：个案研究的扩展［M］．于泽元，译．重庆：重庆大学出版社，2008.

［9］巴歇尔，罗斯曼．设计质性研究［M］．王慧芳，译．长沙：湖南美术出版社，2008.

［10］格莱斯．质性研究方法导论［M］．4版．王中会，李芳英，译．北京：中国人民大学出版社，2013.

［11］希尔弗曼．如何做质性研究［M］．李雪，等译．重庆：重庆大学出版社，2009.

［12］科宾，施特劳斯．质性研究的基础：扎根理论的程序和方法［M］．3版．朱光明，译．重庆：重庆大学出版社，2015.

［13］亨宁克，哈特，贝利．质性研究方法［M］．王丽娟，徐梦洁，胡豹，译．杭州：浙江大学出版社，2015.

［14］乔金森．参与观察法［M］．张小山，龙筱红，译．重庆：重庆大学出版社，2015.

［15］KVALE S. Doing Interviews［M］. London：Sage，2007.

［16］DENZIN N K ，LINCOLN Y S. The Sage Handbook of Qualitative Research［M］. 3rd ed.Thousand Oaks：Sage，2005.

［17］SCHWANDT T. The SAGE Dictionary of Qualitative Inquiry［M］. 3rd ed. Thousand Oaks：Sage，2007.

［18］ATKINSON J D. Journey Into Social Activism：Qualitative Approaches［M］. New York：Fordham University Press，2017.

［19］CLIFFORD J，MARCUS G. Writing Culture：The Poetics and Politics of Ethnography［M］. Berkeley: University of California Press，1986.

［20］STRAUSS A，CORBIN J. Basics of Qualitative Research：Grounded Theory Procedures and Techniques［M］. 2nd ed.Thousand Oaks：Sage，1998.